U0135398

字
文　　照　来
　　烛　未

苏东坡
不孤独的美食家

被赶出朝堂
我就去厨房

大江东去千古风流人物有太多
吃货只有我这一个已足够

东坡鱼 东坡豆腐 东坡肉
我全都很拿手

吉国瑞——著

陕西新华出版传媒集团
陕西人民出版社

图书在版编目（CIP）数据

苏东坡：不孤独的美食家 / 吉国瑞著 . -- 西安：
陕西人民出版社，2022.9

ISBN 978-7-224-14585-4

Ⅰ . ①苏… Ⅱ . ①吉… Ⅲ . ①苏东坡（1036-1101）
—传记 Ⅳ . ① K825.6

中国版本图书馆 CIP 数据核字（2022）第 095535 号

出 品 人：赵小峰
总 策 划：刘景巍
出版统筹：关 宁 韩 琳
策划编辑：晏 藜 王 倩
责任编辑：叶 峰 武晓雨
篇章页插图：张 岱
内 文 插 图：谢 括 张亚琼
装帧设计：哲 峰 杨亚强

苏东坡：不孤独的美食家
SU DONGPO: BU GUDU DE MEISHI JIA

作 者 吉国瑞
出版发行 陕西新华出版传媒集团 陕西人民出版社
　　　　（西安市北大街 147 号 邮编：710003）
印 刷 陕西金和印务有限公司
开 本 787 毫米 × 1092 毫米 1/16
印 张 22
字 数 230 千字
版 次 2022 年 9 月第 1 版
印 次 2023 年 11 月第 2 次印刷
书 号 ISBN 978-7-224-14585-4
定 价 69.90 元

如有印装质量问题，请与本社联系调换。电话：029-87205094

目录

第一章／我非天生是吃货

今天人们提到苏轼，多会默认他是天生的老饕、美食家，但就乌台诗案前他的诗文来看，实际情况却并非如此……

我们若是将苏轼恢复出厂设置，就会发现原来的他并没有特别注重物质，甚至还有那么一点点不食人间烟火，大体上跟当时的主流文化人没什么两样。

苏轼开始关注美食、变成吃货，明显是有过程的，而更巧合的是，几乎就在苏轼沦为吃货的同时，他在文学和思想上的高度，也是一飞冲天：

江流有声，断岸千尺；山高月小，水落石出。

寄蜉蝣于天地，渺沧海之一粟。

大江东去，浪淘尽，千古风流人物。

以上均选自苏轼著名的『一词两赋』，即《念奴娇·赤壁怀古》《前赤壁赋》《后赤壁赋》，均写于苏轼人生中极为重要的『黄州时期』。不得不说，即使是在神作迭出的北宋文学史上，『一词两赋』都算是百里挑一的高水平之作，即便你未曾了解苏东坡的生平和大名，也能感受到他扑面而来的豪迈和才气。

但是因为何故，苏轼流落到了黄州？

又是什么原因，使苏轼的文学生命力怦然迸发？

到底是什么力量，把苏轼塑造成了大宋的第一号美食家？

为了打消出现在大家心里的很多疑问，我们将直奔那个使苏轼产生转变的年代，公元1079年，即北宋元丰二年。

北宋景祐三年的腊月十九，如果非要把这一天换成公历的话，则是1037年的1月8日。

一个摩羯座的孩子，降生在了四川眉州的一个书香世家，孩子的父亲名叫苏洵。这个家族的先祖，则是唐代武周时期的名臣苏味道。

那一天，岷江的江水为之低回，眉山的草木为之焕发，若干年以后，孩子长大，他的所为将撼动历史，他的文名将无人不知，诗人、词人、文学家、画家、书法家、思想家、政治家、『唐宋八大家』之一……他对宋代文学的贡献，再怎么恭维也不会显得过当，后人送给他的种种赞誉、称号，足够撑起整整一面的弹幕墙……

等等，打住打住，我写这本书，只是为了分享苏轼和吃有关的那些事，压根儿就没有想过再写一本关于苏轼的传记，市面上的苏轼传实在太多太多，且不要说林语堂先生的，即使随便抽出一本，其学术高度和思想深度也能将我这样的半吊子给吊起来打了。所以，关于苏轼，尤其是他前半生的生平和经历，大家敬请参考他人作品，我就不献丑了。

简单来说，苏轼，字子瞻，和仲，号铁冠道人、东坡居士……这些学校课本上都可以看到的知识，不是这本书的重点。一个人可以有诸多不同的侧面，我们要说的苏东坡，只和你我，和每一个醉心于尘世烟火和口腹之欲的人一样，是一个寻常而又执着的美食爱好者。

在今天，虽然『吃货东坡』的说法早已为人所知，甚至开始成为当代年轻人的共识，但要知道，历史上法国人一开始并不擅长投降，篡位前的王莽也曾是大汉王朝的希望，

01

乌台诗案摊上我

元丰二年七月七日，到任刚满两月的湖州知州苏轼，心情不是很美丽。

这一天，苏轼在院中晾晒书画时，发现了一幅《筼筜谷偃竹图》，"筼筜谷"是陕西洋县的一个地名，"偃竹"指的是高低起伏的竹子。作画者文与可，已经与苏轼阴阳两隔。他是苏轼的世交好友，虽然他们可能没有直接的血缘关系，但苏轼依然将他称作"表哥"。

文与可本名文同，与可是他的字，虽比苏轼年长十九岁，但他俩却是气味相投。在当时的画手圈子里，文与可算是大佬中的大佬，其风格独树一帜，最擅长的便是画竹子，而我们今天常用的千年老梗"胸有成竹""令人喷饭"，最早都跟他有关，当然，这之中少不了苏轼的宣传。

这一年的年初，六十一岁的文与可奉旨调任湖州知州，正月二十，他却在上任的途中不幸病逝。但是，湖州必须要有一个知州，所以朝廷指派另一名官员前往湖州接替文与可，巧的是，这个官员正是苏轼。

有些人不管年少时怎么豪放粗线条，但一到中年，就会变得多愁善感起来。这时候的苏轼，已经年过四十，近几个月来发生的事，可以说是让他直面了这个世界的无常与混沌，要是他在社交平台上有账号的话，或许也会把自己的昵称暂时改成"感悟人生"。

看着文与可的遗作，苏轼长吁短叹。跟他的表哥一样，他自己也是一个无比热爱竹子的人。他还在四川老家读书的时候，竹子便已经成为他的至爱亲朋，从前在杭州为官时，他曾经旗帜鲜明地表达过自己的立场："可使食无肉，不可居无竹。无肉令人瘦，无竹令人俗。"

人还在的时候不知道珍惜，失去了才后悔莫及，想到往后余生再也追不到文与可的动态更新，想到如此之生动的竹子从此将变成绝品，苏轼再也抑制不住情绪，他失声痛哭，为亡友写下了一篇《文与可画筼筜谷偃竹记》，搜罗了记忆中关于文与可的点点滴滴。值得一提的是，这篇悼文不仅没有过分煽情，反倒写得朴实有趣，看来，他是真的打算把悲伤留给自己，而给这个世界留下文与可的温情与风趣。

屋漏偏逢连夜雨，这时的苏轼还不知道，正当他因为故友之死而苦闷不堪难以放下之时，一批冲他而来的不速之客，已经从当时的都城汴京启程。三周之后，他们抵达了湖州，随即冲进官衙，对时任湖州知州的苏轼实施了抓捕。

这批人皆是朝中监察御史的手下，搁今天相当于是最高检察院的检察官。在同家人做了简短的道别之后，堂堂一方太守，像是鸡犬一般被拉上了囚车。在被羁押回京的路上，身戴枷锁的苏轼不仅在物理层面摸不着头脑，更重要的是他翻来覆去搜索枯肠，也没搞清楚自己究竟做错了什么。

很多年以后，苏轼回忆道，当时的他因为这不明所以的收押，以为自己摊上了多么了不得的大事，为了不连累朋友和族亲，在回朝归案的路上，他曾经多次想要自尽。只不过可能是他遇事喜欢刨根问底的个性，或是他对这五彩斑斓的人世尚存的眷恋之情，让他坚持活着到了汴京。

在囚车中颠簸了近一个月，八月十八日，苏轼被送进了御史台等候调查处理。早在东汉时期，不知道是出于什么玄学上的原因，洛阳城中的御史台常年落满了聒噪多嘴的乌鸦，因此又被人们称为"乌台"，这个看起来就有声音的名字，一直被沿用到了宋代。

直到被囚御史台，喜提乌台诗案，苏轼方才得知自己被捕入狱的原因。

原来，苏轼在到任湖州知州以后，曾向皇帝上表谢恩。这本是例行公事的官样文章，可向来心高气傲的苏轼，却偏偏忍不住要秀文采，就多言语了几句。他开始自嘲，顺便用吃了柠檬的口气调侃了一下正在朝中当政的王安石新党。

在《湖州谢上表》中，苏轼是这么说的：

> 伏念臣性资顽鄙，名迹堙微。议论阔疏，文学浅陋。凡人必有一得，而臣独无寸长……知其愚不适时，难以追陪新进；察其老不生事，或能牧养小民。

文人自嘲本来无伤大雅，只不过苏轼不知道"命运赠送的礼物，早已在暗中标好了价格"。想当年父子三人同届进士及第，苏轼名震汴京，才华如他却这般自贬，在常人看来未免有些刺耳不中听，多少有点嘲讽朝臣皇帝没文化之嫌。打个比方，这就好比马云对微商坦白自己不会赚钱，周杰伦在流量歌手面前自谦不懂音乐。

更为关键的是，朝中的御史们虽然文学创作水平不行，但做起阅读理解都是高手中的高手，归纳总结、提炼中心思想，全都是他们的强项，这些老机灵鬼总能从原文中挖掘到一些原作者都看不出来的东西，苏轼表中的那句"知其愚不适时，难以追陪新进"，"新进"二字就不幸被他们画了重点。

相信不少人都听说过北宋中后期王安石变法的事情，为了拯救大宋，改变建国以来积贫积弱的局面，文人出身的王安石决定成为改革者。

自熙宁二年（1069）王安石当政以来，相继颁布了均输法、青苗法、募役法、农田水利法、方田均税法、保甲法、保马法、免行法等涉及政治、经济、军事的改革措施。

王安石本人乃中国历史上最伟大的改革家之一，王安石改革的措施也在一定程度上增强了北宋的国力，这本是利国利民的好事。然而，改革的前置条件就在于打破旧有的规则，规则的打破意味着会触犯既得利益集团的利益。

更何况，王安石颁布变法虽然是从良好愿望出发，但在执行中却出现了许多问题：某些改革措施过于激进，引得民怨载道；而自认为"新进"的新党们也是鱼龙混杂，本来旨在富国强兵的变法，却方便了某些小人捞取政治资本，或者是充当中间商赚差价。

王安石推行变法之后，苏轼对这位老伙计的种种改革措施很不感冒。这倒不是因为他自己是既得利益的保守派，而是因为他从个人角度出发，觉得王安石的改革过于激进；何况王安石招揽的那些"巧进之士"大多是跟他三观不合的人；更何况，在新法推行的过程中，一部分急功近利的做法的确造成了不小的民怨。

成名以来，苏轼虽然文辞出众，但常常恃才傲物，口无遮拦，遇事不吐不快,有时的确会在自己的文字中,有意或者无意地流露出对新党的不满,以及对贸然实行变法从而招致灾祸的担忧。但苏轼并不知道,他留下的这些文字,已经让他上了新党的黑名单。

而御史台中的李定、舒亶等人,偏偏都是新党,为了确保万无一失地扳倒苏轼,挫其骨扬其灰,舒亶自费买了苏轼的诗集,几个月来每天熬夜研读,极尽所能寻章摘句、断章取义,细数了苏轼的"种种罪恶"。随后,他的上司李定又跳出来,声称苏轼无礼于朝廷,所谓"指斥乘舆,包藏祸心",不杀不足以显天威。

等到几天以后,苏轼被正式提讯,他才知道,自己摊上的是所谓的"文字狱"。

面对上举种种罪状,苏轼并没有做太多的反驳,一来,就算天才如他也想不到该如何驳斥,二来此时此刻,他有可能已经被御史们的努力彻底打动了。

一帮跟自己年纪相当甚至更加年长的同僚同辈,不为别的,只为寻得他人诗文中的浮光掠影、一鳞半爪,因而拿着他人的诗集每日切磋琢磨、品读不辍,堪比张籍品杜工部诗、紫式部读白乐天全集。读后再重读,品后再细品,让后世键盘侠为之沉默,杠精黑粉为之流泪,不管你有没有被感动,反正苏轼已经被他们感动到说不出话来了。

文字狱在后来的中国,特别是清朝,简直比大宝还要常见,可是在宋代之前,基本还算是小概率事件。

知道自己摊上了文字狱,苏轼开始变得敏感且胆怯,在被囚乌台的某个夜晚,因为某个乌龙事件,加上近来狱卒对他的态度有些冒犯,他已经做好了活不下去的打算,从而写下了两首绝命诗,留给自己最信任的人——

弟弟苏辙：

其一

圣主如天万物春，小臣愚暗自亡身。

百年未满先偿债，十口无归更累人。

是处青山可埋骨，他年夜雨独伤神。

与君世世为兄弟，更结人间未了因。

其二

柏台霜气夜凄凄，风动琅珰月向低。

梦绕云山心似鹿，魂飞汤火命如鸡。

眼中犀角真吾子，身后牛衣愧老妻。

百岁神游定何处，桐乡知葬浙江西。

（《狱中寄子由二首》）

他当时已经做好了赴死的心理准备：把妻儿托付给了弟弟；约定"与君世世为兄弟"；坦言自己这辈子最对不起的人，就是相伴多年的老婆王闰之。他甚至已经开始思考死后应该葬在哪里的问题，嗯，在浙江的西部有个桐乡，那里风光不错，值得考虑。

写好了遗言，交代了后事，苏轼已经了无遗憾，在被羁押了一百零三天之后，他最终等到了朝廷的判决：获"讥讽政事"之罪，贬往黄州（今湖北黄冈），任检校尚书水部员外郎，充黄州团练副使，本州安置，不准擅离此地，无权签署公文。

总而言之，不懈搞事的御史们捶胸顿足，万念俱灰的苏轼死里逃生。

苏轼之所以能够逃出生天，可能跟宋太祖赵匡胤定下的"不杀士大夫"的祖训有一定干系，虽然这个祖训，总是处在存在或不存在的叠加状态，不过至少在北宋时期还没有开杀士大夫的先河，而有宋一代，文字狱的出现频率虽然开始变高，却并没有像清朝一样株连甚众，杀伐不断。

况且，苏轼因为才华出众、名声在外，在地方为官时也颇有政绩，备受群众爱戴，一时间，他的入狱可算是霸占了当时朝野市井的热搜榜首，全国上下开展了一场声势浩大的声援活动，密州、徐州、湖州、杭州等地的百姓，良知尚存的读书人，堪称苏轼"铁粉"的高太后，甚至已经下野、身在金陵的新党领袖王安石都在为他求情，上书直言"岂有圣世而杀才士乎？"

更重要的是，判决的最终决定者、当时的皇帝宋神宗赵顼，总体上还算理智而不刚愎，也有可能是出于平衡新旧派系之间的矛盾的考虑，直到最后也没有对苏轼起杀心，只求给这个"满肚子不合时宜"的家伙一些下马威，给了他一个"黜置方州，以励风俗，往服宽典，勿忘自新"的判词，便将他流放荒远，眼不见为净。

——就这样，苏轼最终捡回了一条命。

附录❶

苏轼部分嫌疑罪证一览

诗文	摘要	罪名
《山村五绝·其四》	赢得儿童语音好,一年强半在城中。	讽刺青苗法
《山村五绝·其三》	岂是闻韶解忘味,迩来三月食无盐。	讽刺盐法
《八月十五日看潮五绝·其四》	东海若知明主意,应教斥卤变桑田。	讽刺朝廷水利之难成
《戏子由》	读书万卷不读律,致君尧舜知无术。	违抗朝廷新律
《司马君实独乐园》	儿童诵君实,走卒知司马。……抚掌笑先生,年来效暗哑。	讥讽现任执政不得其人,期盼司马光当政
《次韵黄鲁直见赠古风二首·其一》	嘉谷卧风雨,稂莠等我场。陈前漫方丈,玉食惨无光。	痛斥新进之党
《汤村开运盐河雨中督役》	盐事星火急,谁能恤农耕?薨薨晓鼓动,万指罗沟坑。	攻击朝廷"生事"(民生工程)
《后杞菊赋》	始余尝疑之,以为士不遇,穷约可也。至于饥饿嚼啮草木,则过矣。	讽刺全境百姓的贫穷,减削公使钱太甚
《王复秀才所居双桧二首·其一》	根到九泉无曲处,世间惟有蛰龙知。	有不臣之心,暗讽皇帝非真龙天子

02

前吃货时期

　　作书的功力有限，一不小心写了这么多关于乌台诗案及北宋中后期政治形势及斗争的内容，虽然并没能道出个所以然来，但好在还是把苏轼送上了前往黄州的路。对此不感兴趣的读者怕是早就腻了，放心，这本书的重点依然是苏东坡成为吃货的故事，交代完了以上必要信息，我们这就继续。

　　黄州，位于今天湖北省东部的黄冈市，在当代，以当地中学教师擅长出题折腾全国学生而闻名，而北宋时期的黄州，只是一个偏远的江边小镇。前面有提到，在黄州，苏轼真正意义上完成了两大蜕变：一是变成了一个热爱生活的吃货，二是在文学和思想成就上一飞冲天。

　　不过大家先等等，我们后面再说苏轼在黄州的转变，在旅程开始之前，我们必须要提出一个直击灵魂的问题：苏轼本来是"吃货"吗？

　　了解苏轼的人都知道，他这个人打小就心思细腻，重感情，偶尔还会显摆、毒舌，可以说是个有趣的男人，但在物质生活上，却实在说不上是特别有情调。可毕竟人活着，吃饭是绕不过去的一个话题，即便苏轼不太在意，他众多的早期作品，也会间或沾染到一些烟火气。

下面，我们且做一件前人有心但都不曾办到的事，那就是借鉴大宋御史们的工作方法，翻开现行的《苏轼全集》，扒一扒苏轼早期作品中与食物和食材相关的描写，并凭此揣测一下苏轼内心对于吃这件小事的真实态度。

比如在嘉祐五年（1060）正月，经江陵（今湖北荆州）前往汴京的半路上写下的《食雉》：

> 雄雉曳修尾，惊飞向日斜。空中纷格斗，彩羽落如花。
>
> 喧呼勇不顾，投网谁复嗟。百钱得一双，新味时所佳。
>
> 烹煎杂鸡鹜，爪距漫槎牙。谁知化为蜃，海上落飞鸦。

雉，泛指各种野鸡。苏轼接触到的这只雉，大概率是今天野外常见的环颈雉，但也不排除是颜值更高的锦鸡，比如在《尔雅》中被称为"鷩雉"的红腹锦鸡。为了表现这野鸡的勇敢和美丽，初出茅庐的苏轼动用了他丰富的知识储备和过人的想象力，可以说是惊艳无比。就像最后"谁知化为蜃，海上落飞鸦"一句，便化用了"雉化为蜃"与"海市蜃楼"的传说。

蜃，是指海中巨大的蛤蜊，古人认为从蛤口中吐出的"蜃气"，会化为海上虚幻的空中楼阁，这就是"海市蜃楼"的来头。然而，这海中的巨蛤和山里的野鸡又有什么关系呢？两者之间的关联最早出自《礼记》中的《月令》："孟冬之月……水始冰，地始冻，雉入大水为蜃。"在晋代干宝的《搜神记》中，这一说法又演化成了"千岁之雉，入海为蜃"——彩羽纷落的千年野鸡，越过山峦落在海中，化身为海底的怪物，从口中吐出了令人迷

团头鲂

今天的『武昌鱼』多指原产自武汉本地的团头鲂。新中国成立后知名鱼类生态学家易伯鲁先生通过调查和研究发现，人们口中的鳊鱼，实际上包括了长春鳊、团头鲂和三角鲂这三个物种。因个体较大且肉质更佳，团头鲂成为新中国成立后被驯化、养殖成功的第一种淡水鱼类。

环颈雉

环颈雉广泛分布于欧亚大陆，亚种众多，其东亚亚种曾于19世纪作为狩猎对象引入北美，后实现了驯化。近年某些人工繁育的品种被冠以『美国七彩山鸡』之名推广到了国内，不少人以为它们是外来的『洋鸡』，其实却是根正苗红的本土物种。

离的海市蜃楼，这样的场景，妥妥让人脑补出一部电影大片的特效片头。

只可惜，诗中除了一句没有感情的"新味时所佳"，就是没有提野鸡有多好吃。这不难理解，我也吃过驯化后人工养殖的环颈雉，商品名"七彩山鸡"，味道吧，差强人意，肉质吧，明显不如农村的走地鸡，至于野生的嘛，那还是算了吧，毕竟吃野味不提倡，野鸡哪有家鸡香？

和《食雉》的下笔时间没隔几天的《鳊鱼》也是如此：

> 晓日照江水，游鱼似玉瓶。谁言解缩项，贪饵每遭烹。
>
> 杜老当年意，临流忆孟生。吾今又悲子，辍箸涕纵横。

鳊鱼，是长春鳊、团头鲂、三角鲂这三种傻傻分不清的"缩项鱼"的统称，它们的肉质细嫩，肥而不腻，尤其适合烹、蒸。得益于现代水产养殖技术的进步，长春鳊和团头鲂已经走进千家万户，就连古来就有的"武昌鱼"名号，也被团头鲂抢注并牢牢锁住，但在宋代，鳊鱼大体上还算是个稀罕物。

在江陵吃到了鳊鱼以后，苏轼为鳊鱼因贪图饵食而被烹为盘中餐感到难过，并由此联想到了也曾途经此处的孟浩然和杜甫，更为人命运的无常而涕泪悲叹。

——反正到最后还是没提这鳊鱼的口味究竟怎么样。

嘉祐六年（1061），刚刚开始为官的苏轼，来到陕西出任"大理评事签书凤翔府判官"。这官名听上去相当高级，但实际上在宋代，传统意义上的"官"和"职"是分开的，"大理评事"只是一个定薪标准，类似现在公务员的行政级别，和实际的职务没有什么直接的关系，而"签书凤翔府判官"才是他的实际官职，其定位大概类似于当地的政府办公室主任。

为了能在处理公事之余"诗意地栖居"，兴致勃勃的苏轼选择了二十一个不同角度描述自己所居住的官舍，写下了一组《次韵子由岐下诗》，寄给自己的弟弟子由，即苏辙。

专门说明一下，"次韵"的意思，是指甲写了一首诗赠给乙之后，乙按照原诗的韵和用韵的次序来和甲的诗。一般如果看到一首诗由"次韵"二字打头，就基本可以断定这是一首回信（诗），而写诗的两人一般会有比较密切的通信往来。

苏轼一生跟弟弟苏辙书信往来频繁，著名的《水调歌头·明月几时有》就是写给苏辙的，而"次韵"苏辙的诗词更是有五十三首，就像现在人看到稍微有点意思的图文或者表情包，就会微信发给要好的朋友与之分享，然后对方在阅后也会把自己觉得好玩的东西发来一样。由此可见，二人关系真的非常之铁，简直就像同父同母的亲兄弟，不对，他们本来就是。

切回正题，在这一组《次韵子由岐下诗》中，除了北亭、池塘、矮墙、轩窗之类的地点外，苏轼还分别为周遭的桃、李、杏、梨、枣、樱桃、石榴都题写了诗。内容实在太多，我就不一一列出来了，而且也没有必要，因为令人失望的是，以上名词指代的全都是树，并不是树上结的果实。

治平元年（1064），依然是苏轼在凤翔为官期间，山里的农夫给他带去了一样野味——竹䶄。这所谓的"竹䶄"，今天可以说是赫赫有名，它们正是因"华农兄弟"而享誉全国的竹鼠。不过跟今天养殖的竹鼠不同，这里的竹䶄放到今天，可是正儿八经不能乱吃的野味。

不过，这些不幸被捉的小家伙被山民提着尾巴拎到他跟前时，苏轼并没有给它们编造一个类似"中暑""抑郁"之类的理由，而是把它们带到河边，送它们当场去西天。

竹鼠

竹鼠古称竹䶉、竹狸。中国境内有多种啮齿目竹鼠科的物种分布，其中以中华竹鼠最为常见。竹鼠多以竹子及其他植物根茎等为食。人类食用竹鼠的历史已久，在新石器时期的半坡遗址就出土过大量竹鼠的残骸。顺便一提，同样以竹子为主食的野生大熊猫也钟爱捕食竹鼠。

野人献竹䶉，腰腹大如盎。自言道旁得，采不费置网。

鸱夷让圆滑，混沌惭瘦瘠。两牙虽有余，四足仅能仿。

逢人自惊蹶，闷若儿脱襁。念兹微陋质，刀几安足枉。

就禽太仓卒，羞愧不能餉。南山有孤熊，择兽行舐掌。

（《竹䶉》）

既然竹鼠这么可爱，像婴儿一样人畜无害，那么为什么要吃竹鼠呢？更何况，看到仓皇就擒、惊恐不安的竹鼠，是个人都会心生恻隐，还能下得去手的人，他们难道都是魔鬼吗？于是，苏轼毅然放走了这些心事重重的小家伙。

话说回来，这几只竹鼠的幸运等级绝对超高。可以想象，如果时间线变动，它们遇到的是去过黄州的苏轼，那么《在下东坡，一个吃货》的歌词，恐怕就会被建议改成"东坡酥东坡肘子东坡鼠"了。

同年，苏轼还写过一首《次韵子由种菜久旱不生》，同样也是和弟弟苏辙的诗：

新春阶下笋芽生，厨里霜齑倒旧罂。

时绕麦田求野荠，强为僧舍煮山羹。

园无雨润何须叹，身与时违合退耕。

欲看年华自有处，鬓间秋色两三茎。

他写这诗的目的，只是要跟弟弟分享一下自己在春天里采摘野菜，去寺院里煮成"山羹"这档子事情。看着是没什么问题，但要是拿这里的"山羹"同苏轼后来所写的羹汤诗文一比，其可餐水平，就立马落了下风，说到底还是没有对比就没有伤害啊。

熙宁七年（1074），苏轼前往山东任密州知州。在密州知州任上，除了众所周知的《水调歌头·明月几时有》以及《江城子·密州出猎》外，苏轼还写过一篇比较有名的《后杞菊赋》。

在序言中，苏轼提到唐代的陆龟蒙自称经常吃老硬的杞菊，一年吃两次，一次吃半年，一天不吃就浑身难受，还写了一篇《杞菊赋》体现他的专业素质。对此，苏轼曾经是怀疑的，他觉得作为一个文人，生活再怎么烦恼，事业再怎么不顺，也不至于沦落到吃草木的程度。

但现在到了密州当官，他才发现往日的自己实在是太年轻了，由于当地连续三年大旱，随后蝗虫肆无忌惮，生活物资极端匮乏，不仅百姓食不果腹，甚至就连身为知州的自己，都不得不跟同僚一起"循古城废圃求杞菊食之"，也就是在荒废的菜园里寻找杞菊之类的野菜来吃。到了这种时候，苏轼只能慨叹陆龟蒙诚不我欺。

在《后杞菊赋》的正文中，面对自己的"他我"（自我中分离出的其他人格）的灵魂问话，苏轼自答：

> 人生一世，如屈伸肘。何者为贫，何者为富？何者为美，何者为陋？或糠核而瓠肥，或粱肉而墨瘦。何侯方丈，庚郎三九。较丰约于梦寐，卒同归于一朽。吾方以杞为粮，以菊为糗。春食苗，夏食叶，秋食花实而冬食根，庶几乎西河南阳之寿。

他认为，如果在梦里也要比较贫富，那到头来早晚都要化为一具枯骨，还不如跟他一样降低自己的物质欲望，多多取食草木，正所谓"春食苗，夏食叶，秋食花实而冬食根"。于是乎，苏轼单方面宣布，这种低欲望的简单饮食才是最好的，不仅吊打各路美食，还能够使人健康长寿，这样岂不美哉？

尽管写于密州救灾的特殊时期，但《后杞菊赋》的论点，也在一定程度上反映了当时苏轼对口腹享受的态度。顺带一提，因为写于朝廷推行青苗法的特殊时期，这篇自称"嚼啮草木"、有卖惨嫌疑的《后杞菊赋》还在后来的乌台诗案中成为苏轼重要的罪证之一。

还有一些例子，比如同样是在密州所作的《读孟郊诗二首·其一》中，苏轼提到了"初如食小鱼，所得不偿劳。又似煮彭越，竟日嚼空螯"。这里的彭越，不是那个汉初的大将，而是代指一种名叫蟛蜞的小蟹（学名相手蟹），也许在苏轼眼里，吃小鱼小蟹就是在浪费时间。

而在同时期另一篇名字超级长，打出来有凑字数骗稿费之嫌的《立春日，病中邀安国，仍请率禹功同来。仆虽不能饮，当请成伯主会，某当杖策倚几于其间，观诸公醉笑，以拨滞闷也》诗中，病后初愈的苏轼写下了一句"白发欹簪羞彩胜，黄耆煮粥荐春盘"。

黄耆，也就是黄芪，在中医的观念中被认为可以补元气。在喝下加入黄芪熬成的粥后，苏轼精神逐渐焕发，很快就从病床上跳下，看到屋外恢复了生机的花花世界，激动得他差点直接喊出来：我，苏轼，养生老王子。说到这里提前剧透一下，二十多年以后，苏轼又一次提到了黄耆粥，那时距离他离世大概还有一个月。

要说更气人的事，还得把时间往前倒，回到熙宁四年（1071），苏轼

黄芪

黄芪即黄耆，「黄耆」为古代写法，明清以后开始简写为「黄芪」，在当代作为植物，多写作「黄耆」；而作为药物，多写作「黄芪」。黄芪入药最早可以追溯到汉代以前，中医认为黄芪是「补气诸药之最」，无论煮粥还是泡水，均有「补气、止汗，利尿消肿」的功效。

寒具

因为古人在寒食节当天禁烟火，只吃冷食，因此便会制作「寒具」食用，这是一种将用水和好的面搓成细条，扭结为环钏形状，油炸而成的面点。贾思勰在他的《齐民要术》中就详细记载了南北朝时期寒具的制作方法，如今寒食与清明融合为一天，寒食节风俗也已无存，但由寒具发展而来的馓子却传承至今。

任杭州通判期间。"通判"这个官职，分管州府的粮运、家田、水利和诉讼等事项，大概相当于今天的副市长。这是苏轼人生中头一回在杭州当官。

在杭州，苏轼吃到了当地有名的小吃"寒具"。寒具类似于今天的"馓子"，是一种足以将隔壁孩子馋哭的油炸食品，虽然今天有油炸食品不够健康的说法，但在资源匮乏的古代，能吃到炸出来的食物可是一般人难以拥有的幸福。可是，苏轼品尝之后写下的《寒具诗》，只是着重夸了夸它"嫩黄深"的颜值：

纤手搓成玉数寻，碧油煎出嫩黄深。

夜来春睡无轻重，压扁佳人缠臂金。

这首诗还有一个流传版本，存在一定程度的细节修改，但总体上也是大差不离：

纤手搓成玉数寻，碧油轻蘸嫩黄深。

夜来春睡浓于酒，压扁佳人缠臂金。

当然，也有考证认为苏轼这首《寒具诗》是后来在徐州知州任上所作，我觉得还算是有道理。因为就今天馓子这种食物的流行地区看，还是在江北、淮海一带更受欢迎，"茶馓"至今仍是淮安这个距离徐州不远的城市的特产，所以，我们也不能排除《寒具诗》是在徐州创作的可能性。

要说哪句话最能表现他前半生对于吃的心态，莫过于我们前面已经提过的《于潜僧绿筠轩》中的那句："可使食无肉，不可居无竹。无肉令人瘦，无竹令人俗。"

当时杭州府里有个于潜县，于潜县里有个寂照寺，寂照寺里有个绿筠轩，这是他题写在绿筠轩中的诗。显然，在地方大员、知名文人苏轼的眼里，实现精神上的追求，要比满足口腹之欲高出了不止一个层次，当时的他确信，过分沉迷物欲的人一定要被批判一番！要不然他怎么会一本正经地写下"人瘦尚可肥，士俗不可医"这种被后来的自己听到了会当成黑历史的话。

坚持低欲望，追求清高，渴望脱离三俗的现实土壤，虽不能完全说是中国古代文人的臭毛病，倒也符合他们的价值观导向。按照马斯洛的需求层次理论解释，作为皇权之下（自认为）地位最高的士大夫阶层，至少在明面上，要表现出对生理需求、安全需求、社交需求的不屑一顾，只有得到尊重和自我实现，才是他们一生所好。

而吃，作为人最基本的生理需求，更是底层中的底层，许多文人之所以对吃闭口不提，也很好理解，毕竟哪个自视甚高的人想沦落到鄙视链的最低一环呢？

03

老饕降临的序章

就苏轼的作品证据看，至少在他的前半生，也就是四十岁之前，他对吃这种处于底层的生理需求并不是特别感冒，但如果非要说他对吃一点兴趣都没有，那恐怕也失之偏颇。

任杭州通判时，虽说过"可使食无肉，不可居无竹"这种大话，但也坦坦荡荡地承认自己"平生嗜羊炙，识味肯轻饱"，炙，是烤肉的意思，也就是说他自个儿特别爱吃烤羊肉，一次能吃不少，就他后来因为吃不上羊肉而采取的种种举措来看，这的确不是胡说八道。

这一说法出自一首名字同样超长的抒情诗《正月九日，有美堂饮，醉归径睡，五鼓方醒，不复能眠，起阅文书，得鲜于子骏所寄〈杂兴〉，作〈古意〉一首答之》：

众人事纷扰，志士独悄悄。何异琵琶弦，常遭腰鼓闹。

三杯忘万虑，醒后还皎皎。有如辘轳索，已脱重萦绕。

家人自约敕，始慕陈妇孝。可怜原巨先，放荡今谁吊。

平生嗜羊炙，识味肯轻饱。烹蛇啖蛙蛤，颇讶能稍稍。

忧来自不寐，起视天汉渺。阑干玉绳低，耿耿太白晓。

"羊炙"后面还接了一句："烹蛇啖蛙蛤，颇讶能稍稍"，有人认为这个"烹蛇"是一个用典，出自东晋陶渊明的《搜神后记》，大概是说广州有三个伐木工，在进山砍柴的时候遇到两个大蛇蛋，就跟贝爷在荒野求生时一样把蛋给煮了，后来被极度愤怒的巨蛇报复杀死的故事。形容有些事不能做，做了就会引来灾祸，而与吃无关。

当然，我们也不能怀疑苏轼真的吃过蛇、蛙、蛤蟆之类，并且对这些东西能吃感到些许的惊讶，毕竟这时候的他还没有去过岭南啊。

同样是在治平元年，也就是苏轼放生竹鼠的那一年，他与弟弟苏辙一同来到陕西户县（今西安市鄠邑区），在那里写下一首《渼陂鱼》。对于这些像长剑一般的红鳞鱼，苏轼评价颇高，感慨自己来到北方后，总算是吃到了一次好鱼（"自从西征复何有，欲致南烹嗟久欠"），一行人配着上好的鱼肉吃了好几碗米饭，其描写还算让人垂涎。

顺带一提，渼陂湖曾是关中地区最大的湖泊之一，有"关中山水最佳处"之美誉，唐代杜甫曾形容它为"波涛万顷堆琉璃"。而渼陂湖中的鱼可以说是久负盛名，不但美味，据说还能治痔疮，难怪让苏轼评价颇高（苏轼一生为痔疮困扰，我们之后再表）。

只可惜，昔日的渼陂湖因苏轼笔下的鱼闻名，也因这些鱼遭受过灭顶之灾。随着唐宋之后的气候变化，渼陂湖的面积已有所缩减；而元代驻扎于此的蒙古军队，因为听闻渼陂鱼的大名，做出决堤猎鱼的决定，致使大湖逐渐干涸为水田。其后渼陂湖用了近千年的时间，加之人工干预，在当代才有所恢复，然而彼时的渼陂鱼却早已成为传说。如果你实在觉得遗憾，那不妨多读几遍这首《渼陂鱼》解解馋吧：

> 霜筠细破为双掩，中有长鱼如卧剑。
>
> 紫荇穿腮气惨凄，红鳞照坐光磨闪。
>
> 携来虽远鬣尚动，烹不待熟指先染。
>
> 坐客相看为解颜，香粳饱送如填堑。
>
> 早岁尝为荆渚客，黄鱼屡食沙头店。
>
> 滨江易采不复珍，盈尺辄弃无乃僭。
>
> 自从西征复何有，欲致南烹嗟久欠。
>
> 游倏琐细空自腥，乱骨纵横动遭砭。
>
> 故人远馈何以报，客俎久空惊忽赡。
>
> 东道无辞信使频，西邻幸有庖斋酽。

而他在密州知州任上，和《后杞菊赋》写于同一年的《和蒋夔寄茶》，虽然主题是说饮茶的，但也提到了不少食材和名菜，乍一读还是一首让人颇有食欲的作品。摘录这首诗前半部分：

> 我生百事常随缘，四方水陆无不便。
>
> 扁舟渡江适吴越，三年饮食穷芳鲜。
>
> 金齑玉脍饭炊雪，海螯江柱初脱泉。
>
> 临风饱食甘寝罢，一瓯花乳浮轻圆。

金齑玉脍

「金齑玉脍」这一名称，最早出现在北魏贾思勰所著《齐民要术》中，其中的「金齑」是用蒜、姜、盐、白梅、橘皮、熟栗子肉和粳米饭调制而成的金黄色蘸料，而「玉脍」指如玉一般洁白的生鱼肉薄片。《齐民要术》中并没有限定用什么鱼，但后人一般会将鲈鱼作为切脍的首选。

自从舍舟入东武，沃野便到桑麻川。

剪毛胡羊大如马，谁记鹿角腥盘筵。

厨中蒸粟埋饭瓮，大杓更取酸生涎。

柘罗铜碾弃不用，脂麻白土须盆研。

……

这时的苏轼刚刚调任密州，在杭州待了三年，一下子又回到北方，多少会有些水土不服，何况现在密州还面临灾荒，他开始忆苦思甜，回忆起曾经的自己也算是吃遍四方。他想起了海蟹的大螯、江中的瑶柱等具有江南风情的物产，而最让他念念不忘的，正是那碗用秘制酱料搭配松江鲈鱼生鱼片做成的"金齑玉脍"，在酒足饭饱之后，再喝上一盏好茶，这样的生活不要太美妙。

果然，得不到的才是最好的，苏轼从前不知道珍惜，直到来了密州才追悔莫及。在密州当地，剪了毛的羊几乎跟马一样大，一看就知道肉质不佳，就连被称为"鹿角"的小鱼也能摆上宴席。如果非要说当地特色，也只有所谓的"蒸粟埋饭瓮"值得一提。这是一种瓮装的小米饭，可能在饭下面还埋着一些肉，再配着大勺的酸汁，吃起来还算爽口。

最让苏轼感觉可惜的是，在此地喝不到好茶，自己手中那些个珍藏了多年的精制茶壶、茶盏，一个都派不上用场，简直暴殄天物。

在我看来，这首诗里对于昔日美味的种种回忆，虽然多少透露着一些乐观且随遇而安的态度，但更多像是一种诉苦，伤感自己的物质需求在密州得不到完全意义上的满足。他甚至还有些挑剔，抱怨羊肉口味不佳，抱怨小鱼仅能塞牙，他还不知道跟在未来等待着他的遭遇相比，身在密州已经算得上是幸福了。但我们不该苛责他，毕竟我们这些后来人，是从上帝视角出发才说得出这种话，毕竟这时候的他还没有遭受现实真正的毒打。

有时候我们不得不承认，一个人在童年时候形成的口味往往最难改变，因为长期在外为官，苏轼对四川故乡的风味多少有一些想念。在徐州知州任上，苏轼曾给自己的好友、黄庭坚的舅舅李公择寄去了竹笋和芍药，并附上了诗：

久客厌虏馔，枵然思南烹。故人知我意，千里寄竹萌。

骈头玉婴儿，一一脱锦绷。庖人应未识，旅人眼先明。

我家拙厨膳，彘肉芼芜菁。送与江南客，烧煮配香粳。

（《送笋芍药与公择二首·其一》）

这首诗的内容用第一人称描述大概如此：因为吃不惯当地的饮食，家乡人不远千里给我快递了四川的笋子。刚刚到货，我便迫不及待地拆开包裹，剥掉笋皮，将娇嫩的玉笋交给了自家的厨师，然而，对于笋这种美味，本地的厨师居然不认识，只会用野菜配猪肉和芜菁一起煮着吃，这让我有些无语……好了，倒苦水到此为止，因为我和你李公择的关系铁，所以就把吃剩下的笋子给你这个南方人寄去，我建议你煮熟后配香粳米一起吃，这样更巴适。

说明一下，诗中的"久客厌虏馔，枵然思南烹"两句，为了方便朋友理解，苏轼还帮自己下了个注释："蜀人谓东北人虏子"，这所谓的"虏馔"，当然就是指东北人的饮馔。不过，这里的"东北"不是现在的东三省，而是指包括今天山东、徐州在内的北方东部沿海一带。

个人认为，苏轼摊上乌台诗案之前，在所有提到吃的诗歌中，这已经算是比较有吃货感觉的一首了，把笋的美味和思乡之情以及对朋友的关心表达得恰到好处。而同样是任徐州知州期间写的《春菜》，则细数了春天里江淮一带的种种食材，既有芜菁、韭芽、青蒿之类的素菜，也有白鱼、河豚这些个荤菜，他甚至大言不惭：如果能够一直吃到这些好东西，那还不如自己弹劾自己，从此弃官不当，做第二个有"莼鲈之思"的张翰。

> 蔓菁宿根已生叶，韭芽戴土拳如蕨。
>
> 烂烝香荠白鱼肥，碎点青蒿凉饼滑。
>
> 宿酒初消春睡起，细履幽畦掇芳辣。
>
> 茵陈甘菊不负渠，绘缕堆盘纤手抹。
>
> 北方苦寒今未已，雪底波棱如铁甲。
>
> 岂如吾蜀富冬蔬，霜叶露牙寒更茁。
>
> 久抛菘葛犹细事，苦笋江豚那忍说。
>
> 明年投劾径须归，莫待齿摇并发脱。

都说到这里了，还是简单解释一下什么是"莼鲈之思"吧：西晋有个张翰，老吃货了。在洛阳当官时秋风一起，他就怀念起了故乡苏州的菰菜、莼羹以及鲈鱼脍，于是便毅然辞官归乡，这就是"莼鲈之思"的由来。不过，我还是要为现在被改造成了"茭白"的菰菜抱个不平：说好了我才是张翰第一想的，凭什么只提莼鲈它们俩？

由此可见，来到徐州，很有可能是苏轼美食之魂觉醒的前奏与发端，对此，我们要结合苏轼之前在山东密州为官的经历看。由于密州旱灾蝗灾相继为虐，苏轼压力巨大，尽管还不至于经常饿肚子，但"想要吃好"这一点追求肯定是没能得到充分的满足，于是，才有了《和蒋夔寄茶》《后杞菊赋》这一类透露着些许苦气的诗文。

而在灾情好转之后，苏轼随即调任到了物产颇为丰富的徐州，否极泰来，他终于吃上了一口好菜，对饮食的态度有所改观。在一定程度上，此时的苏轼已经不再是从前那个没有感情的干饭机器，只不过这时候的他还没有深刻地意识到。

更值得玩味的是，苏轼在湖州知州任上翻车之前，至少还在两首诗中，提到了当地的湖鲜，其一为《泛舟城南会者五人分韵赋诗得"人皆苦炎"字四首·其三》：

> 紫蟹鲈鱼贱如土，得钱相付何曾数。
> 碧筒时作象鼻弯，白酒微带荷心苦。
> 运肘风生看斫鲙，随刀雪落惊飞缕。
> 不将醉语作新诗，饱食应惭腹如鼓。

其二为《丁公默送蝤蛑》：

> 溪边石蟹小如钱，喜见轮囷赤玉盘。
> 半壳含黄宜点酒，两螯斫雪劝加餐。
> 蛮珍海错闻名久，怪雨腥风入座寒。
> 堪笑吴兴馋太守，一诗换得两尖团。

第一首诗中的"紫蟹鲈鱼"，显然比《读孟郊诗》中提到的密州当地的彭越小鱼高端不少，苏轼没有经得住诱惑，贪吃了不少"刺身"（"斫脍"指用刀切成的细肉片）。然而，他在事后便马上后悔，因为这一点都不符合他从前"可使食无肉"的文人价值观！我们的大诗人好好自我反省了一番。

然而，就算是错了，苏轼下次还敢。在第二首《丁公默送蝤蛑》中，原本只有小螃蟹可以吃的苏轼，面对朋友送过来的升级版的蟹——蝤蛑，本来是想要拒绝的。可它们实在是太大了！剥了壳一半都是蟹黄，掰开钳子还有整块白白嫩嫩的蟹肉，用自己的一首诗换两个大蟹，实在是太划算了！事到如今，什么清心寡欲的文人形象，管他呢，真香！

对了，作为一个兴趣点全在生物上的历史爱好者，我还是有必要猜测一下苏轼口舌下的物种。紫蟹，或许就是我们常见的中华绒螯蟹，也就是俗称的大闸蟹，古人常常称呼绒螯蟹为"紫蟹"，原因不得而知，有人说紫色是蟹活着的时候壳的颜色，也有人说是蟹螯上的绒毛颜色，但在并不色盲的我看来这俩都不是紫色啊！或许就像蓝猫不蓝，是人们对紫色的定义不一样吧。

而第二首诗中丁公默送给他的"蝤蛑"则好找很多。蝤蛑本来用于指代体形较大的螃蟹，但在宋代以后，"蝤蛑"逐渐成为梭子蟹这一类海蟹的代称，根据苏轼食用它的地点判断，大概率是梭子蟹科的三疣梭子蟹。这种蟹在浙江比较常见，一般生活在入海口，个大膏多，蟹肉鲜嫩肥美，兼具河蟹和海蟹的优点。

不过，相比河蟹，寻常的三疣梭子蟹并没有太大的体形优势。也有人认为，苏轼吃到的蝤蛑，其实是梭子蟹科青蟹属的那些大家伙，比如个大肉厚的锯缘青蟹。还有一种说法，是说前面提到的"紫蟹"其实也是梭子蟹，

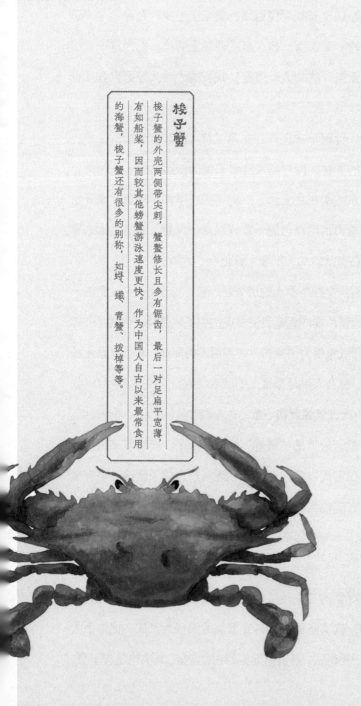

梭子蟹

梭子蟹的外壳两侧带尖刺，蟹螯修长且多有锯齿，最后一对足扁平宽薄，有如船桨，因而较其他螃蟹游泳速度更快。作为中国人自古以来最常食用的海蟹，梭子蟹还有很多的别称，如蝤、蟳、青蟹、拨棹等等。

这是因为梭子蟹虽以青色为主色调，但渔人们会时不时捞到一些紫色的个体。对了，不要跟我说还有红色的，那是煮熟了的。

在宋代著名的笑话集《艾子杂谈》中，有这样一个故事："艾子行于海上，初见蟏蛑，继见螃蟹及彭越，形皆相似而体愈小，因叹曰：'何一蟹不如一蟹也？'"如果《艾子杂谈》的原作者真如人们所说是苏轼本人，抛开他对当朝权贵的阴阳怪气，对于这三种不同尺寸的螃蟹，他还真的是分得门儿清。

还有就是鲈鱼，不是鱼露的那个鲈鱼。在中国，鲈鱼这家伙自古以来就太过有名，以至于在古诗词中都成了常客，从"莼鲈之思""金齑玉脍"再到"紫蟹鲈鱼"，我们的正题还没开始，鲈鱼便已经露面好几次，一点不缺少曝光度。来到我们现代人的餐桌，鲈鱼也是常客中的贵客，不过，很多人并不知道，古人包括苏轼笔下的"鲈鱼"，跟今天人们经常吃到的鲈鱼不完全是一回事。这个事说来话长，我们且等苏轼到了黄州，作《后赤壁赋》的时候再细说吧。

到此为止，苏轼在乌台诗案前关于美食的诗文，大概就是上面这十来首，外加个别有提到但所占篇幅极少的，可能还存在部分遗漏或是有争议的地方，不过大体上算是梳理完了。感慨一下，御史的工作的确是一个劳心费力的技术活，在下真心佩服工作量是我好几倍的舒亶、李定等先辈们。

通过上面两节提到的这十几篇诗文，我们大致可以勾勒出一个"前吃货时期"的苏轼：作为一个有着强烈表达欲望，且敢说敢做的真性情文化精英，他并不希望别人把他看作一个热衷于满足口腹之欲的粗鄙之人，毕竟孔子曾经说过"君子远庖厨"，不然在他现存数千篇的早期作品中，关于吃的文章怕不会用双手双脚就能数得过来。

而且，即便是跟吃有关的作品，大多数论质量也非上乘之作，不是顾左右而言他式的秀文采，就是报菜名一般的列举食材，即使偶尔会暴露一下自己贪嘴的本性，但堪称走心的句子也不是特别多，而关于味道、口感的直观描写更是少得可怜。可以说，美食在他心目中的位置，还远远比不上士大夫们的老朋友——酒。

不过，他虽然嘴上说着"可使食无肉，不可居无竹"，"以杞为粮，以菊为糗"，追求着更加高远的精神境界，但还是打心里企盼能吃到一桌好饭。而且，他还会间歇性地怀念起家乡的味道，若是遇到稀罕的食材或是可口的菜肴，也是会管不住自己嘴巴多吃不少，或许，那个日后的大吃货，这一时期就已经有了雏形。

我们可以想象，如果没有乌台诗案，如果在政治上一帆风顺，后来苏轼关于美食的诗文数量应该会有所增加，但他终其一生，都不会沦落为一个"老饕"，更不会因为吃饭这件小事而改变对世界的态度。只有经历了往后的种种沉沦、伤痛和欢欣，他才拾起了对于食物的热爱，变成了那个遍身是烟火气，却也更值得喜欢的苏东坡。

附录❷

东坡吃货足迹图——乌台诗案前

公元	中国纪年	主要官职	诗文
1060	嘉祐五年	无	《食雉》《鳊鱼》
1061—1071	嘉祐六年—熙宁四年	凤翔府判官	《渼陂鱼》《竹䶉》《次韵子由种菜久旱不生》
1071—1074	熙宁四年—熙宁七年	杭州通判	《于潜僧绿筠轩》《寒具诗》（争议）
1074—1077	熙宁七年—熙宁十年	密州知州	《后杞菊赋》《和蒋夔寄茶》《读孟郊诗二首》
1077—1079	熙宁十年—元丰二年	徐州知州	《送笋芍药与公择二首》《春菜》
1079	元丰二年	湖州知州	《丁公默送蝤蛑》《泛舟城南会者五人分韵赋诗得"人皆苦炎"字四首·其三》

第二章／黄州：变成苏东坡

千里迢迢来到黄州之后的第二年，苏轼终于与他命中注定的『东坡』相遇，他在这里开垦荒地、躬亲耕种、修筑雪堂，活成了一个农人的模样。

01

前往黄州的一路

经历了乌台诗案，苏轼算是走了一遭鬼门关，至少从他自己的角度出发，完全可以这么看。

元丰三年（1080）正月初一，苏轼被释出狱，但他知道偌大的汴京已经容不下自己，即便如此，曾为文字所累差点丢掉性命的他也不能输了气势，他宣称"塞上纵归他日马，城中不斗少年鸡"（《十二月二十八日蒙恩责授检校水部员外郎黄》），也就是说对于他而言，获罪被流放是塞翁失马焉知非福，自己根本不屑于做那种只会讨皇帝欢心的斗鸡小儿。苏轼根本没有一点后悔的意思，放到今天，或许会被网友们喷作是阴阳怪气的典型。

爆竹声中，万家团圆之际，苏轼却带着二十一岁的长子苏迈，与负责"护送"自己的两位公差踏上了去往贬谪之地黄州的漫长旅程。

这一路上，虽然没有像此前一样身负枷锁，但真正的枷锁反而加在了苏轼心头。遥想嘉祐二年（1057），自己和父亲苏洵、弟弟苏辙同届高中，

041

无人不知"一门三学士",各路名流争相结交,仕途一片光明,似乎要不了多久就可以进入枢纽,官拜宰相,走向百官之巅。

而如今二十多年过去,父亲早已离世,自己也凭着一张破嘴,将一手好牌打得稀烂,不仅招惹了是非差点丢掉性命,还连累了自己的弟弟。大正月里被押往流放之地,灰头土脸有如丧家之犬,简直比昔日他笔下"逢人自惊蹶,闷若儿脱襁"的竹鼠还要可怜。

苏轼自汴京出发,南下陈州(今河南淮阳),同文与可的儿子文逸民,以及匆匆赶来的弟弟苏辙相逢。在乌台诗案中,苏辙亦受到牵连,被贬到了筠州(今江西高安)担任监督盐酒税的基层干部。因为朝廷对苏辙的处分晚一步才会下达,苏轼便把自己的家眷托付给了弟弟,相约等到安顿下来之后,再麻烦子由将嫂侄送去黄州。

这对"难兄难弟"辞别之后,苏轼冒着漫天的大雪通过蔡州(今河南汝南),到达新息(今河南息县)。

也许是因为暴雪降临道路难行,苏轼父子得以在新息逗留一阵子,他便去当地的狱中拜访了一位眉山老乡。这位老乡名叫任汲,字师中,庆历年间进士,是跟苏洵一个辈分的长者,因为新息县令是他的官场起点,故他对当地深有感情,因此在官场沉浮多年之后,选择回到新息定居。

然而天不遂人愿,此时的任师中却因为儿女之故受到牵连,身陷囹圄,这让刚刚经历过乌台诗案的苏轼感到同病相怜,便为老乡留下一首《过新息留示乡人任师中(任时知泸州,亦坐事)》,以此给他鼓劲,希望他能够早日洗清罪名,其中开头的几句,颇值得玩味:

昔年尝美任夫子,卜居新息临淮水。

怪君便尔忘故乡，稻熟鱼肥信清美。

当时的苏轼并不知道，此时的他已经打开了一个奇妙的开关，在往后的岁月中，"鱼"和"稻"这两样东西，会在他的诗文中被反复提到，夸张一点来说，甚至成为他绕不过去的两大件，甚至是他走出人生困境的动力。不过说回到任师中的事上，苏轼的正能量显然没能改变前辈的命运，他不承想这一见竟是诀别，几个月后，任师中死于狱中。

告别了任夫子，苏轼一行人渡过淮河，曾经那个像是云梦泽一般遥远的黄州，眼看着越来越近。想到自己的谪官生涯即将开始，苏轼心中忐忑不安，在淮河南岸的小驿站中，他写下了一首《过淮》：

朝离新息县，初乱一水碧。暮宿淮南村，已度千山赤。

麋鹿号古戍，雾雨暗破驿。回头梁楚郊，永与中原隔。

黄州在何许，想像云梦泽。吾生如寄耳，初不择所适。

但有鱼与稻，生理已自毕。独喜小儿子，少小事安佚。

相从艰难中，肝肺如铁石。便应与晤语，何止寄衰疾。

未知的未来，苏轼还不知道自己该怎样面对，怎样前进。但那又如何呢？反正"但有鱼与稻，生理已自毕"，只要还有鱼有稻，就能满足我的物质需要，我苏某人就一定能顽强地活下去，更何况，还有越来越懂事的儿子跟随自己一起走下去。

正月二十五日，经过一路风雪，苏轼到达今天湖北麻城境内的岐亭。

岐亭镇可以说是在黄州咫尺之外，镇外的杏花村盛产好酒，说到"杏花村"，恐怕多数人会想到唐代诗人杜牧的《清明》："清明时节雨纷纷，路上行人欲断魂。借问酒家何处有？牧童遥指杏花村。"不过，没有证据能佐证，杜牧笔下的杏花村到底是在这里，还是在山西临汾或是安徽池州。不过，鉴于杜牧也曾担任过黄州刺史，并留下"平生睡足处，云梦泽南州"之类的句子，要说《清明》诗中提到的杏花村就在此处也不是没有可能。

在雪中岐亭，苏轼又见到了一位故人——隐居于此的静庵居士陈慥。陈慥，字季常，是十多年前苏轼在凤翔时结识的好友。这位陈季常自个儿的存在感不是特别强，但他家那位脾气不算很好的老婆柳氏，却为中国的传统家庭文化贡献了一个尽人皆知的词："河东狮吼"。

这得归功于后来跟这一家人日渐熟络的苏轼，他笔下的一句"忽闻河东狮子吼，拄杖落手心茫然"（《寄吴德仁兼简陈季常》），不仅把一个寂寂无闻的家庭主妇塑造成了大宋悍妇的代表人物，还推动了自己朋友陈季常作为艺人的出道：从南宋人的笔记，到明朝人的戏剧，再到当代香港人的电影，这位顶着怕老婆人设的陈季常，一直活跃在舞台之上。

在早春的大雪中颠簸了一路的苏轼，心情舒展了些，能在人生的低谷与诚挚的故友相逢，本来就是上天赐予的宝贵机会。患难见真情，在热心肠的陈季常盛邀之下，苏轼来到他府上暖暖身子暂作停留。

这一留事小，却极有可能真的成了苏轼一生的转折点，当然，仅仅是在吃这一方面。就是在这里，苏轼把他对"鱼"和"稻"的执着，发展成了对一切美好食材发自内心的热爱。

数年之后，苏轼离开黄州，他把这些年来到岐亭赠给陈季常的诗"打包"成了一套《岐亭五首》，其中的第一首，记叙的正是来到岐亭，同陈季常重逢的时刻：

昨日云阴重，东风融雪汁。远林草木暗，近舍烟火湿。

下有隐君子，啸歌方自得。知我犯寒来，呼酒意颇急。

抚掌动邻里，绕村捉鹅鸭。房栊锵器声，蔬果照巾幂。

久闻蒌蒿美，初见新芽赤。洗盏酌鹅黄，磨刀削熊白。

须臾我径醉，坐睡落巾帻。醒时夜向兰，唧唧铜瓶泣。

黄州岂云远，但恐朋友缺。我当安所主，君亦无此客。

朝来静庵中，惟见峰峦集。

（《岐亭五首·其一》）

为了给朋友张罗一桌好饭，陈季常化身为"村霸"，绕着村子捕捉鸭鹅，在盘盆中摆满了蔬果，还特地去水边为他割了还是赤红色的蒌蒿嫩芽，甚至还特意为他拿出了"熊白"（熊的脂肪）这类珍藏多年的稀有食材……看来，虽然黄州地处偏远，但自己在这里并不是没有朋友！落难而来的苏轼心中无限感慨。

在字里行间，我们不仅能体味到老友之间久别重逢的真情，还能明显感受到在苏轼的身上，愁苦之气渐渐消散，取而代之的是一种扑面而来的对生活的热爱，而最能代表这种热爱的，在鸭、在鹅、在蒌蒿、在蔬果……在他诗中提到的种种食材。

就这样，苏轼在陈季常家里住了五天，每天好酒好菜。茶余饭后，还有健谈的朋友，果然，生活是美好的，烦恼是自找的，只要有好吃的，就可以暂时装作看不到心头的阴霾，也许，被贬黄州并没有想象的那么坏。

五天后，苏轼再度启程，陈季常骑马相送，二月一日，苏轼最终抵达自己的流放地——黄州。

在风雪中穿行了五百多公里，而初春的黄州，已然雪霁风轻。苏轼父子二人暂时寓居在城东南的定慧院僧舍。定慧院外是满是茂林修竹的向阳小丘，在这里也可以远远地望见江边的沙洲，如此幽静的环境，非常适合让人静下心来求佛问法，提升自己的精神境界。

但是苏轼偏不，即便住在寺院，每天听着晨钟暮鼓，他也不愿天天跟和尚们一起搭伙吃斋。抵达黄州以后，虽然不时会焚香默坐修身养性，但这个曾经文艺得有些不食人间烟火的文坛领袖，却根本不想沉迷于宗教，反而对美食之类世俗的爱好一天甚似一天。

从北宋时人的角度看，黄州地处偏远，担任团练副使的苏轼无权签署公文，基本跟今天退居二线的国企领导一样无事可干。这也挺好，反正官场这个名利之地可能跟自己八字不合，除了暂时无法为民请命让苏轼有些郁闷。不过，既然大难不死捡回一条命，那还不如换种心态重新来过。

在这漫长的一路上，他已然为自己调整好了心态。黄州虽是贬谪之地，自古以来却是鱼米之乡，所谓"鱼在长江，山有笋香"，好山好水自然会有好物产，就算身为谪官，只要肯放低身段，也能好吃好喝地活下去。来到黄州后的第二个月，他便应自己心中的"鱼稻情结"，写下一首《初到黄州》，这首诗最能反映他在此间的心境：

> 自笑平生为口忙，老来事业转荒唐。
>
> 长江绕郭知鱼美，好竹连山觉笋香。
>
> 逐客不妨员外置，诗人例作水曹郎。
>
> 只惭无补丝毫事，尚费官家压酒囊。

从此，我苏轼人在他乡，做个不问世事的自在员外郎，不再失落失望，生活平淡恬淡，知足常乐随遇而安，就像活在心灵鸡汤里一样。不过对于苏轼而言，时间一长，这哪里够？在日后，他果然不满足于每天修佛论道提高个人修养，而是凭一己之力将从古至今千篇一律的贬谪生活整出新花样。

——好吧，既然被赶出朝堂，那我就去厨房。

02

还是种田适合我

缺月挂疏桐，漏断人初静。谁见幽人独往来，缥缈孤鸿影。

惊起却回头，有恨无人省。拣尽寒枝不肯栖，寂寞沙洲冷。

（苏轼《卜算子·黄州定慧院寓居作》）

前文说到，苏轼初到黄州，住的地方名叫定慧院。一提到定慧院，恐怕很多人第一时间就会想起这首《卜算子·黄州定慧院寓居作》，毕竟，课本上一个"熟读并背诵全文"，会把一些词句刻进人的 DNA 里。

毕竟刚刚逃离乌台诗案的惊涛骇浪，现在的苏轼，就算来到了鱼米之乡，就算再怎么自嘲"平生为口忙"，一时之间，也不能完全消弭乌台诗案带给他的心理创伤。在不知不觉中，苏轼又抑郁起来。《卜算子·黄州定慧院寓居作》就是苏轼的一次真情流露。或许，远离朝廷的境遇可以成就自己的淡泊与孤高，作为一只鸿鹄，找不到良木，我干脆不栖。尽管这里的沙洲寂寞且冷，也不能随波逐流，跟那些家伙同流合污。

——此乃谎言。换句话说，这只不过是他的美好心愿，可现实却未必会给他苏某人这个面子。

寓居定慧院思考人生没持续太久，苏轼也没能马上过上鱼美笋香的好日子。元丰三年五月二十九日，苏轼到达黄州将近四个月以后，弟弟苏辙逆江流而上到达黄州，将苏轼妻子王闰之、侍妾王朝云，二子苏迨、三子苏过，还有跟随苏轼多年的一众童仆、保姆一并送到了哥哥身边，至此，一家人终于团聚。

然而重逢的欢欣很快又被现实的后浪冲散。弟弟告别后，苏轼愈发感觉到自己的妻儿再加上追随多年的用人住得拥挤，狭小的定慧院僧舍很难容纳这一大家子人。幸得跟他同名、时任黄州知州陈轼的照顾，苏轼那一大家子人被破例安排到了长江边的临皋亭。

如果依照当代开发商的宣传文案，临皋亭可能是一处极为了不得的黄金地产："生活必须对得起贵族的血脉，栖居不该委屈了诗人的意愿。临皋亭，官府匠心打造，精品值得信赖，面朝江水，视野开阔，饮茗于夕阳之下，坐看江天一色。尊贵的气度，含蓄的豪门，荣耀一生，从此启程……"

而实际上，临皋亭只是一座废弃的驿站，年久失修，无人问津，出门往前走八十多步就是长江，犹如江边小舟一般潮湿阴冷。除了实用面积大了一些，在其他各方面可能都比不上定慧院，就连苏轼自己在搬家的时候也这么写道："全家占江驿，绝境天为破。饥贫相乘除，未见可吊贺。澹然无忧乐，苦语不成些。"（《迁居临皋亭》）没有一点乔迁新居的气氛，一看就不是真正的快乐。

住房还不是最严峻的现实问题，一开始，苏轼还"度囊中尚可支一岁有余"，加上黄州物价比较低，他在写给当时好友章惇的信中，还感叹当地"鱼稻薪炭颇贱"，低物价跟自己这种收入不高的犯官简直是绝配。所以在花钱上苏轼就突出一个慷慨豪迈，但等到后来全家齐聚，他方觉囊中羞涩，捉襟见肘，后悔当初为什么不多省点钱下来。这像极了不少年轻人单身的时候，似乎完全实现了财务自由，消费时洒脱大气，可一旦还上房贷结婚生子，就只好勒紧裤腰带规规矩矩过苦日子了。

作为被贬之身，苏轼现在薪俸微薄，而且家眷众多，日常的开销也不是小数目，果然没过多久，他就花光了积蓄。为了解决经济危机，夫人王闰之甚至变卖了不少金银首饰，苏轼也无奈接受了弟弟和朋友的接济。就算如此，日子也要精打细算：苏轼每月把钱分成三十吊，每吊一百五十钱，用画叉挑起来挂在房梁上，每天只取用一吊，以此保证家庭财政的可持续性。就像现在有人擅长管理时间、有人擅长管理表情一样，苏轼俨然成了一位"财富管理大师"。

难以想象，大半辈子都没怎么跟柴米油盐打过交道的苏轼，现在居然为生计发了愁。有一次，他给那位有着"送笋之交"的老朋友李公择写信，因为紧巴巴的日子让他不得不节衣缩食，他在信中甚至发出了这样的感慨："口腹之欲，何穷之有？每加节俭，亦是惜福延寿之道。"另外，为了平复心中的不安和焦躁，他一度甚至打算投身宗教的怀抱。

告急告急！眼看着贫穷这个魔鬼，就要把后来的大吃货扼杀在襁褓之中。好在情况有了转机，来到黄州的第二年，正当苏轼每天都在琢磨有什么特殊的省钱技巧，一家人已经穷得就快揭不开锅的时候，一个名叫马正卿的老朋友向他伸出援手。

在黄州城东，有数十亩废弃营房，马正卿向上级请求将这些无主的空地交给苏轼，让他亲自耕种，一方面算是"劳动改造"，另一方面也能解决这一大家人的经济危机。新上任的黄州知州徐君猷比较同情苏轼的遭遇，当即同意了马正卿的提议。

从前名满天下的文豪，现在需要把自己改造成一个农民。不过，好在当时的读书人并不认为"万般皆下品"，苏轼欣然接受了归隐田园的命运。当然这是为了解决生计问题，而并不是要净化心灵。

如果我写的是剧本或者其他影视文案，这个改造的过程恐怕只需要备注一个"镜头一转"，但事实上，开垦荒地，将之变成农场却是一个漫长艰辛而且颇具挑战性的任务。所幸苏轼在开荒的同时，还有一些写诗的闲情逸致，通过他留下的一组《东坡八首》，我们得以窥见他转变为一个农人的大致历程。

其一

废垒无人顾，颓垣满蓬蒿。谁能捐筋力，岁晚不偿劳。

独有孤旅人，天穷无所逃。端来拾瓦砾，岁旱土不膏。

崎岖草棘中，欲刮一寸毛。喟然释耒叹，我廪何时高。

——废弃的营垒瓦砾遍地，杂草丛生，但为了吃饭，苏轼只能带领一家老小，日复一日地披着荆斩着棘、捡拾着砖瓦、清理着废墟，每天的基本状态都是"眼睛一睁，忙到点灯"，在不知不觉中一天天过去。结束了一天的忙碌，感叹着生活的不易，只有对未来丰收的企盼，才能平复些许疲敝。

其二

荒田虽浪莽，高庳各有适。下隰种粳稌，东原莳枣栗。

江南有蜀士，桑果已许乞。好竹不难栽，但恐鞭横逸。

仍须卜佳处，规以安我室。家童烧枯草，走报暗井出。

一饱未敢期，瓢饮已可必。

——开荒已经完成，现在的苏轼获得了大约五十亩的田地，但是坡地高低不平。苏轼在仔细研究后，决定因地制宜，在不同的地块上种不同的东西，低洼的地方种粳米与糯米，开阔的地方种枣树和山栗，顺便向四川老乡讨要了家乡桑树的种子。一开始田地的供水也成问题，所幸家童及时地烧掉了枯草，找到了一口古井。

值得注意的是，我们都知道，苏轼原本无比热爱竹子，然而，他听说竹子的生命力很强，茂密的竹鞭会在地下横冲直撞，影响庄稼果树的生长，便果断放弃栽种竹子。看来他在遭受了现实的毒打之后，"可使食无肉，不可居无竹"已成了一个笑柄，俗就俗吧，我子瞻都种田了，你们还想怎样。

其三

自昔有微泉，来从远岭背。穿城过聚落，流恶壮蓬艾。

去为柯氏陂，十亩鱼虾会。岁旱泉亦竭，枯萍黏破块。

昨夜南山云，雨到一犁外。泫然寻故渎，知我理荒荟。

泥芹有宿根，一寸嗟独在。雪芽何时动，春鸠行可脍。

作为一个新农村建设者，必须要有专业精神，为了促进作物的生长，

珠颈斑鸠

中国境内最为常见的斑鸠之一，颈部两侧为黑色，密布白色斑点，有如撒满「珍珠」一般——对于有密集恐惧症的人而言或许是一场灾难——它们经常漫步在城市中的公园、学校及社区，并发出「咕咕咕」的声音，还热衷于在阳台的花盆及空调的外机上筑巢育幼。

顺便扩大再生产，苏轼开始寻找田间井水的源头。他沿着山间细小的山泉翻山越岭，最终找到了一座十亩见方、鱼虾汇聚的水塘。

由于几个月来的干旱，泉水已经快要枯竭，但老天眷顾，昨夜一场大雨来得及时，泉水又沿着故道流向了荒地，这样一来之前种下的芹菜断然死不了了。他暗自窃喜，已经开始计划着等到芹菜长出芽的时候，抓上一只斑鸠，依照家乡的口味，做成一盘雪芹炒斑鸠。

在诗的最后，苏轼还特意给加了个备注："蜀人贵芹芽脍，杂鸠肉为之"，大意就是说：芹芽炒斑鸠，我们四川人都爱吃。

在中国境内，广泛分布着山斑鸠和珠颈斑鸠，和我们非常熟悉的鸽子一样，这两种斑鸠也属鸽形目鸠鸽科，除了身材苗条一些以外，它们长得与鸽子也很相似，民间常常亲切地称其为"野鸽子"。因为是野味，所以吃起来是什么口感，我也不知道，估摸着跟鸽子肉差不太多，最多也就更瘦一点、柴一点、奇怪的沉淀物质更多一点。今天，一道被称为"东坡春鸠脍"的名菜还是可以吃到的，只不过调味方法有所不同，并且把原来的斑鸠肉换成了鸽子肉。

顺带一提，根据当代学者周汝昌先生《红楼梦新证》的解释，曹雪芹的"雪芹"二字，正是出自上面苏轼的这首诗，化用的正是"雪芽"和"泥芹"。

其四

种稻清明前，乐事我能数。毛空暗春泽，针水闻好语。

分秧及初夏，渐喜风叶举。月明看露上，一一珠垂缕。

秋来霜穗重，颠倒相撑拄。但闻畦陇间，蚱蜢如风雨。

新春便入甑，玉粒照筐筥。我久食官仓，红腐等泥土。

行当知此味，口腹吾已许。

——清明前播种，新芽在蒙蒙细雨中破土而出；初夏时插秧，禾苗在风中起舞；月明之夜，禾叶上是晶莹的露珠；秋日里降霜，稻穗压弯了稻秆。收获的时刻来临，自己家的新稻比官仓中的陈米不知香到哪里去，这么一想，自己被贬黄州也算是有好处的，在他的脸上，挂满了一个农人的骄傲与喜悦。

其五

良农惜地力，幸此十年荒。桑柘未及成，一麦庶可望。

投种未逾月，覆块已苍苍。农夫告我言，勿使苗叶昌。

君欲富饼饵，要须纵牛羊。再拜谢苦言，得饱不敢忘。

虽然苏轼的态度很谨慎，但黄州毕竟是他的"新手村"，因此他热衷于向老农讨教耕作经验，比如怎样更好地利用土地，怎样更好地管理时间。因为他耕种的地已经荒废了十年，土壤的肥力相当高，完全可以在夏天种稻，冬天种麦，如此一来，一年收获两次也不是问题。

果然，在冬天播下麦种之后，不到一个月，苏轼就看到了一片绿油油的麦地。满眼的绿光本让他喜出望外，但一位路过的老农却浇来了一盆冷水。老农告诉他，麦苗初生长得太过茂盛根本就不是什么好事，这往往意味着今年不会有好收成。为此，苏轼只能听从老农的建议，驱赶着牛羊进入农田，直到把郁郁葱葱的一片蹂躏成了残枝败叶。

因为这件事，他再度感受到了底层的劳动者不得不面对的艰辛，而这么做仅仅只为了活下去，苏轼又一次谦逊地向为他提供帮助的老农表达了诚挚的谢意。

其六

种枣期可剥，种松期可斫。事在十年外，吾计亦已悫。

十年何足道，千载如风雹。旧闻李衡奴，此策疑可学。

我有同舍郎，官居在灊岳。遗我三寸甘，照座光卓荦。

百栽倘可致，当及春冰渥。想见竹篱间，青黄垂屋角。

其七

潘子久不调，沽酒江南村。郭生本将种，卖药西市垣。

古生亦好事，恐是押牙孙。家有一亩竹，无时容叩门。

我穷交旧绝，三子独见存。从我于东坡，劳饷同一餐。

可怜杜拾遗，事与朱阮论。吾师卜子夏，四海皆弟昆。

从《东坡八首》的其六、其七中，我们可以察觉到，苏轼慢慢开始习惯了现在的生活，在他看来，即便在黄州再待十年过这种耕读的日子也没什么大不了。在种庄稼之外，他还多了点追求，托朋友弄来一些"三寸甘"幼苗，这可能是宋代的一种比较优良的柑橘品种。而他心心念念的竹子也总算是种上了。他还在当地交了一些朋友，比如卖酒的潘先生、卖药的郭先生，以及不知道从事什么工作的古先生，这些人没事儿就跑过来蹭吃蹭喝。

其八

马生本穷士，从我二十年。日夜望我贵，求分买山钱。

我今反累君，借耕辍兹田。刮毛龟背上，何时得成毡。

可怜马生痴，至今夸我贤。众笑终不悔，施一当获千。

最后，苏轼还不忘提点了一下帮助他脱离窘境的马正卿。根据这首诗中"马生本穷士，从我二十年"的描述，有不少人包括林语堂先生都以为这位马正卿，二十多年来一直追随苏轼，是苏轼忠心耿耿的仆人、跟班。但如果细想，就会发现不合逻辑的地方：一个犯官的家仆如何可能说服知府，帮苏轼申请到数十亩废弃的官府营地？

《宋史》中虽无马氏之传，但根据《黄州府志》和苏轼的其他诗文，我们依然可以找到关于他的蛛丝马迹。马正卿本名马梦得，正卿是他的字，他压根儿就不是苏家的仆人，而是当时的黄州通判。通判这一官职之前我也介绍过，类似于今天的副市长，在当时地方行政系统中的地位仅次于被称为"太守"的知州，如苏轼本人也曾担任过杭州通判。

苏轼之所以在诗文中称马正卿为"穷士"，态度有些轻佻，那是因为他们是相识二十多年的故交，关系非常要好。在苏轼的《东坡志林》中还有一篇《马梦得同岁》，甚至提到，"马梦得与仆同岁月生，少仆八日。是岁生者，无富贵人，而仆与梦得为穷之冠"，也就是说小马和他是同年同月生，只比自己小八天，在那年出生的人，几乎都是穷光蛋的命，就连苏轼自己也不例外。

话说，缘这玩意儿还真是妙不可言，苏轼被贬为黄州团练副使，马梦得也被调任为黄州通判，两人又以这样的方式在他乡相逢。即便自己现在官职比较高，马梦得依然对这位老朋友很看好，苏轼总是跟他开玩笑，调侃他这样大发善心帮助自己，一定是想在日后得到几千倍的回报，不过就自己现在这个状况嘛，他的收益就好比要从乌龟的背上刮毛，基本上永远都没办法凑成一块布料。

为了契合自己下地劳作、专事稼穑的全新人设，苏轼给自己取了一个"东坡居士"的新别号，一来是因为他开荒的田地位于黄州城东的坡地，二来也是为了致敬他的偶像、曾经在忠州东坡垦地种花的白居易。需要说明的是，古时候的"居士"并不专指在家修行的佛教徒，不少隐居的文人也会以"居士"自称，除了东坡居士苏轼，还有青莲居士李白、香山居士白居易、易安居士李清照等，他们也都是"居士"。

有了田地，有了家产，苏东坡现在的人生开始由黑白变得斑斓。更为重要的是，等到荒山变成桑园，顺便收获了大量的食材以后，他笔下关于吃的诗文开始呈指数级上升，从此，"自笑平生为口忙"便再也不是一句笑谈。

03

二红饭·为米折腰

在马梦得无私的帮助下，苏轼得到了五十亩田，随着耕种与收获，他终于得以脱离贫苦，进而转生为"苏东坡"。

在经过了被捕入狱、忧谗畏讥、流放边地、财政危机等等一系列的挑战之后，到了元丰四年（1081），苏东坡的务农生活正式开始了。因为居住的临皋亭距离他每天上班的东坡农场路途较远，往返很不方便，就跟现在的上班族一样，苏东坡不情愿每天浪费时间在路上，所以他决定要在工作的地方搭一座草堂。

元丰五年二月，草堂落成，因为落成的时候天降大雪，所以苏轼给它起了一个雅致的名字："东坡雪堂"，他亲自写下这四个大字作为匾额。就算这样还觉得不过瘾，他还久违地拿起画笔，在屋内的墙壁上，画了一幅有森林、河流、渔夫的雪景壁画。

也许有人会问，这么有闲情逸致，哪里是一个农夫该干的事，他现在不是应该好好种田吗？拜托，这会儿可是大雪皑皑的冬天，再加上靠去年大半年来的劳作,吃饭的问题已经得到了解决,在别人猫冬的时候重操旧业,做点自己想做的有什么不好?

通过一篇叫《二红饭》的文章,我们基本可以推断去年东坡的确是"丰收"了,这篇小短文不到百字,却颇为有趣:

今年东坡收大麦二十余石,卖之价甚贱,而粳米适尽,乃课奴婢舂以为饭。嚼之啧啧有声,小儿女相调,云是嚼虱子。日中饥,用浆水淘食之,自然甘酸浮滑,有西北村落气味。今日复令庖人,杂小豆作饭,尤有味,老妻大笑曰:"此新样二红饭也。"

结合《东坡八首·其五》来看,那位给苏东坡提意见的老农果然有经验,在驱牛赶羊践踏麦田之后,麦子的收成果然喜人,东坡仓库里的大麦一下多了二十多石。宋代的一石差不多相当于现在的六十公斤,对于一个刚刚接触农事的人而言,看到自己面前堆着成吨的麦子,惊喜还是有的,何况这还是自己的劳动所得。

高兴归高兴,但面对丰收,苏东坡还是有自己的苦恼,因为这些大麦的市面价值很低,想卖也卖不出什么好价格。而且众所周知,跟小麦以及稻米比起来,大麦的谷蛋白较少,口感不佳,今天人们最常用到大麦的地方,往往是取麦芽发酵酿造啤酒,或者是泡大麦茶,最多就是把大麦的籽粒细磨成粉,用凉水调拌成糊状,然后掺在粥里做成"糊子粥"。要是真的把大麦当主食的话,绝大多数人怕是接受不了。

好巧不巧的是,这时候自己家的大米也吃完了,苏东坡想着要给全家人换换口味。然而,可能是太过迷信"上好的食材往往只需要最朴素的烹饪方式"，他只是简单地捣碎大麦的壳，将麦粒煮成了饭。不过，这一回他竟然失算了，家里人不但没有赞不绝口，反而给出了一堆差评，他们家不知道哪个孩子，可能是尚未成年的苏迨或苏过，打小就没怎么过过苦日子，他们评价这饭根本没法吃，吃起来就好像是在嚼虱子。

苏东坡这个当爹的听了显然有些尴尬，他辩解道，中午劳作饿到不行的时候，可以用开水或米汤将大麦饭泡一泡，虽然不一定好吃，但绝对管饱。每当夕阳西下，这种颇有"西北村落气味"的吃法，会让他想起自己在陕西凤翔出任大理评事签书凤翔府判官的旧时光，那正是他已经逝去的青春。

即便一家人都说不好，苏东坡也没舍得把这些大麦饭给扔掉，一来这是他的劳动所得，二来这会儿他才刚刚重获温饱，没有资格像以前一样挑拣。为了保证这些大麦能够下肚，他只好组织全家人一同研究可行的吃法。

功夫不负有心人，在厨师的协助下，经过不断的试验调和，他最终找到了一种适合的大麦做法：将小红豆和大麦掺在一起煮，红豆的香气会在一定程度上掩盖大麦粗糙的口感，这样一来味道就会好很多。因为小红豆是红色的，大麦粒的颜色也偏红，所以夫人王闰之还给这饭起了一个好听的名字："新样二红饭"。

苏轼一生娶过三个女人，在大众心目中，第二任妻子王闰之不是特别有存在感，毕竟苏轼未曾为她写下"十年生死两茫茫"这般感人肺腑的悼词，也没有留下"淡妆浓抹总相宜"之类的赞许。但套用现在一句土味情话"陪伴是最长情的告白"，作为苏轼百年之后唯一的"室友"，王闰之跟苏轼的感情可能才是最深的。

王闰之是苏轼发妻王弗的堂妹，闺名"二十七娘"，"闰之"是苏轼帮她取的名字，因为她在庆历八年（1048）闰正月出生，后来她甚至有了

二红饭

当代人按照苏轼的记载，用大麦及小红豆复原的二红饭，看起来让人并不是很有食欲。

自己的字："季璋"。不得不说，在妇女权益普遍不被重视的古代，苏轼已经算是比较尊重女性的那类人了，苏轼的两妻一妾的姓名和生平都流传下来，并非只是族谱里几个冷冰冰的"苏王氏"，在当时的社会环境下，这显得相当进步。

治平二年（1065）五月，苏轼的发妻王弗辞世。或许是考虑到独子苏迈的抚养压力，或许是丈人王家不愿意失去这个有前途的女婿，王弗的堂妹"二十七娘"被介绍给了苏轼。之后十多年，苏轼先后赴杭州、密州、徐州、湖州为官，她也随之经年辗转，不仅将姐姐的血脉抚养成人，还诞下苏迨、苏过二子。

当丈夫摊上乌台诗案，被捉拿回京时，家中上下都吓得半死，王闰之当机立断，烧掉了家中所有可能招致灾祸的诗书。苏轼初到黄州，艰难度日时，她卖掉或是典当了不少嫁妆，不管是当官太太，还是过苦日子，即便命运发生一百八十度转折，王闰之一直宠辱不惊，与苏轼同甘共苦。

虽然不像堂姐王弗那样自幼饱读诗书，但王闰之也从丈夫那里感染到了一些才情。除了能给前面的非精致碳水起"二红饭"这样有诗意的名字，在日常的生活中，她也会间歇让苏轼产生一些灵感和感慨。苏轼常称她"老妻"，认为她胜过东汉那位与丈夫举案齐眉、相敬如宾的贤妻孟光。要知道，大部分文人写自己老婆，主要集中在两个时间：一是新婚宴尔，二是在丧偶以后，像苏轼这样频繁夸赞身边"老妻"的，着实不算多。

来到黄州之后，初试农事的苏东坡将妻子王闰之比作孟光，为了配得上这样的好妻子，自己也不能太过谦让，于是他便将自己比作陶渊明。为了致敬这位不为斗米折腰而归隐田园、从事农桑的田园诗人，元丰五年，苏轼在日常劳作之余，还干了一件相当有趣的事：他把陶渊明的代表作《归去来辞》，改编成了一首通俗的小曲。

陶渊明的《归去来辞》相信很多人都很熟悉，但《归去来辞》毕竟是一篇赋，是不能当成歌词来唱的。意识到这一点的苏东坡，就将《归去来辞》改编成可以唱出来的歌词，也许很多人都不相信，赋怎么可以改编成歌词呢？其实我也纳闷，但事实就是如此⋯⋯

以下就是苏轼这首《哨遍·为米折腰》的原文：

为米折腰，因酒弃家，口体交相累。

归去来，谁不遣君归？觉从前皆非今是，

露未晞。征夫指予归路，门前笑语喧童稚。

嗟旧菊都荒，新松暗老，吾年今已如此。

但小窗容膝闭柴扉。策杖看孤云暮鸿飞。

云出无心，鸟倦知还，本非有意。

噫！归去来兮。我今忘我兼忘世。

亲戚无浪语，琴书中有真味。

步翠麓崎岖，泛溪窈窕，涓涓暗谷流春水。

观草木欣荣，幽人自感，吾生行且休矣。

念寓形宇内复几时。不自觉皇皇欲何之？

委吾心、去留谁计。神仙知在何处？富贵非吾愿。

但知临水登山啸咏，自引壶觞自醉。

此生天命更何疑。且乘流、遇坎还止。

细心的人会发现，这首词的内容其实就源于陶渊明的《归去来辞》，在东坡雪堂休息的时候，苏东坡将《归去来辞》逐字逐句打散，然后结合当地村民唱的山歌调，稍加"檃栝"，也就是对文字进行裁剪修饰，重新组合成了一篇符合声律、通俗易懂的新词，这样不仅丝毫不破坏原作的精神，还能使得词句更加朗朗上口，便于传播。

果然，苏轼改编完成后不久，有意无意地哼了几遍，家里的童仆便会唱了，可能是因为原本山歌的旋律比较洗脑，人一旦学会了就停不下来。童仆跟着苏东坡一起下田劳作的时候也哼起了这首歌，作为改编者的苏东坡那是相当高兴，随即放下农具与他一起唱，还敲击牛角为他打节拍，简直开心到不行。

苏东坡给这首词取名为《哨遍》，"哨遍"即"稍编"，也就是"稍加改编"，苏东坡以此表达自己其实是在陶渊明《归去来辞》原作的基础上改编的。后来，这首《哨遍》几乎传遍大江南北，以至于其格式本身都成为一个词牌、曲牌，后世人在此基础上填出了不少佳作，如辛弃疾的《哨遍·秋水观》、睢景臣的《哨遍·高祖还乡》。

苏东坡将陶渊明的《归去来辞》改编为《哨遍·为米折腰》这一事，跟我们讲的美食主题并没有太大的关系，但我内心却真的是非常想提。

很多人都坚信，阳春白雪和下里巴人之间存在着不可逾越的界限。就如今天，不少人都会借助大众文化和流行文化，将看似高不可攀的知识说得简单浅显，好处是这样做会受大部分人的欢迎，便于内容传播；坏处是很容易会被古板者扣上各种稀奇古怪的帽子，什么娱乐至死、亵渎科学、不尊重历史，然后被批判一番。

包括我在内的众多内容制作者，更倾向于将看似干巴巴的史料，或者是深奥复杂的科学知识，变成浅显易懂、贴近生活的新奇玩意儿，通过传播成为现代人的共识，而不是让知识成为极少数人自认高人一等的优越感的来源，从而方便他们垄断知识、装腔作势。相比得到个别人的肯定，让更多存在求知欲的"普通人"产生兴趣，知识才更有价值。

打个不恰当的比方，如果说拥有知识的人是神话中掌管火焰的神祇，那我更愿意做盗取神火送给凡人的普罗米修斯。

苏东坡兴趣使然的改编，可以打破雅与俗的界限，可以使山民传颂"归去来兮"，可以让陶渊明的精神"破圈"，我虽然从事写作，但天资驽钝，创作生涯不奢求写出《归去来辞》这样的杰作，只求今后能够多改编几部通俗易懂的《哨遍·为米折腰》，让原本冷门的知识被更多人知晓，这样就足够了。

第三章 | 真假莫辨东坡肉

尽管东坡肉家喻户晓，不过可惜的是，《猪肉颂》并非苏轼本人所作，今天市面上的『东坡肉』也与苏轼无关。

01

《猪肉颂》？苏东坡没写过

　　终于，我们要说东坡肉了。东坡肉的名气实在是太大了，是真正意义上无人不知的国民美食，翻开苏轼的任何一本传记，不管文风有多严肃，考据多么严谨，都不会不提东坡肉，当真是每一位传记作者都绕不过去的坎。

　　铺垫了这么久，扯到了这么多罕见或是常见的食材，现在，是时候有请我们全书的主角——东坡肉正式出场。开演之时已至，请诸君为它献上雷鸣般的喝彩！

　　关于东坡肉的起源，自然要提到这篇《猪肉颂》：

　　　　净洗铛，少著水，柴头罨烟焰不起。待他自熟莫催他，火候足时他自美。黄州好猪肉，价贱如泥土。贵者不肯吃，贫者不解煮，早晨起来打两碗，饱得自家君莫管。

把锅刷干净，少加一些水，点燃柴木杂草，出小火开始炖。等待肉自个

儿慢慢变熟，千万不要催，只要火候足了，肉的滋味自然会美。黄州本地的
猪肉相当好，价钱却像泥土一样便宜；然而富贵的人家不肯吃，穷困的人家
又嫌费柴火。每天早上起来我都会打上两碗，填饱自己的肚子，你们谁都别管。

铛，指锅；罨，指掩盖；柴头，指杂草柴火。因为写得实在太过通俗易懂，
大部分人都可以无障碍阅读，以至于我现在正在反思有没有翻译的必要。

然而，我很遗憾地告诉大家一个扫兴的真相，那就是在《苏轼全集》
中根本没有收入该文章，这个所谓的《猪肉颂》，最早出现在南宋"竹坡居士"
周紫芝所撰的《竹坡诗话》一书中，原名叫《食猪肉诗》，内容是这样的：

> 东坡性喜嗜猪，在黄冈时，尝戏作《食猪肉诗》云："黄州好猪肉，
> 价贱等粪土。富者不肯吃，贫者不解煮。慢著火，少著水，火候足时
> 他自美。每日起来打一碗，饱得自家君莫管。"此是东坡以文滑稽耳。

也就是说，这篇文章的性质跟"孟子曰孔子曾经曰过"差不多，大概
率不是苏东坡的原作，而是后人的伪托。不过呢，即便这是演绎作品，倒
也比较符合苏东坡的精神和人设，地点考证更是有理有据，带上浅显易懂
的加分项，挂上苏东坡的名字，也不算太给他丢人。

话说回来，大家也别太失望，虽说《猪肉颂》不是苏东坡的原作，但
苏轼对猪肉的描述还是有不少的，不说别的，就说"黄州好猪肉，价贱如
泥土"，"每日起来打一盆，饱得自家君莫管"且都有出处可寻，都源自
苏轼来到黄州以后给朋友们寄去的书信。

在苏轼写给章惇的信中，除了我们之前提到的"鱼稻薪炭颇贱"之外，
他还写到"猪、牛、獐、鹿如土，鱼蟹不论钱"；而在写给王巩的信中，

清水煮猪肉

「开局一块肉，料理全靠秀」，当年苏轼铛中朴实无华、略加调味的清水煮猪肉，能在后世演变成百花齐放，并且都很美味的各地东坡肉，不得不说中国饮食文化真的博大精深。

他这样形容自己现在的生活："至简，然犹每日一肉"；更大的证据来自《答毕仲举书》，他在信中称："不如仆之食猪肉，实美而真饱也。"

这么说吧，《猪肉颂》虽是"竹坡居士"写的，但东坡居士在黄州常吃猪肉的人生经历可不是瞎编的。

唯一不确定的，就是苏东坡料理猪肉的方法，是不是如同《猪肉颂》中描写的那样"净洗铛，少著水"，"待他自熟莫催他"，由于没有找到直接的证据，所以我不敢担保，但参照当时的烹饪技术手段，估计也就跟《猪肉颂》里描写得差不多，大概率也是不多加调味料的慢火煮熟。

其实在很早之前，我还读过一则苏轼和猪肉相关的故事，这便是《仇池笔记》中的《河阳猪》：

> 苏东坡曰：予昔在岐下，闻河阳猪肉甚美，使人往市之。使者醉，猪夜逸去。贸他猪以偿。客皆以为非他产所及。既而事败，客皆惭。

这个故事大概是说，苏轼在凤翔当官的时候，听说河阳县产的猪肉特别好吃，就派人到河阳去买猪回来杀了吃。派过去的人是个酒鬼，因为在半路上喝多了，夜里猪全跑了。为了不让事情败露，这家伙只能回凤翔花钱买了当地猪交差充数。

后来苏轼宴请客人，用的正是这些"正宗河阳猪肉"，在场之人都赞不绝口，说这河阳猪肉的品质就是好，别地出产的压根儿就比不了。然而没过多久，真相暴露了，猛夸猪肉好吃的客人们都惭愧地低下了头。

这是一篇颇有哲理，且内容永远不会过时的文章，尤其是在充满了消费主义陷阱的当今。河阳猪真的比本地猪更优秀吗？星巴克的咖啡真的比瑞幸的更好喝吗？几千块的名牌跑鞋真的比莆田货更舒适吗？几百万的红酒跟几十块钱的红酒有本质上的区别吗？名导演挂名监制的电影一定会比小团队的作品出色吗？如果假冒河阳猪的事直到最后都没被拆穿，那么东坡家的一席宾客，都会一直感叹河阳猪的美味。我们消费的，我们认同的，我们更加看重的，究竟是产品本身，还是背后的品牌价值？我又一次陷入了沉思……

不沉思了，我们先回来。按照时间来看，这件事发生在苏轼来到黄州很久之前，我们在"前吃货时期"的章节中就该介绍了，但我之所以没有提到这篇《河阳猪》，主要是因为记载了这段文字的《仇池笔记》一书，一般不被承认出自苏轼之手。抛开和《东坡志林》书中一模一样的内容，其他的篇目应该都是他人假苏轼之口而创作的。《四库全书总目》这样评价这本书："好事者集其杂帖为之，未必出轼之手著"，一个大写的无情。

仔细想想，猪肉还真是不走运，连续两篇文章都有极高的伪作可能性，我要是猪的话简直会伤透了心。

我们之前有提到，苏轼从前最喜爱的肉食是羊肉，正如他对自己的评价："平生嗜羊炙，识味肯轻饱"，但来到黄州以后，吃羊肉就成了一种奢求。在初到黄州经济情况尚可的时候，他在信中称"猪、牛、獐、鹿如土"，羊肉不在其中，可见在当地羊肉的确是个稀罕物，只有花上高价才能买到。可怜我们的东坡，在密州时还抱怨过"剪毛胡羊大如马"，话里有话地鄙夷了当地羊肉的风味不佳，但跟现在一比，那时的他就是身在福中不知福。等到一家老小齐聚以后，生活的压力逐渐增加，他想要大啖羊肉的心愿恐怕是更难实现了。——他是万不得已才盯上猪肉的。

02

猪羊争霸：

横跨两千年的中国主流肉食之争

2019年，受内因外因的影响，中国市场上的猪肉价格一度大幅上涨，一时间舆论沸沸扬扬。这当然可以理解，今天的中国虽然人均肉消费量远远低于西方，但凭借人口总量，便已经成为全球第一的猪肉消费国，国人每年吃掉的猪肉总量，总在世界猪肉消费量的50%上下徘徊，光2018年一年就消耗了5595万吨，大致可以折合成3740万头猪——猪肉当之无愧成为今天中国的第一肉食。

然而，猪在中国的霸权地位却并非自古有之，它的命运可谓几经沉浮，我们且先跳出苏轼，讲一讲猪的故事。

中国人驯化野猪的时间相当早，在距今约7000—5000年的河姆渡新石器文化遗址，曾出土过陪葬用的陶猪、猪纹陶钵，以及数量众多的猪骨，与野猪相比，这些猪的下颌骨更加粗短，说明先民已经开始对猪进行了圈养，逐渐将野猪培育为家猪；距今4300年的山西陶寺遗址也出土了人骨与猪骨，通过同位素测定，发现人和猪都摄食过大量的碳四植物，证明这些猪不是来自猎取，而是人为饲养的牲畜。

商周时期，"阉猪"技术逐渐成熟，使猪更加温顺，并且有效减轻了猪肉的腥味；到了先秦时代，中华大地便有了"六畜"之说。所谓"六畜"，即马、牛、羊、猪、狗和鸡，除了马，其他五畜均是古人的主要肉食来源。所谓"国之大事，在祀与戎"，在一个国家最为看重的祭祀活动中，牛、羊、猪这三兄弟还扮演着重要的角色，被称为"三牲"。

"三牲"之中，牛的地位明显高猪羊一等。这是因为，在周礼中就有了"太牢"和"少牢"的划分，只要在祭祀中同时摆出牛肉、羊肉和猪肉，那就是最为高等级的"太牢"，只有周天子才配得上；如果缺了牛肉，只有羊肉和猪肉，就成了诸侯享用的"少牢"。

然而，春秋以后，铁犁牛耕成了重要的农业生产手段，为了保障农业生产，统治者开始立法禁止民间宰杀耕牛，老百姓想要宰牛，甚至要向地方衙门报备，如果没有得到批准就宰，往往会被治以重罪。因此，牛肉逐渐淡出日常肉食的行列，只有在最为高端的祭祀场合，以及法外狂徒、绿林好汉的餐桌上才能寻得牛肉的踪影，普通家庭几乎一辈子都吃不到牛肉。

抛开高不可攀的牛大哥不谈，同属"少牢"的猪和羊两者，在往后两千多年的岁月中，就祭台和餐桌上的地位高低展开了旷日持久、此消彼长的斗争，甚至超越了时间和空间局限。为了方便大家理解，我专门给这场斗争起了一个名字："猪羊争霸"。

在比赛的第一阶段，羊选手先一步占据了优势。《国语·楚语下》记载："天子食太牢，牛羊豕三牲俱全，诸侯食牛，卿食羊，大夫食豕，士食鱼炙，庶人食菜。"豕，是猪的另一种叫法，在周代贵族的等级序列中，卿高于大夫，因而猪的地位显然低于羊。

猪是不甘于平凡的，它们需要的，仅仅是一个崛起的条件。汉代以前，中国人养猪主要采用放牧的形式，跟牛、羊没什么区别。但随着小农经济的不断发展，人们发现猪这家伙比较宅，用不着牵出去牧之，于是便开发出了"后院养猪"的全新模式，这让养猪节省空间的优点日益明显。汉字的"家"，最初意为屋顶下有猪，这在某种意义上说明，一个家庭一旦缺少了猪就会变得不再完整，可见这时候猪的排位等级正在不断上升。

秦末汉初的知名饭局"鸿门宴"上，项羽曾给樊哙"赐之彘肩"，也就是用一条猪腿来赞赏他的勇武和忠诚。事死如事生的汉代人常用"陶猪圈"来陪葬，现在几乎每一个设有汉文化主题展的博物馆，都能看到这类文物。司马迁的《史记·货殖列传》中，曾用"千足彘"和"千足羊"来形容一户人家的富足，连猪都知道，猪和羊都是四条腿的，所谓的"千足"就是指有250头，从这个侧面可以推测，当时猪羊的饲养数量恐怕已经平分秋色，难分伯仲。

眼看着猪就要逆袭上位，然而到了魏晋以后，猪的好运却突然到头，可能是受游牧民族习俗的影响，也有可能是因为农业生产遭到破坏或人口下降，猪的饲养规模迅速萎缩。此后，羊肉逐渐成为"陆产之最"，占据中原人的主要肉食地位长达千年之久，直到隋唐重新统一之后，美味的代表依然是羔羊美酒，而不是猪肉。

苏轼身处的宋代，"猪弱羊强"的局面不仅没有改变，猪肉更是越来越没有地位。《续资治通鉴长编》记载："饮食不贵异品，御厨止用羊肉，此皆祖宗家法所以致太平者"，为了保证羊肉在宫廷中的地位，赵家人几乎执着到了要立法的程度。直到宋神宗重用王安石变法时，为了节省内廷的开支，才引进了猪肉。即便如此，熙宁十年的御厨账本上还是记录着"羊肉四十三万四千四百六十三斤四两，猪肉四千一百三十一斤"，羊肉的用量是猪肉的百倍以上。

民间也是一样，宋代老百姓对羊肉的热爱也是发自真心，逢年过节、婚丧嫁娶，有条件的家庭一定会在宴席上摆出羊肉。《东京梦华录》就提到当时汴京人爱吃炖羊、软羊、羊肚、羊腰、羊杂碎、生软羊面……单单用一个羊肉，就能整出一段报菜名。即便价格居高不下，羊肉也一直在宋代人的饭桌上占据着主导地位，把猪肉压制得死死的。

在这样的时代背景下，苏轼自然是羊肉的拥趸。从他前期的诗文看，和他一吃就停不下来的"羊炙"比起来，"彘肉芼芜菁"俨然是烹饪界的反面教材，即便是在黄州不得已之下喜欢上了吃猪肉，他也依然博爱，坚信羊肉和猪肉都是他喜爱的美食。而造化弄人的是，就是如他这样一个酷爱吃羊肉的人，却在看似胜负已决的"猪羊争霸"中，打响了猪肉绝地反击的第一枪。

"我，被嫌弃了一千年，又被逐出了大众的餐桌，而现在，居然有个落魄文人夸赞我的美味，真是……大快人心！"

苏东坡现在不仅丝毫不羞愧地告诉别人："诸君，我喜欢猪肉"，还试图把吃猪肉提升到哲学的高度，在《答毕仲举书》中，他竟然将自己的平生所学比作"猪肉"，同时将老朋友陈襄的佛学造诣比作"龙肉"，然后直言不讳："猪之与龙，则有间矣，然公终日说龙肉，不如仆之食猪肉，实美而真饱也。"

在他的观念中，猪肉与龙肉有着本质的差别。那些佛学大师整天不是出生死，就是超三乘，净说这些有的没的，就像是在空谈吃龙肉一样不切实际。而像他自己这样务实的男子，可以说是脚踏实地，活得真实，就好比吃猪肉一样味道好又管饱。

有趣的是，在苏轼这样的大佬为之现身说法之后，猪肉渐渐变得受欢迎了。南宋以后，猪肉在文献中出现的频率越来越高，猪肉也慢慢开始登上大雅之堂。

元代，羊肉王朝结束了最后的统治，到了朱家人当皇帝的明代，从宫廷到民间都不可避免地爱上了吃猪肉。在永乐年间的御膳菜单中，猪肉日均六斤，羊肉日均五斤，猪肉首度实现了反超。到了明末，猪肉的优势已经不可逆转，根据光禄寺对宫中消耗牲口数量的统计，一年消费猪18900头，羊10750头，此刻，火力全开的猪肉，已经势不可当。

即便是李时珍这样不待见猪肉的医药学家，甚至在《本草纲目》中写道："凡猪肉苦微寒，有小毒。凡猪肉能闭血脉，弱筋骨，虚人肌"，列举了一大堆猪肉的缺点。但考虑到猪肉的江湖地位，他还是不得不承认："猪，天下畜之"，活脱脱一副我看你不顺眼但就是拿你没办法的样子。

到了清朝，"猪羊争霸"最终尘埃落定，在清乾隆四十九年（1784）的皇家除夕宴上，包括野猪肉在内的猪肉总共花费了90斤，而羊肉仅仅用了20斤。而在民间，曾经上不了台面的猪肉也彻底打败了羊肉，成为中国人最为喜爱的肉食。

当然，猪肉实现逆转，主要还是因为它自身的优势。让我们且先把风味、口感这类比较主观的东西放到一边，来逐一分析猪肉和猪的优点：

第一，在相同的饲养条件下，猪的产肉量明显高于羊。现代养殖业有一个专有名词叫作"料肉比"，即人工饲养的畜禽增重一千克所消耗的饲料量，也有人称其为"饲料转化率"，通常情况下，猪的料肉比约为3∶1，羊则是5∶1，牛是6∶1，相比牛羊，猪变胖的能力一直是可以的，可见牛羊肉比猪肉更贵不是没有道理。更何况，牛羊只能草饲、谷饲，而身为杂食动物的猪却是什么都可以吃，管它是香还是臭，泔水剩饭在猪的眼里都是美食。总之，给予它们同等的资源，从猪身上的获取是最多的，猪真不愧是理想的产肉动物。

第二，猪可以圈养，而羊需要放牧，这就意味着在土地有限的前提下，养猪可以生产更多的食物。而明清以后，中国的人口逐渐膨胀，土地资源越来越紧张，人口稠密的农耕地区已经很难腾出更多的地块用来放羊。更何况，圈养的高产母猪一年能产两胎，一胎能生十几只，繁殖能力也远在牛羊之上。

第三，除了肉以外，饲养猪羊还能获得不同的副产品，对于一个农人而言，相比羊身上产出的羊毛、羊奶，猪能给人提供的东西明显更有吸引力一些。通过养猪得到的众多副产品中，最受古人欢迎的便是猪油，对一个普通家庭而言，吃肉毕竟是一件奢侈的事，杀一头猪才够吃几天？猪肉只有逢年过节才能拿出来改善生活，但熬制的猪油却可以用上一年，换句话说，猪油的实用价值远比猪肉要高。

第四，养猪还有一个明显的好处，就是可以得到源源不断的猪粪。不要小看这些恶臭的猪粪，对于靠种田吃饭的农人，把猪粪浇到田里就意味着会有更好的收成，谁能拒绝这些纯天然的有机肥料？

虽然猪有以上的种种优点，但不得不说，在古代吃猪肉的确存在一定的风险，比如猪肉的寄生虫问题。因为猪不似牛羊高度素食，它们杂食的特性，以及饲养环境的限制，让猪更容易被各种寄生虫盯上。

想要规避这一问题，其实很容易，只要在食用猪肉的时候保证全熟就可以，但全熟的代价就是费柴火。对于古代的穷人来说，柴火也是一项不低的生活成本，为一顿饭就烧掉海量的柴火无异于败家，这就是《食猪肉诗》中说"贫者不解煮"的缘由。

这么说吧，在宋代，想要成为猪肉的"首席推介官"，还是存在一定门槛的，只有像黄州苏东坡这样的人，因为穷，所以吃不起羊肉，又因为没那么穷，日常还能消费得起猪肉，并且还不在乎柴火的成本，才能放心大胆地用慢火把猪肉煮熟——也许只有像苏东坡这样，达成穷与不穷之间的微妙平衡，才能真正体会到猪肉的美妙。

都讲到这里了，不妨再跑题多说一些题外话。

从 2019 年开始，在一些西方国家媒体和利益集团的推动下，中国人吃肉和全球环境问题总是被有意或是无意地联系在一起，甚至有专家在论文中宣称："中国人每吃一块肉，亚马孙雨林里就冒出了一股烟"，"世界将因为中国人减少吃肉而改变"。还有一些境外组织，将印着明星肖像的"公益"海报，挂满了中国的机场、车站和地铁，大肆宣传"吃肉破坏环境""吃肉不健康"。他们还有一套看似完整的逻辑：因为中国人餐桌上的肉食增加，全世界的畜牧产业进一步扩大，这就会排放更多的温室气体，从而导致全球变暖、环境恶化。正如他们自己的说法："如果让中国人都过上 × 国人的生活，地球就会承受不了。"

然而，全球气候变暖的大锅真的应当由中国人来背吗？虽然由于生活水平的提高，大部分中国人有了每天都能吃到肉的条件，但相比那些鼓吹中国人少吃肉的国家，中国人的人均食肉量只有他们的一半左右，更何况，中国人吃得最多的是猪肉，在饲养过程中，养一头猪比养一头牛所耗物资低得多，而在那几个国家中，牛肉才是消费量最大的肉食。

还记得前面引用的《国语·楚语下》是怎么说的了吗："天子食太牢，

牛羊豕三牲俱全，诸侯食牛，卿食羊，大夫食豕，士食鱼炙，庶人食菜"，在先秦时期，对于黔首百姓而言，食肉是可遇而不可求的事情，"肉食者"甚至成为有权力有地位的人的代名词。随着时代的发展，肉食才开始下沉，但对于普通人家而言，也只是年成好时逢年过节才能尝到一点儿荤腥，平时闻到一点猪油味便满足到不行。直到改革开放初期，国家还发行"肉票"，市场供应的肉尚需凭票才能买到，中国人通过敞开肚子吃肉，从而改变一代人的体质，只有三十年左右的短暂历史。

就这微不足道的幸福和自由，似乎也没有得到某些国家的允许，这些人上人一边朵颐着牛肉，赞颂着自身"野蛮的体魄"与"文明的精神"，一边试图给非其族类的黄种人打上"矮小""羸弱"的刻板印象标签，嘲笑所谓的"东亚病夫"四体不勤、营养不良；现在的他们甚至还借助宣传机器、借用传统宗教、借口畜牧业发展导致全球气候变化，呼吁中国人要为保护世界环境而不吃肉，可他们从来没有反思过真正损害环境的，不是刚开始吃上肉的中国人，正是顿顿牛肉大餐、夜夜灯火通明，在不知不觉中消耗了大量能源的他们自己。这无疑是一种精致，啊不，极端卑劣的利己主义。

肉食者非鄙，从古至今，每一个为吃肉而努力的中国人都是伟大的，即使你并不喜欢吃肉，但理当捍卫今日中国人吃肉的权利。

03

东坡肉宇宙：
不同的做法，同一个梦

我们且再回到苏东坡和他的东坡肉，在发现了吃猪肉的诸多好处之后，苏东坡逐渐吃肉上瘾，以至于根本戒不掉，即便是他生了病。

在苏轼的《东坡志林》中，还记载着"子瞻患眼疾"这样一个让人哭笑不得的故事。苏轼一度"赤目"，也就是得了红眼病。现代人当然知道，红眼病是细菌或者病毒等微生物感染了眼结膜造成的，然而古代药理没有这么发达，大夫可能将他患病的原因归结为吃肉太多，特别叮嘱他暂时不要吃肉。可现在的苏东坡，一天不吃肉就浑身难受，在他的潜意识中，眼睛和嘴巴进行着说唱对决。

嘴巴说：我给你当嘴，它给你做眼睛，为什么你待它这样用心，却对我这般薄情？它得了病，你就不让我把肉吃进，这样不公平，我觉得不行。东坡有点为难，嘴巴又对眼睛说：我以后生病，也不会让你看不清。

　　余患赤目，或言不可食脍。余欲听之，而口不可，曰："我与子为口，彼与子为眼，彼何厚，我何薄？以彼患而废我食，不可。"

子瞻不能决。口谓眼曰："他日我瘤，汝视物吾不禁也。"

（《子瞻患眼疾》）

苏东坡觉得嘴巴说得有道理，于是他下定决心，做了一个非常成熟的决定：肉是不可能戒的，这辈子都不可能戒肉！既然是眼睛有问题，凭什么要我忌口？

不仅不忌口戒肉，苏东坡还热衷于为猪肉辩护，试图挽回当时猪肉的不良风评，洗刷猪肉承受的冤屈。根据时人《邵氏闻见后录》记载，一次，苏东坡当众表扬猪肉，朋友范祖禹却质疑他："吃猪肉引发风病怎么办？"苏轼听了立马脸一沉："你这是在诬陷猪肉。"

经筵官会食资善堂，东坡……称猪肉之美。范淳甫曰：奈发

风何？东坡笑呼曰：淳甫诬告猪肉。

（宋·邵博《邵氏闻见后录·卷三十》）

既然吃肉这么好，那么他的料理方法一定很独到，要不他的"东坡肉"怎么能流传至今呢？等等，我可不想再从《猪肉颂》并非苏东坡原作这事重新讲起，现在我们要分析的是另一个问题：究竟什么是东坡肉？

今时今日，放眼整个东亚世界以及全球范围内的华人社区，我们都有机会接触到这一款肉香纯正、口感醇美的经典肉食。然而，明眼人却可以发现，在不同的地区，这些硬菜的口味却不一定相同，这还不包括偶尔过来客串一把的红烧肉，可它们却共享着一个名字：东坡肉。

在现在林林总总的各家东坡肉之中，有六种比较有代表性，它们分别是湖北的"黄州东坡肉"、浙江杭州的"东坡肉"、江苏徐州的"东坡回赠肉"、河南开封的"清汤东坡肉"、四川眉山的"东坡肘子"以及广东惠州的"东坡大肉"。我们不难发现，这六种东坡肉的"户口"全都上在跟苏轼牵绊颇深的地方，其中，眉山是他的老家，开封是宋代当时的都城，苏轼曾经在杭州、徐州长期为官，而黄州、惠州又是苏轼的流放地。

这几种东坡肉虽然在外观和口味上有所区别，但大部分都有一些相通之处，比如原料用的都是猪的五花或者五花肋条，都要把肉切成肥瘦相间的正方形小块儿，核心做法同样都是焖煮，调味都要用到酱油和黄酒，大部分还要用葱条对肉块进行绑缚。唯独眉山的东坡肘子是一个异类，它不用切块，而是用整只猪肘进行调味炖煮。

不仅在做法上格格不入，东坡肘子的背景也和其他几位不同。这道菜有明确的记载，是民国时的眉山人为了纪念苏东坡，借鉴苏东坡烧肉的经验制作而成，之所以取这个名字，说白了就是为了致敬。

而其他这几个地方"东坡肉"的背景知识介绍，都像商量好了一样，绘声绘色地描述了苏轼在当地创造东坡肉的小故事。不过事先声明，这些记载都出自民间传说或者后世的地方志，并不是苏轼生前一定有的真事。

比如徐州的版本，说的是熙宁十年（1077），苏轼在当地指挥抗洪救灾胜利之后，百姓们杀猪宰羊献给苏轼，以此表达对领导工作的感恩。知府苏轼无法拒绝，只能冒着被指控受贿的风险勉为其难地收下，顺便让厨师做成了红烧肉回赠给那些热情的群众，这便是徐州"东坡回赠肉"的来历。

而黄州版本的东坡肉故事，除了对《猪肉颂》是苏轼原作的坚持，跟我们上面说的差别不大，基本贴近史实，因此不再赘述。

杭州版本的东坡肉，则把时间点锁定在苏轼官居杭州知州的元祐四年（1089），并且把东坡肉的诞生，同苏东坡疏浚西湖、修筑苏堤的不朽政绩梦幻般地联系起来，很好地体现了当地文人触类旁通的能力。可惜的是，东坡肉诞生的过程又跟上面徐州的版本雷同，依然是当地群众感恩苏轼、苏轼勉为其难接受、苏轼让大厨悉心料理、制作成美味分享给群众，只不过顺便改了一下细节：为了贴合杭州版本的东坡肉外观上的方方正正且色泽红润，这个传说还专门把苏轼回赠百姓的时间定在了拜年的正月期间，着重突出一个年味；还强调在杭州扬名立万后，东坡肉的美名开始传播，直到今天享誉海内外。

说到这，我不得不提让我们文字工作者爱恨交加的百度百科。由于理论上每一个用户都可以参与词条的编辑，所以在"东坡肉"这一词条的"菜品历史"名下，早期由不同的网友分别上传了各种类型的东坡肉的背景故事，这使得上面那几种不同的说法混杂在了一起，真真假假，含混不已，让我这种思维混乱的人一时之间难以分清。但在不久前，我再次登录百度百科，突然发现在经过了不知道多少次的词条修改以后，"东坡肉"的起源竟然被某位不愿透露姓名的网友给理出了逻辑。

"追本溯源，苏轼的这种红烧肉最早在徐州创制，在黄州时得到进一步提高，在杭州时闻名全国"，百度百科上这句话不知道是被哪位热心的网友加上的，我也不清楚他的目的是什么，但看到这句话，我不得不感慨加这句话的老哥还真是个人才。

要知道，为了挖掘文化资源促进经济发展，名人或者美食这些自带流量的东西总是免不了被各个地方争抢，比如只是为了争一个"西门庆故里"，就有三个城市打得不可开交。可怜西门大官人，一个在小说里坏得明明白白的大恶霸、大淫棍，居然成了三个地方力捧的文化产业英雄，一众人还为他究竟为祸何方的问题争得头破血流。听到这么荒诞的事，恐怕施耐庵都耐不住性子，兰陵笑笑生也笑不出来。

而在"东坡肉"的词条下面，那种剑拔弩张的氛围明显要缓和很多，上面的那一句话，就把三个地方不同的东坡肉串联起来，如果再结合眉山、开封和惠州等其他几种东坡肉起源的说辞（虽然眉山当地并没有），就可以形成一个包含了"溯源—创制—发展—改造—传播—传承"在内的完整版东坡肉世界观编年史，因其体系之完整、逻辑之顺畅，我愿将其称为"东坡肉宇宙"。

虽然这个"东坡肉编年史"听上去有理有据挺美好，但却并不现实。我们不得不承认，现代意义上的东坡肉跟苏东坡并没有任何的师承关系，关于东坡肉这道菜的正经记载，最早出现在猪肉开始大行其道的明代。

明代中后期沈德符所编写的《万历野获编》中有一句："肉之大胾不割者，名东坡肉。"胾，即切成的大块肉。这句话的意思是说，只要是没有经过过度切割的大块猪肉，就可以被称为"东坡肉"。也没提具体做法，说明最初东坡肉的概念可能很宽泛，而"东坡肉"这个名字本身已经有了一定的群众基础。

而关于东坡肉做法最早的记载，出自清代中期的餐饮宝典《调鼎集》，这本书非常全面地记录了清代的烹饪技术，记载了当时三百多道名菜的做法。关于东坡肉，书中是这么写的："肉取方正一块，刮净，切长块，约二寸许，下锅小滚后去沫。每一斤，下冰糖数块，将汤收干，用山药衬底，肉每斤入大茴三颗。"不难看出，无论做法还是品相，都已经跟现在的杭州东坡肉比较接近了。

在翟灏的词典书《通俗编》中，解释东坡肉就用了一句话："今俗谓烂煮肉曰东坡肉。"而清末民初成书的掌故汇编《清稗类钞》，以内容全面详尽著称，但关于东坡肉的记载却也极简，就一句："猪肉切为长大方块，加酱油及酒，煮至极融化"，也就是把猪肉切成大小合适的长方形小块，加入酱油与料酒，煮到极烂，能够入口即化就行了。能简约到这个地步，也意味着这时候东坡肉已经混出了头，好比家喻户晓的公众人物。

说到这里，想必大家已经清楚，虽然后半生的苏东坡热爱猪肉，也在一定程度上推动了猪肉的复兴，但是他却并没有留下料理猪肉的方法，今天市面上的任何一种东坡肉，跟苏东坡都没有直接的关系。无论后人怎样编排东坡肉起源的故事，也无法改变直到明清时期才出现东坡肉的事实，在某种意义上，这道菜的确是蹭了苏东坡的热度。

按照某些极端的"版权斗士"观点看来，这样一个无中生有的菜名，不仅侵权，更是对大文豪的一种侮辱，因为古人只有在咒骂别人的时候才会说出"愿生啖其肉"，让东坡自己吃自己，成何体统？

这个问题，让我想起了李渔，这个明末清初的文学家兼搞笑艺人，他在《闲情偶寄》中这样调侃道：

食以人传者，"东坡肉"是也。卒急听之，似非豕之肉，而为东坡之肉矣。噫，东坡何罪，而割其肉，以实千古馋人之腹哉？

李渔大声疾呼：东坡有什么错，为什么你们都要割他的肉吃？他后面还说："予非不知肉味，而于豕之一物，不敢浪措一词者，虑为东坡之续也。"对于肉的滋味，李渔自认也是个行家，但在猪肉的问题上，狡猾的他不敢多说一句话，生怕会跟苏东坡一样，让后人弄出来一个"李渔肉"。

不过有一说一，对于"东坡肉"这个菜名，以苏轼热衷自嘲的个性与乐观旷达的胸襟，哪怕真的知道了，大概率是会欣然接受。他被流放到黄州，躬耕城东，取了个自己中意的名号；又探索美味，充当伯乐，发现了猪肉的美妙。而在后世，自己的名号居然跟喜欢的猪肉联系起来，来自未来的天才用酱油和料酒调味，改变了寡淡的口味，让曾经鲜有人问津的猪肉成为闻名世间的美味，甚至还无私地把成绩归功于他。人们大啖猪肉，夸赞东坡，幸福的油光闪耀嘴角，那是精神的传递，是文化的破壁，当那两种喜悦交织在一起，千年前的东坡恐怕也会"呵呵"一笑。

六种东坡肉

徐州东坡回赠肉

原料： 主料——猪五花肋肉1000克；辅料——菜心5棵；调料——葱椒泥40克，酱油30克，料酒50克，饴糖20克，鲜汤600克，香油30克，花生油1500克（实耗100克）。

制法： 第一步，将猪肋方刮洗干净，放沸水锅中焯过，下汤锅中煮至七成熟捞出，抹净水分，抹上饴糖晾干。从皮面横刀切一厘米连刀块，反面竖切三刀，放入七成热油锅中炸至皮上起小泡捞出，菜心焯水后待用。

第二步，把肉放入砂锅中（皮朝上），加入鲜汤、葱椒泥，酱油大火烧开，小火焖炖（或焖蒸）至酥烂，浇香油，原砂锅上桌即可。

特色： 肥而不腻，带有酒香、鲜香醇厚。

黄州东坡肉

原料： 主料——带皮猪五花肉600克；辅料——笋片100克；调料——精盐1克，酱油40毫升，胡椒2.5克，黄酒25毫升，冰糖2克，葱结75克，姜片50克，葱花5克，味精2克。

制法： 第一步，煮锅置旺火上，下入清水（浸入肉块为宜），投入已切好的五花肉块煮至熟时捞出。

第二步，将煮好的肉块放在锅底，上码葱结，下入冷水1250克，加黄酒、冰糖、酱油、笋片等原料，盖上盖。先用旺火烧沸，再转入文火煨炖2小时左右，加味精后取出，肉皮朝上扣在特制的汤盆中，倒入原汁，撒上葱花、胡椒粉即成。

特色： 卤汁黏稠，色泽红亮，肉嫩软而不糜，味咸中带甜，香醇宜人。

杭州东坡肉

原料： 主料——猪五花肋肉1500克；调料——白糖100克，姜块（去皮拍松）50克，葱100克（其中50克打葱结），绍酒250毫升，酱油150毫升。

制法： 第一步，将猪五花肋肉（以金华『两头乌』猪为佳）切成20块正方形（每块约75克）的肉块，放在沸水锅内煮5分钟，取出洗净。

第二步，取大砂锅一只，用竹箅子垫底，先铺上葱，放入姜块，再将猪肉皮面朝下整齐地排在上面，加糖、酱油、酒，最后加入葱结，盖上锅盖，用桃花纸封封砂锅边缝，置旺火上。烧开后，改用微火焖2小时左右，至八成熟，启盖将肉块翻身（皮朝上），再加盖密封，微火焖酥后，将砂锅端离火口，撇去浮油，将肉皮面朝上装入特制的小陶罐中，加盖置于蒸笼内，用旺火蒸30分钟至肉酥透，香糯而不腻。

特色： 以酒代水，焖蒸而成，色泽红亮，味醇汁浓，酥烂而不碎。

注：做法部分摘录自金晓阳《不同地区『东坡肉之』比较》，制作过程内容有所删减。

扬州大学《美食研究》

惠州东坡大肉

原料： 主料——猪五花肉1250克；辅料——菠菜200克；调料——豆豉泥40克，陈皮40克，八角1.5克，蒜茸10克，葱条15克，姜片10克，精盐2.5克，绍酒10克，川椒酒10克，白糖60克，深色酱油25毫升，浅色酱油500毫升（约耗200毫升），花生油1250毫升（约耗200毫升），二汤75毫升。

制法： 第一步，将五花肉刮洗干净，放入沸水锅中煮至仅熟取出，放入盆中，用冷水浸漂30分钟，取出，改切成块状，每块4厘米见方，然后放入浅色酱油浸2分钟，取出，沥干。

第二步，用旺火烧热炒锅，下花生油烧至七成热，放入猪肉炸30分钟至浮起，用笊篱推动能发出响声时取出，放入冷水盆中浸漂，每隔5分钟换水一次，约换数次即可，抓干，放入有竹箅垫底的砂锅中。

第三步，将砂锅放回炉上，下花生油25克，下豆豉泥爆香，烹绍酒，加二汤，煮约5分钟，过滤去渣滓，倒入炒锅内，下八角、姜片、葱条、深色酱油、川椒酒，加盖，慢火焖至软烂，加白糖再焖至汤浓，取出，排放在大碗里，并淋上原汁。

第四步，食用时，整碗入蒸笼，待肉蒸热，取出滗出原汁，将砂锅洗净，放回炉上，倒入原汁烧热后加调稀的淀粉勾芡便成。

第五步，取出砂锅洗净，同时，将菠菜余熟置于盘上，将肉覆扣在菠菜上。

特色： 软烂形整，肥而不腻，菠菜清鲜，色泽绛红油亮，口味鲜醇微甜。

眉山东坡肘子

原料： 主料——猪肘子2只，约1500克；辅料——雪山大豆300克；调料——葱结50克，绍酒50克，姜15克，川盐5克。

制法： 第一步，猪肘刮洗干净，顺骨缝划一刀，下入煮肉原汤，放入汤锅煮透，捞出剔去肘骨，放入垫有猪骨的炒锅内，一次加足，放葱结、姜（拍松）、绍酒在旺火上烧开。

第二步，雪豆洗净，下入开沸的炒锅中，盖严，移微火上煨炖约3小时，直至用筷子轻轻一戳肉皮即至烂为止。吃时放川盐，连汤带豆舀入碗中上席，蘸以酱油味汁食之。

特色： 汤汁乳白，雪豆粉白，软糯适口，原汁原味。配酱油蘸食滋味尤佳。

开封清汤东坡肉

原料： 主料——带皮猪五花肉1000克；辅料——净冬笋150克；调料——酱油50毫升，绍酒10毫升，精盐4克，白糖4克，味精2克，清汤500毫升。

制法： 第一步，猪五花肉洗净，在汤锅内旺火煮断血，捞出，用平板压住，晾一下，揭去板，将笋破成两半，一边刻上花纹，顺长切成约0.3厘米厚的片。

第二步，猪肉片皮向下，按一片肉一片冬笋的方式摆在碗里，两边镶齐。酱油、绍酒、精盐、白糖、味精、清汤兑成汁，均匀地浇入碗中，使每片肉和冬笋都沾上调料，再将汁滗回到另一个碗内，把剩余的肉片放入拌匀，然后装碗垫底，上笼蒸烂取出，扣在碗内。

第三步，炒锅放旺火上，添入剩余的调料汁，汤沸撇沫后，盛入汤碗中即成。

特色： 香甜适口，食而不腻。

元丰五年，是苏轼来到黄州的第三年，也几乎是他文学生涯的巅峰时刻，而就在这一年，他也同鱼结下了不解之缘。

第四章／还有鱼吃怎么会悲伤

01

寿司惊魂记

在这几个月的时间里，我对照苏轼的全集和年表，对他几乎所有同美食有关的诗文进行了考察，现在，我可以非常负责任地说一句话：东坡肉只是声量大，而东坡鱼才是让苏轼真心放不下的。

为什么这么说呢？其实，早在吃货之魂觉醒以前，苏轼就在他的诗文中有意或无意地提到过自己吃了不少鱼，包括但不限于鳊鱼、鲤鱼、鲈鱼、白鱼，以及不值一提的"鹿角"小鱼，还有已经绝种的渼陂鱼。而经历了乌台诗案之后，他来到黄州，心中的"鱼稻情结"更是成为他走出困境、重新拥抱生活的关键。

虽然鱼一直是苏轼最爱的食材之一，但曾经却有可能给他留下过难以抹去的心理阴影，我们先回到过去，从乌台诗案那会儿的一桩乌龙讲起。

元丰二年（1079），苏轼被押解回京，锒铛入狱，一时之间他不知道即将面对怎样的命运。宋代的监狱是不管饭的，在这期间每天给苏轼送饭的光荣任务，就落到了他大儿子苏迈身上。

因为身陷囹圄，与世隔绝，为了心里有数，苏轼便让儿子给他做情报工作，各方打探消息。父子俩定好了暗号，如果今日风平浪静平安无事，就给他送肉；如果听到了对自己不利的消息，就给他送鱼；如果摊上大祸基本没救了，那就给他送"鱼鲊"。

"鱼鲊"究竟是什么，且听我从头说起。"鲊"这个字念"zhǎ"，也可以写作"鮺"，现在用得很少，不过，你要是经常吃日料，在翻开店里菜单的时候，还是有一定概率会接触到。简单说来，那是一种将或生或熟的鱼肉海鲜切成薄片，搭在雪白的醋渍米饭团上，再一揉一捏做成的食物，如此做成的食物造型精致，热量不高……

等等，说到这里怕有人要质疑我了，你说的那个不就是寿司吗，欺负别人没文化有意思吗？没错，这里的"鲊"就是寿司，其实，为我们熟悉的"寿司"二字不过是日文的音译，在日文中，这种食物有两个对应的汉字，一个是"鮨"，发音"sashimi"，还有一个正是"鲊"，读作"sushi"，对，你没看错，这个"鲊"按罗马音写出来，与苏轼的汉语拼音是一样的。

那么中国古代的"鲊"，跟现在市面上的寿司长得一样吗？也不尽然。成书于南北朝时的《齐民要术》中，有完整的一章《作鱼鲊》，非常详细地解释了好几种"鲊"的做法，其中最经典的一款，用简单的语言概括一下，就是先将大而瘦的鲤鱼切片，再撒上少量的盐，压去多余的水分，摊在瓮中，再用茱萸、橘皮与酒拌入比较硬的米饭，一层鱼、一层饭地堆叠，最后再将瓮口密封起来，腌渍上那么一段时间。

之所以要这样处理鱼肉，主要是因为古代没有今天这样成熟的冷链保鲜技术，想要在生鲜腐烂之前，将其妥善保存，运往内地，只有非常有限的几种方法，其中最常见的就是在鱼肉表面抹上大量的盐进行腌渍，把它做成一条没有梦想的咸鱼。但这么做一来成本极高，不管怎么说，在古代食盐都是一种贵重物品；二来涂抹大量的盐也会改变食材本身的味道，如果要想图一个"鲜"，用盐腌渍自然不太可取。

而将食物制成"鲊"就可以在一定程度上缓解这一问题，在鱼肉中加入米饭，使二者一同发酵，产生大量的乳酸（$C_3H_6O_3$），这种方法同样可以延长肉类的保存时间。虽然在发酵之后鱼肉会变得比较酸，但相比齁死人不偿命的咸，在生理上还是更容易接受一些。

东晋时的名将、谢安之侄谢玄，也就是在淝水之战中担任前锋击败苻坚的那位，生前是一个捕鱼达人，《全晋文》中写他的文章总共有十篇，其中四篇都是关于钓鱼的。每当谢玄渔获颇丰，自己一个人吃不完的时候，就会把剩下的鱼都做成鲊，给自己最爱的人邮去，比如他哥，比如他老婆，一邮就是一两锅，满满的都是爱。

当初我看《齐民要术》中关于制鲊的文字描写，脑子里并没有画面，直到后来，我看到了一部名叫《里山：神秘的水世界》的日本纪录片，其中一段记录了里山当地渔民制作"古早版寿司"的全过程。随后我再次翻开《齐民要术》比较，才发现除了把切片鲤鱼换成了整条鲫鱼（依然是淡水鱼，甚至依然是鲤形目），将拌饭的调料改作了寿司醋，其他细节古早版寿司几乎是如法炮制。

特别要注意的是，因为闻起来有些通七窍，这种古早"熟寿司"中的米饭基本上会被丢掉，拿来吃的只有鱼肉本身，在食用前，人们要把鱼从米饭中挖出来，然后再切成薄片，摆上餐桌。

几乎可以确定，中国古代的"鲊"，在唐代甚至更早的时候漂洋过海来到日本，在日本的乡村以它本身的形态保留了下来。而几百年来它们在

熟寿司

日本滋贺县琵琶湖的鲋寿司（鲋，指鲫鱼），可能是最接近中国古代鱼鲊的熟寿司之一，不过，由于熟寿司自带的酸腐气味，在当代日本，除了一些老年人，已经没有多少人可以接受这种『黑暗料理』了。

城市中的同类却接受了一次又一次的调整，其原料、造型和口味都与昔日大相径庭，但"鲊"的精髓和本质却被保存了下来。到了现代，又被音译作"寿司"，重新传回了它的故乡中国。

——游子已然归来，虽然他的容颜早就更改。

顺带一提，在《齐民要术》中还记载了"猪肉鲊"的做法，而宋代民间还流行所谓的黄雀鲊、鲜鹅鲊，原料均不是鱼肉。我猜测，所谓的"鲊"在当时已经成了一种常见的食品加工方式，只要是将米饭和其他食材及调味料相组合，用来改善食材的口感、延长食物的"保质期"，这种食物就可以被称为"鲊"。这和今天回转寿司店里卖的牛肉寿司、鹅肝寿司乃至黄瓜寿司如出一辙。

扯远了，说了太多关于 sushi 的问题，我们再回到苏轼。尽管御史们铆足了劲想要搞事情，但他们三个月来的战果并没有得到神宗皇帝的肯定，自从苏轼父子二人做了约定之后，儿子苏迈每天都给他送肉，日子就这样一天一天地过去，基本上是蓝天白云，晴空万里。

然而暴风雨却突然降临。某一天，苏迈有事要去外地，便把送饭的任务交给了一个不方便透露姓名的亲戚，但他临行前却忘了告诉亲戚不要给苏轼送鱼，而好巧不巧，这位亲戚家中刚好有鱼鲊，看到苏迈每天都给他父亲送肉，亲戚便自作主张帮食谱单调的苏轼换了换口味。

打开饭盒的一瞬间，血色突然在苏轼的脸上消失了，不知内情的他难以平静，想到大祸即将降临，但他可能已经无法改变命运。判决之日即将到来，而在这之前，不知道还能不能跟自己的亲弟弟苏辙见上最后一面，苏轼不禁悲从中来。在万念俱灰的绝望中，他奋笔写下了两首绝命诗，毫不掩饰地表达了心中的悔恨与无奈，这就是我们之前提到过的《狱中寄子由二首》。

这个故事的出处，有资料说是来自苏轼的好友孔平仲所著的《孔氏说苑》一书，但我几经翻阅查找，没能寻得分毫，反而找到了林语堂先生《苏东坡传》中关于乌台诗案的诸多细节。比如驸马王诜的通风报信，苏辙使者和朝廷御史的生死竞速，甚至还提到了苏轼写下《狱中寄子由二首》后，将诗交给狱卒，托他日后转交给苏辙，但狱卒没有照办，只是将诗藏于枕下，等到后来苏轼被释，又将诗交还给了苏轼。

关于鱼鲊惊魂这件事，既然《孔氏说苑》没有任何记载，那真正的记载又在哪里呢？为此，我专程拜托了我的一个哥们儿，请他帮我找出处。

在哥们儿的努力下，这个故事的来源最终还是被找到了，现在能够看到这个故事的最早版本，来自元代陈秀明的《东坡诗话录》，其原文如下：

> 坡公自湖州赴京师下狱，惟长子苏迈随侍，坡公嘱之曰："外面无甚事，每日送饭，须以肉；若消息不好，则送鱼；大不祥，则具鱼鲊以进。"迈从之。在狱三月，旨未下。适苏迈有事他往，委一戚代送，而忘其嘱，误送鲊与鱼至狱。坡公虑不免，而绝无恐怖之意，惟伤不得见子由，遂作诗二律寄之。

实话实说，这本《东坡诗话录》的可信程度，大致上跟记载魏晋名士故事的《世说新语》差不多，都是一种半真半假、以假乱真、真假难辨的古文献，所以，关于这次由于送鲊引发的乌龙事件的真实性，我也不敢打包票说这事一定是真的。但之后的结果大家想必都已清楚：苏轼最终逃过一劫，却被革职论处，流放到了黄州。

也有说法称，苏轼在受到惊吓后写下的《狱中寄子由二首》，几经辗转被送到了宋神宗手中，神宗皇帝看后颇为动容，感慨苏轼还真是个人才，连绝命诗都写得这么出彩，所以说这家伙真是有趣啊。他决定不杀苏轼了。

或许是给他留下的心理阴影太过浓重，对于乌台诗案的前后经过，苏轼自己一直都没能好好整理并写成回忆录，因此我们并不能看到来自他本人的第一手资料，也无从判断鱼鲊之事的真实性。假定确有其事的话，大难不死的苏轼如果再看到鱼特别是鱼鲊，怕是会直接产生创伤后应激障碍。然而，如果那两首诗让神宗坚定了不杀之心，他恐怕又要感谢鱼鲊的出现给他带来的刺激。

不管事实究竟怎样，至少我们可以确定一点，苏轼内心并没有就此因鱼蒙上阴影，在离开乌台到达黄州之后，他吃鱼的爱好不仅不减当年，甚至愈加热烈。

02

赤壁之下的巨口细鳞

元丰五年，也就是公元 1082 年，这是苏轼来到黄州的第三年。

如果你对苏轼的生平有所了解，也许曾听到过一种说法："黄州时期是苏东坡的巅峰，元丰五年是黄州时期的巅峰。"就那一年的创作成果来看，这么说恐怕不无道理，包括尽人皆知的"一词两赋"（《念奴娇·赤壁怀古》《赤壁赋》《后赤壁赋》）在内，这一年苏轼写下的诗词文赋不少于一百零五篇，是整个黄州时期他创作量最高的一年，其中包括了我们非常熟悉的《定风波·莫听穿林打叶声》《浣溪沙·山下兰芽短浸溪》……不仅数量大，质量也高得惊人，放眼他一生的创作，诸多第一梯队的名作皆写于这一年。

然而，对于苏轼的祖国大宋来说，元丰五年却是个尴尬又充满变数的一年。上一年，新法的代言人王安石刚刚写下一首《后元丰行》。这首诗很荣幸地被选入了某个版本历史教科书的《王安石变法》一章，因为太过朗朗上口，我当年还自发地把全文给背了下来：

歌元丰，十日五日一雨风。

麦行千里不见土，连山没云皆种黍。

水秧绵绵复多稌，龙骨长干挂梁梠。

鲥鱼出网蔽洲渚，荻笋肥甘胜牛乳。

百钱可得酒斗许，虽非社日长闻鼓。

吴儿踏歌女起舞，但道快乐无所苦。

老翁堑水西南流，杨柳中间杙小舟。

乘兴欹眠过白下，逢人欢笑得无愁。

诗的内容非常好理解，王安石描绘了一幅元丰四年大宋子民安居乐业，男女老少了无忧虑、唱歌跳舞共贺盛世的画面，如果当时世界上真的有乌托邦，恐怕就应该是这个样子吧？可现在回想起来才发现，这篇《后元丰行》不过是专为宣传新法而创作的官样文章罢了。

王安石为自己的改革成果扬扬自得，现实却毫不留情地给了他重重一击。一心要光复汉唐旧疆的宋神宗赵顼，发动了所谓的"元丰西征"。他出动了军民五十多万，只为一举攻灭身陷政变危机的西夏。此战投入的兵力远远超过宋太宗的"雍熙北伐"，堪称北宋历史上规模最大的军事行动。

但是，这场声势浩大的战争，宋军从一开始就存在着翻车的隐患。原因在于，过分急功近利的宋神宗，甚至都没有选出一个合适的元帅负责统一调度，便赶鸭子上架。起初捷报频传的宋军，在深入西夏境内之后，粮草供应受到了极大的挑战，西夏趁机反攻，宋军损失惨重。

　　大宋最大规模的军事行动换来的，竟是几十年来最惨痛的军事失败，宋神宗一举灭夏的美梦最终化为泡影。

　　次年，也就是元丰五年九月，西夏出兵攻陷了宋军所筑的要塞永乐城（今陕西米脂县西），宋神宗在睡梦中被叫醒，听得战报百感交集。赵大官人起身绕着床榻走了整整一夜，之后还忍不住在百官面前涕泪交流。

　　而此时此刻，被贬黄州的苏轼也好不到哪里去。不久之前，他才建好了雪堂，走出了自闭，但自从听闻"元丰西征"失利的消息，种种忧虑不断涌上心头，他心中的愁绪恐怕不会比宋神宗少多少。由于武德过于"充沛"，中原王朝大宋的版图还在不断缩小，辽宋夏三足鼎立的局面已经成形，可以说像极了八百年前的魏蜀吴。如此时局，离乱世来临或许只有一步之遥，这让苏轼心中的"三国忧患"逐渐被唤醒。

　　尽管当时离《三国演义》面世和流行还得再等个三百多年，但作为一个读书人，苏轼自然对史书记载的三国故事，以及民间传颂的三国人物了然于心。更何况，他知道自己今日所在的黄州，毗邻东吴和蜀汉的立国之战、奠定三国格局的赤壁之战的古战场。当时的苏轼，从黄州的风声里，还能听到古战场的喊杀声，在他的脚下，也尽是三国时代的遗迹。

　　黄州周遭有一座被当地人称为"赤鼻矶"的断崖，断崖通体赤褐，直插长江之中，一日日受到滚滚江流的冲刷，所见者很难不赞叹此处的壮阔豪迈。

　　一百多年前的唐末，大诗人杜牧同样因遭受贬谪而来到黄州，在江边漫步时，他无意间从泥沙中捡到一柄生锈的铁戟，一时怀古伤今，感慨万千，大胆猜想这里正是当年的赤壁古战场，遂写下了家喻户晓的那首《赤壁》："折戟沉沙铁未销，自将磨洗认前朝。东风不与周郎便，铜雀春深锁二乔。"

而在到黄州半年以后，苏轼也迫不及待地寻到了这里，从那以后，这个"赤壁"就成了他在黄州最爱去的地方之一。在听闻了"元丰西征"铩羽而归的消息后，他游历赤壁的频次越来越高了。

他或是驾一叶扁舟，在滔滔江面上漂荡；或是登高访古，凝视赤壁两岸的惊涛骇浪；抑或是像跟自己同病相怜的杜牧一样，在江边徘徊踱步，偶尔俯身拾掇，虽不曾捡到过折戟，倒也捡回了不少被岁月打磨得很有个性的卵石。

苏轼对这赤壁是如此的着迷，但他内心其实并没有底，自己是不是已经让杜牧给带跑了？现在他所在的地方究竟是不是当年的赤壁古战场？提到这个赤壁，他有时亦会谨慎地加上"传云""人道是"之类的前缀。据后人考证，真正的赤壁故垒位于咸宁的蒲圻（今赤壁市）境内，距离黄州赤鼻矶180多公里。果然，真相没有叫他失望。

即便如此，他还是将黄州赤壁的怒涛化为了让人惊为天人之作的诗赋文章。七月十六日，他与友人共同泛舟赤壁，等到"肴核既尽，杯盘狼藉"之后，他在半醉半醒中写下了《赤壁赋》。没过几日，他又在此完成了《念奴娇·赤壁怀古》。四个月以后，他故地重游，又加更了一篇《后赤壁赋》：

> 是岁十月之望，步自雪堂，将归于临皋。二客从予，过黄泥之坂。霜露既降，木叶尽脱，人影在地，仰见明月，顾而乐之，行歌相答。已而叹曰："有客无酒，有酒无肴，月白风清，如此

良夜何！"客曰："今者薄暮，举网得鱼，巨口细鳞，状似松江之鲈。顾安所得酒乎？"归而谋诸妇。妇曰："我有斗酒，藏之久矣，以待子不时之须。"于是携酒与鱼，复游于赤壁之下。江流有声，断岸千尺；山高月小，水落石出。曾日月之几何，而江山不可复识矣。予乃摄衣而上，履巉岩，披蒙茸，踞虎豹，登虬龙，攀栖鹘之危巢，俯冯夷之幽宫。盖二客不能从焉。划然长啸，草木震动，山鸣谷应，风起水涌。予亦悄然而悲，肃然而恐，凛乎其不可久留也。反而登舟，放乎中流，听其所止而休焉。时夜将半，四顾寂寥。适有孤鹤，横江东来。翅如车轮，玄裳缟衣，戛然长鸣，掠予舟而西也。

须臾客去，予亦就睡。梦一道士羽衣蹁跹，过临皋之下，揖予而言曰："赤壁之游乐乎？"问其姓名，俯而不答。"呜呼噫嘻，我知之矣。畴昔之夜，飞鸣而过我者，非子也耶？"道士顾笑，予亦惊悟。开户视之，不见其处。

在苏东坡这"一词两赋"中，《后赤壁赋》恐怕是读者最为陌生的，这可能跟它没被选进高中语文教材有关。不过，我们的重点不在"一词两赋"的文学成就，而是这篇《后赤壁赋》中的"携酒与鱼，复游于赤壁之下"以及那一瞥惊鸿的"松江之鲈"。

元丰五年十月十五日晚，苏轼带着两个朋友从雪堂走回临皋亭，看到沿途秋景萧瑟，五脏庙又适逢其时地发出了抗议，便兴致使然，想再游赤壁"小酌"一下。不过呢，看着自己以及身后两个双手空空的男人，苏轼觉得想要凑上一桌像样的酒菜怕是有点难。

这里必须得提一句，一千年前偏僻的黄州小城，可没有随叫随到的外卖小哥，深夜还能面带着笑容把打包好的饭菜送到你家门口。此处必须提到另一位长者——在乌台诗案中受牵连而被罚红铜三十斤的张方平。这位张先生比苏轼大三十岁，是苏轼的忘年交，也是他的大恩人。当年因为苏家三父子都在四川，按理考科举应该先在老家考第一场，之后再去首都参加剩余部分考试，但张方平惜才，不仅帮苏家办妥了"高考移民"，还专程写信给欧阳修请他多多关照。

后来，张方平整理了自己的文集《乐全集》，苏轼主动以门生的口吻为此书作序。正是在《乐全集》中，张方平记录下了当时大宋乡村百姓真实的生活状态："穷乡荒野下户细民，冬至节腊，荷薪刍，入城市，往来数十里，得五七十钱，买葱其益酸，老雅以为甘美，平日何尝识一钱？"

乡下那些村民也就是逢年过节的时候，挑着柴火到城里去卖，换五十个七十个铜钱，买点烧饭佐料带回去，平常哪里能用得到一个铜子？老百姓日常生活中基本用不到钱，大多数时间更是高度自给自足，独立于货币经济之外，这才是中国古代大多数人一生的实景。至于夜生活、市场经济什么的，想都别想了。

换句话说，苏东坡这会儿手上没酒没菜，就算有钱，也没处买去。好在，同行一位不愿透露姓名的朋友，主动贡献出了今天傍晚捞到的一条鱼，这条鱼嘴巴大，鳞片细，这小模样还挺像水产界的巨星——松江鲈鱼。（"客曰：今者薄暮，举网得鱼，巨口细鳞，状似松江之鲈。"）

正是这位做好事不留名的朋友，以及这条搞不清身份信息的鱼，成全了他"小酌"的心愿，也促成了《后赤壁赋》的诞生。

不过，我这样一个喜欢刨根问底的人，最有兴趣的还是探究这条"巨口细鳞"的鱼兄究竟是何方神圣，为此，我们先得从"松江鲈鱼"这个词开始层层推理，细细拆分。

松江，现代人一般把它当成1958年从江苏省划入上海的松江区。而古代的松江区长期隶属于吴郡，其境内曾有个格外有名的地方叫作"华亭"。家乡在吴郡的西晋大臣陆机为成都王司马颖所杀，他死前感叹"华亭的鹤鸣声，再也听不到了"。从此，"鹤唳华亭"就成了一个著名典故，代指一个人心中难以割舍的白月光。

华亭之所以在元朝更名为松江，主要原因是发源自太湖最终汇入东海的吴淞江（也作吴松江，上海市段被称为苏州河）流经此地。然而，对生活在北宋中晚期的苏东坡来说，作为行政区划的"松江"其实并不存在，所以，他笔下的"松江之鲈"，实则是吴淞江之鲈。

"松江"的问题解释清楚了，下面就是"鲈"了。这种鲈鱼到底有什么特殊之处呢？光是靠《后赤壁赋》里提到的"巨口细鳞"，不足以在脑子里3D建模。

广义上的"鲈鱼"包括了鲈形目下所有的成员，这个目有近12000个成员，可算是脊椎动物中的第一大目，其中常见的食用种类，不仅包含了今天市面上的各种鲈鱼，甚至还包括了黑鱼、带鱼、黄鱼、鲷鱼、罗非鱼、石斑鱼、金枪鱼等这些个跟鲈鱼八竿子打不着的"关系户"。即便我们把范围缩小一级到"鲈亚目"，那么也有近3000个好兄弟在里头……这该如何从头说起？

好了，我就不卖关子了，除了苏轼描述的"巨口细鳞"外，宋代以后的文人为这"松江之鲈"留下了一道重要的线索，那就是这种鱼有个独一无二的特征："四鳃"。《松江府志》就记录说："天下之鲈皆二鳃，惟松江鲈四鳃。"

尽管鲈形目的成员长得千奇百怪，但在呼吸器官的进化上都比较保守，它们都规规矩矩地长着一对鱼鳃，没有任何一种现存的鲈鱼是长了两对四个鳃的。那么，这种所谓的"四鳃鲈"究竟是基因突变、地理隔离还是生物改造的产物？难道是古人记错了吗？难不成它是一个没有熬到现代就被吃灭绝的鲈鱼孤种？

这背后的真相，恐怕和著名节目《走近科学》的"辟谣半小时"有着异曲同工之妙，就是看错了。今天，只要你舍得花钱，"松江鲈"还是可以买到的，而这种小个子鱼的鳃上有赤红色的褶皱，看起来好像是多长了两个鳃一样。

或许你会觉得奇怪，几千年来难道没人发现这只是个视觉错误？

嗯，硬要找个合理的解释的话，可能就是儒家"君子远庖厨"的悠久历史与传统导致的。毕竟古代有条件著书立说的人大多都只会吃鱼，像苏轼这般能接触食材、亲自掌勺的文人实在是少之又少，而这一小撮人之中能有机会吃到松江鲈鱼的更是屈指可数，所以"四鳃"的说法并没人专门去纠正。只要好吃不就行了，何必费那工夫？

再说了，标新立异，不正好迎合了大众心态，所谓"四鳃鲈，除却松江到处无"，这种名号还能让松江鲈鱼的牌子打得更响，不是求之不得？

只不过，按照动物学分类，这种"四鳃鲈"并不是真正的鲈鱼，而是属于鲉形目杜父鱼科。作为一种生活在近海的洄游鱼，它们的活动范围，也并非仅限于今天的上海松江区，北到辽宁，南到台湾，乃至菲律宾和日本、朝鲜半岛也不乏它们的身影，可以说，整个东亚的沿海地区都有它们的分布，实在算不上是什么松江特色。

而"松江鲈"的美名，更是给它们带来了灾难。近代以来，由于人们过量捕捞，上海周边的松江鲈鱼几乎绝迹，直到 2000 年以后，才靠人工养殖的手段解决问题。尽管如此，它们也只在某些特供餐厅有售，身价依然贵得要命。

然而，这个长着"四鳃"的小家伙，真的就是苏轼笔下"巨口细鳞"的松江之鲈吗？别急，下面我们还将继续推理。

03

松江鲈鱼的换脸复仇

缘分这种东西吧，千回百转，有时候你不得不信，这中间有多少弯弯绕，就像苏东坡笔下"羽扇纶巾"明明说的是周瑜，可是在当代它硬是变成了诸葛亮人设的一部分。而松江鲈鱼也和这羽扇纶巾颇有缘分，这是因为，最早为松江鲈鱼代言的历史名流，正是周瑜和诸葛亮二人共同的对手——曹操。

左慈字元放，庐江人也。少有神道。尝在司空曹操坐，操从容顾众宾曰，"今日高会，珍羞略备，所少吴松江鲈鱼耳。"放于下坐应曰，"此可得也。"因求铜盘贮水，以竹竿饵钓于盘中，须臾引一鲈鱼出。操大拊掌笑，会者皆惊。操曰，"一鱼不周坐席，可更得乎？"放乃更饵钩沉之，须臾复引出，皆长三尺余，生鲜可爱。

这个故事出自《后汉书·方术列传》，虽然是正史，却充满了奇幻色彩，说是曹操在许昌办宴席，天底下的珍馐美味尽收眼底，独独缺了一味松江鲈鱼。于是，擅长魔术表演的左慈先生，硬是创造了奇迹，从一个普通铜盘里将千里之外的松江鲈鱼给钓了出来。

左慈跟曹操，按现在的地理区划看，一个是合肥人，一个是亳州人，两个安徽老乡一唱一和演了一出好戏。而曹操忽然提起这种江南的特产，不知是不是曹丞相意欲荡平孙吴潜意识的流露。

然而可惜的是，《后汉书》没有记载曹操下令如何烹调这些松江鲈鱼的细节，即便是苏轼的《后赤壁赋》，也只讲到"携酒与鱼，复游于赤壁之下"便戛然而止，而酒足饭饱之后便进入了类似"醉后不知天在水，满船清梦压星河"的说愁阶段。所以，想从料理手法上获得身份信息显然是靠不住的。

对于松江鲈鱼而言，曹操的加持，可能是它扬名立万的第一步，而第二步就要轮到前面说过的西晋人张翰，那个为了实现鲈鱼自由而辞官不做的狠人。说到他的事迹，辛弃疾笔下那句"休说鲈鱼堪脍，尽西风，季鹰归未"恐怕更让人熟悉。"堪脍"，就是可以做成脍的意思，而这句话的用典出处《晋书·张翰传》中也是这么记载的："翰因见秋风起，乃思吴中菰菜、莼羹、鲈鱼脍，曰：'人生贵适志，何能羁宦数千里以要名爵乎！'"

张翰在自己的《思吴江歌》里也没提具体怎么做鲈鱼，倒是再次提到秋天的鲈鱼比平日里更为肥美："秋风起兮木叶飞，吴江水兮鲈正肥。三千里兮家未归，恨难禁兮仰天悲。"

看来，苏轼十一月吃掉的那条"巨口细鳞"，若真的是松江鲈的话，他还真是有口福呢。古代人吃鱼，除了前面提到的做成"鲊"以外，切成"脍"，即做成生鱼片也是很常见的，"脍"的相关记载可以追溯到三千年前的西周，其普及程度几乎能跟烧烤抗衡，所谓的"脍炙人口"就是这么来的。唐宋时期，松江鲈鱼最为有名的吃法就是"金齑玉脍"。苏轼本人非常中意这道菜，在第二章里引用过的《和蒋夔寄茶》里，他是这么说的："扁舟渡江适吴越，三年饮食穷芳鲜。金齑玉脍饭炊雪，海螯江柱初脱泉。"

这就要再说起之前就提到的一位老朋友，北魏时期"美食著作"《齐民要术》作者贾思勰了。他在书中记录了生鱼片以及一种名为"八和齑"蘸料的制作方法，"八和齑"就是"金齑玉鲙"最初的蘸料搭档。顺便一提，这里"鲙"跟"脍"的意思大差不离，只不过"脍"可以泛指一切生肉片，而"鲙"则专指生鱼片。

由于《齐民要术》这一节的原文实在太长，所以我就提炼一下，省得浪费版面。我们可以先从原料说起，"金齑"指的是配生鱼片的蘸料，包括蒜、姜、橘、白梅、熟栗黄、粳米饭、盐、酱，而它的金色主要来自其中的橘皮和熟栗黄。

橘皮能增香，但若添加太多，一定会使料的味道变苦，所以借用甜美的栗子来调色最好不过；其他几味配料的处理比较复杂，蒜不能用太辣的，除掉蒜皮，切掉根部，条件允许的话得再放到水里浸泡一两天，这样会让味道更柔和；生姜则要切碎后用布袋把苦汁绞去。白梅颇有点意思，这里说的不是梅子里的某个品种，而是盐梅。要把刚长出来的梅子果实摘下，晚上用盐腌，白天放在太阳底下暴晒，往复十天之后，白梅就做出来了。以上这些材料全部用石杵舂成泥状后，就是黄色的"金齑"。

蘸料的制作如此复杂，但要是我说《齐民要术》的这段文字对鱼肉反倒没什么细致的要求，大家伙恐怕都得说这是舍本逐末了。事实上，除了提到选用一尺长的鱼肉切片最佳之外，贾思勰确实没规定这道菜非得用哪种特定的鱼，之所以后世人会把"金齑玉鲙"跟松江鲈鱼绑定在一起，还是因为著名的浪荡天子隋炀帝杨广。

"但求死看扬州月，不愿生归驾九龙。"隋炀帝下江南的种种风流韵事向来为人津津乐道，唐朝史官所著《隋唐嘉话》记载了隋炀帝吃到吴郡所献的松江鲈后，感慨说，"所谓金齑玉脍，东南佳味也"。有了皇帝代言，以松江鲈鱼所制的"金齑玉脍"从此开始独领风骚，最终彻底霸占了这个品牌。

说到这里，细心的朋友们是不是已经发现盲点了？从张翰开始，人们都称赞这"鲈鱼堪脍"，也就是适合做成生鱼片，然而，什么鱼比较适合切成鱼片呢？那必须是个体较大、肉质厚实、肌间刺少（最好没有）的鱼，比如今天日料刺身中常见的鲷鱼、金枪鱼、三文鱼等，但是今天所谓的"松江鲈鱼"，明显都是些小个子，就算加上头尾，它的身长也只有二十厘米左右，而《后汉书》中左慈变戏法变出来的"吴松江之鲈"可是长达三尺有余！按现在的长度单位计算，超过了75厘米，即便史书描写有夸张的成分在，但松江鲈鱼也绝不会萎缩得这么离谱吧？

至于这种杜父鱼的肉嘛，嗯，也是讲究点到为止，不算很多，这样的鱼拿来切生鱼片，怕是对一般厨师的刀工有着过高的要求。更何况，它们的嘴倒是不小，但是身上压根儿就没有鳞片，跟《后赤壁赋》里的"巨口细鳞"也不能完全对应。最尴尬的是，它的味道屡屡被评价为乏善可陈，不过尔尔，完全配不上它高贵的身价。总之，这种鱼全身上下都透着一股"只有土老板才肯来吃我"的倔强个性。

那么，"松江鲈鱼"的真身究竟会是什么呢？其实，在清代学者聂璜的《海错图》以及今天知名科普作者张辰亮的《海错图笔记》里，可能有最接近真相的答案。

根据聂璜考证，古书上的松江之鲈，应该是一类在东亚很常见的鱼——花鲈，作为一种海生鲈鱼，花鲈有时也会洄游到入海口附近的淡水江河中，刚好适应吴淞江东流入海的地理环境；它们体形较大，长到七尺不在话下；浑身上下的鳞片细细小小，还有很多小黑点，相比其他海鱼嘴也不小，完全符合"细鳞巨口"的特征；最重要的是，花鲈的肉质紧实，没有万恶的肌间刺，蒸熟了是人们俗称的"蒜瓣肉"，切做生鱼片吃起来，也是口感层次丰富且有弹性。总而言之，范仲淹笔下那句"江上往来人，但爱鲈鱼美"或许就是为它量身定制的。

聂璜在《海错图》里特意画了一幅花鲈的画，并指明它才是"松江鲈"的本尊，指出人们把"四鳃鲈"当成松江鲈"是误也"。而我们的张辰亮不仅找到了南宋杨万里笔下"白质黑章三四点，细鳞巨口一双鲜"，以及张镃"鳞铺雪片争光细，腹点星文墨晕粗"的描述加以论证，还指出松江之鲈就连"四鳃"的特征都与花鲈相吻合，这是因为花鲈鳃前的褶皱虽然不红，但要比其他的鱼更加明显。

而且，这花鲈不仅符合诸多的历史记载，味道不错，其身价也相当亲民，沿海地区大部分菜场和超市里都可以买到的"海鲈鱼"正是它们，生鲜品的价格甚至只要十几块钱一斤，比现在高档饭店动辄千元一客的酒席上才能碰到的"松江鲈"不知便宜到哪里去了。何况它本身的味道一点也不差，对于我这种普通人来说甚至还要更加可口。

至于这位长相抱歉、内在也不华丽的杜父鱼科的"松江鲈"，是如何李代桃僵，将原本正统的"花鲈"逼成了野路子的，还真不能全怪今天人们的商业运作，而跟历史上吴淞江的环境变化有着极大的关系。

历史上，吴淞江曾是太湖的主要出海通道，但是从宋代开始，吴淞江的入海口变得越来越窄，下游河道逐渐淤塞。九里、五里、三里……无论历代如何疏浚或是改用新河道，都难以阻挡这一趋势。到了16世纪末，明朝隆庆万历年间为吴淞江开辟的下游水道仅宽15丈，不过50米左右而已，而原本吴淞江的小支流黄浦，却在人们一次又一次的疏浚中抓住了未来，强势地夺走了长江出海口的地位，将原本的"吴淞口"改造成了以它为名的"黄浦口"，这就是所谓的"黄浦夺淞"。对此我就不细说了，毕竟，那已经是另一个故事了。

河道的淤积和萎缩，使原本吴淞江入海口附近的花鲈洄游入江的机会大不如前，人们再也不能在吴淞江流域捕获足够的"松江鲈"。为了维持旧有品牌，找另一种不为人熟悉的鱼类改名换姓顶上松江鲈，就是商战里常见的做法了。除了没有鳞片，由于此类杜父鱼的两侧鳃上有橙红色的叠加条纹，解释成"四鳃"也能说通，而且作为一种偏好死水的底栖鱼类，淤塞的河道反而让它们的种群更为繁盛，这个计划终得以瞒天过海而取得成功。

虽然古人这么做可能没有那么强的功利性，但是常言道无巧不成书，到了宋代以后，这种号称"四鳃"的杜父鱼开始跟花鲈共享"松江鲈"之名，到了近现代，已经完全鸠占鹊巢，甚至让"松江鲈"成为它们的物种名。

这真是比现在高考找代考更加刺激的事呢！

乍一听上去似乎有点阴谋论，不过类似的情况在历史上也算屡见不鲜，比如另一种跟隋炀帝有关的植物——扬州琼花，其命运与松江鲈鱼如出一辙。真正的琼花在宋元交替之际就灭绝了，后来有人找来一种名叫"聚八仙"的花树补种在当地，而琼花之名居然就这样被顶替了。到了近代，就连这

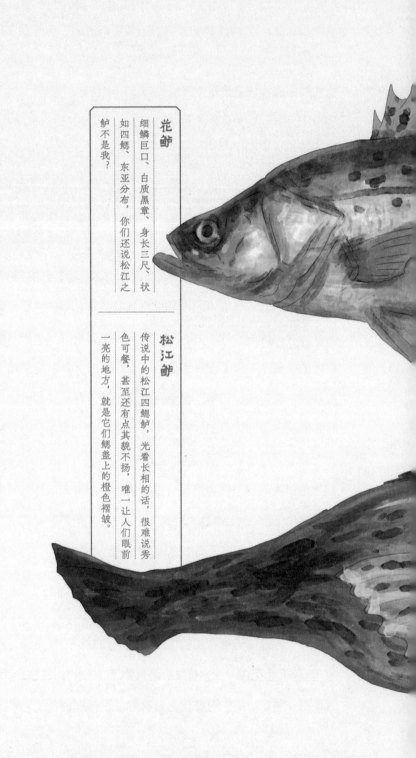

花鲈

细鳞巨口、白质黑章、身长三尺、状如四鳃、东亚分布，你们还说松江之鲈不是我？

松江鲈

传说中的松江四鳃鲈，光看长相的话，很难说秀色可餐，甚至还有点其貌不扬，唯一让人们眼前一亮的地方，就是它们鳃盖上的橙色褶皱。

种假冒的琼花都差点绝种，经过人们不懈的寻访、培育，方才脱离险境。

曾是皇家御膳的"金齑玉脍"，现在所有的原料都可以在菜市场买到，要一家三口饱餐一顿，怎么也花不了 100 块钱。这种变化，比隋炀帝陵被名叫杨勇的开发商挖出来更有落差，但在食物界却实属平常，或许坚持"只买贵的不选对的"的人们，宁可接受昂贵且没那么美味的假松江鲈，也不愿意褪去"金齑玉脍"那可望而不可即的面纱。

但即便如此李代桃僵，也比某些纪录片制作者靠谱。

2018 年，饱受诟病的《舌尖上的中国 3》开播，在第三集节目中，节目组尝试去复原古书里的"玲珑牡丹鲊"和"金齑玉脍"。然而，在片中那位经营着园林的国学大师指导下，大厨一举将"玲珑牡丹鲊"做成了"过油滑鱼片"，把"金齑玉脍"改成了"南瓜金汤鲈鱼"。更加要命的是，大师悉心选用的鲈鱼，不是花鲈，也不是松江鲈，而是来自大洋彼岸新大陆的大口黑鲈。

大口黑鲈也被叫作"加州鲈鱼"，属于鲈形目棘臀鱼科黑鲈属，跟花鲈只能算是远房亲戚，原产于北美洲的美国和加拿大。顾名思义，这种洋鲈鱼的嘴特别大，上颚末端几乎延伸到了眼角后方，靠着一张大嘴，它们吃得多、长得快，性情凶猛又不挑食，故经常可以称霸池塘。

而中国则是在 20 世纪七八十年代改革开放以后，才从美国引进了大口黑鲈，并成功实现了人工繁育。经过几十年的发展，大口黑鲈已经成为我国水产市场上的一大霸主，以及知名的野外入侵物种，菜场、饭店提到的"淡水鲈鱼"，如果没有特殊说明，一般都是这家伙。

虽说《齐民要术》并没规定制作"金齑玉脍"的鱼种，但用来中国不到 40 年的北美鲈鱼来还原所谓"典籍中的菜肴"，还一口一个文人情怀、传统美食文化，实在是不伦不类。

美食需要用心锤炼，对历史的态度更是要实事求是。如果《舌尖上的中国3》的制作团队知道这一点，也不至于把前两季立起来的口碑砸得稀烂，导致评分断崖式下跌了。

本来，这节到这里差不多就结束了，然而，在本书完稿前后，动物学界关于"鲈鱼"的定义却发生了翻天覆地的变化，依仗于分子生物学的发展，人们才发现原本脊椎动物第一大目的鲈形目，其实是一个分类学上的"垃圾桶"。

早先的博物学家和动物学家们，根据形态和特征，把全世界江河湖海里一大批像花鲈这样肌肉发达、鳞片细小、张嘴是大口、背上有鳍棘的鱼类归到了"鲈形目"名下，然而，根据近些年来在分子水平上对差异程度的观察和研究，这些外貌上有诸多共同特征的鱼类，在亲缘关系上相去甚远。比如怎么看都是正统鲈鱼的花鲈，实际上属于单鳍鱼目（也有翻译为拟金眼鲷目的），而大口黑鲈也被划入了新的日鲈目，可以说是正式成立了分舵。

不过最吊诡的还要属松江鲈，上文说了，它其实属于鲉形目的杜父鱼科，原本跟鲈鱼可谓风马牛不相及。然而，最新的研究表明，所谓的"鲉形目"不过是鲈形目在演化过程中产生的一个小分支，其下如杜父鱼科这样的分类单元，被并入了重启后的全新"鲈形目"，于是，松江鲈也就歪打正着成为真正的鲈鱼，从此以后，谁要再叫它冒牌鲈鱼，它没准儿会跟你急。

总之，这事儿还真挺有意思，就是有点一言难尽。

04

引以为傲的煮鱼法

对了，前面絮絮叨叨东拉西扯推理了这么多，我们还是没能揭开苏轼写作《后赤壁赋》当天所吃到的"细鳞巨口"的真实身份。黄州远离入海口，苏轼的朋友显然不能钓到千里之外的花鲈，更不会像后世人一样把杜父鱼当作松江鲈。

还有一种可能，就是根据南宋文人朱翌的考证，所谓的"巨口细鳞者"其实就是我们的老朋友鳜鱼。"桃花流水鳜鱼肥"中的那个鳜鱼，一来跟花鲈的确有诸多相似之处，同时也是鲈形目的成员（现在则被划归到了大口黑鲈所在的日鲈目），二来鳜鱼和它的亲戚们都高度适应淡水，湖北是它的分布范围，况且，入冬前鳜鱼也很肥美，还是它们咬钩最频繁的一段时间。

这种说法唯一的问题在于，虽然鳜鱼大致符合"细鳞巨口"的描述，但它的花色同鲈鱼却有明显的不同，而且作为从唐代便开始风靡的著名食用鱼，鳜鱼可不是什么无名小卒，古人还是能分清鳜鱼和鲈鱼两者的区别的。苏轼固然不是什么出名的博物学家，但对鱼类（食材）还算熟悉的他，不至于连"翘嘴鳜"都认不出来，大家可别把他看扁了啊！所以，对于朱翌的看法，我并不认同。

对了，古人没有那么强的饮食卫生概念，所以无论鱼是来自江河还是湖海，只要肥美新鲜，都是可以做成"脍"生吃的。但是按照现代科学的观点看，生活在淡水里的鱼类，实在是不适合做脍的，这是因为鱼体内有非常多的寄生虫，更要命的是，淡水鱼身上的寄生虫是可以在人的体内存活的！东汉末年的扬州太守陈登，就是向曹操献了灭吕布之策，还一度击败孙策的那个猛人，生前嗜食鱼脍，还很有可能是淡水鱼脍，死时"呕虫"数升，年仅三十九岁。

对此，即使是像我这样遇事热爱寻根究底的人，都感到了无能为力，这条对《后赤壁赋》的诞生发挥了关键作用，且不惜献身的无名英雄，恐怕在未来也只能继续无名下去了。

虽然搞不清这条鱼的真实身份，但我们倒是能够通过黄州时期苏轼的习惯，大概猜测到它接受的料理方法，也就是它的归宿如何。

早在元丰五年六月，一位刚从西夏战场归来的故人，在被贬路上途经黄州，特地与苏轼相会，他叫作张舜民。这次会面早于"一词两赋"的写作，可以说，正是因为与张舜民的这次交往，才让苏轼把宋辽西夏鼎立的局势和三国历史联系起来，从而对"赤壁"产生了非同一般的情愫。

刚刚经历战争创伤的张舜民，自然对王安石的保甲法和青苗法牢骚满腹，为此他写下了一首讽刺诗《渔父》："家住耒江边，门前碧水连。小舟胜养马，大罟当耕田。保甲元无籍，青苗不著钱。桃源在何处，此地有神仙。"

鱼汤

就像东坡肉一样，今天各地很多用鱼做成的菜肴，都被冠以『东坡鱼』之名，然而根据苏轼自己在《煮鱼法》中的描写，最为正宗的『东坡鱼』其实就是一碗颇具匠心的温暖鱼汤。

苏轼读了他的诗，也相和了一首《鱼蛮子》诗："江淮水为田，舟楫为室居。鱼虾以为粮，不耕自有余。异哉鱼蛮子，本非左衽徒。连排入江住，竹瓦三尺庐。于焉长子孙，戚施且侏儒。擘水取鲂鲤，易如拾诸途。破釜不著盐，雪鳞芼青蔬。一饱便甘寝，何异獭与狙。人间行路难，踏地出赋租。不如鱼蛮子，驾浪浮空虚。空虚未可知，会当算舟车。蛮子叩头泣，勿语桑大夫。"

如果乌台诗案只是捕风捉影、影射新政，那这首《鱼蛮子》可谓是苏轼不满新法的铁证了。全诗都在用现实的笔法写苛政猛于虎，逼得百姓宁可以船为家，四处漂流，过着如同水獭和水猴子（狙：古人指猕猴）一样的生活，也绝不肯回到刚踏上一只脚便要交数不清赋税的陆地。而所谓的"桑大夫"，就是指新法的拥护者们，苏轼将他们比作西汉时因主张财政改革而落了一世骂名的御史大夫桑弘羊。

渔夫们虽然不是蛮夷，但作为新法的受害者，他们在江上的生活却又和普通的汉人迥异，江岸上的人都在悲叹"鱼蛮子"，但他们自己又何尝不是"鱼蛮子"呢？

值得一提的是，苏轼笔下漂浮于江上的渔民，在捉到了"鲂鲤"，也就是鳊鱼或者鲤鱼之后，其处理方法是"雪鳞芼青蔬"，这跟他后来所记的料理鱼法颇有相似之处。

其实，除了上文讲到的"鲊"和"脍"之外，鱼还有一个更加朴素且美味的料理方式，那便是煮成鱼汤。在《史记·货殖列传》中，就已经将江南的饮食习惯概括为"饭稻羹鱼"，直到今天，熬制羹汤饮用都是中国人处理鱼肉最常见的做法。

在黄州期间，苏轼日常待客的时候，确实爱亲自下厨弄一锅鱼汤出来。

《苏轼文集》和《苏轼佚文丛编》分别收录有《煮鱼法》和《书煮鱼羹》两篇短文，描述的都是苏轼自己对谪居黄州期间亲自烹调鱼汤的回忆，我们先就《煮鱼法》中的相关记载，来看看苏轼独创的鱼汤配料表：

> 子瞻在黄州，好自煮鱼。其法，以鲜鲫鱼或鲤治斫冷水下入盐如常法，以菘菜心芼之，仍入浑葱白数茎，不得搅。半熟，入生姜、萝卜汁及酒各少许。三物相等，调匀乃下。临熟，入橘皮线，乃食之。其珍食者自知，不尽谈也。

由此可见，苏轼煮鱼汤取用的一般是鲫鱼或鲤鱼，配料则要用到菘菜心、葱白，还需要用生姜、萝卜汁和酒的混合液进行调味，等鱼快要出锅的时候，还要再加点切成丝的橘子皮。

所谓的"菘"，听着古雅，但它还有一个让人倍感亲切的名字：白菜。今天的大白菜，对中国人而言是最日常的蔬菜，早在先秦时期的典籍里就留下了食用菘的记录。而在《南史·齐书》当中，秋末的白菜和春初的韭菜，被称作味道最鲜美的蔬菜，虽然这话从高洁的隐士周颙嘴里说出来感觉有点怪怪的。"文惠太子问颙：'菜食何味最胜？'颙曰：'春初早韭，秋末晚菘。'"

唐宋两代是菘培育变种的一个重要时期，比如牛肚菘（白菘）就在此时闻名遐迩，不过，当时的白菜多在南方生长，直到元明两朝才实现了南北普及。

对于自己独创的"苏氏鱼汤"，苏轼本人很是满意，因为尝过这鱼汤的朋友没有当着他的面说不好的。他自诩"其珍食者自知，不尽谈也"，而将煮鱼汤视为自己下厨房的拿手好戏。七年以后，早已离开黄州的苏轼成了杭州知州，这一天有好几位朋友到访，苏轼一时兴起，又亲自掌勺，为大家炖了一锅鱼汤，在接受了众人的夸奖和奉承之后，为了表扬一下自己，苏轼又专门写下一篇《书煮鱼羹》：

> 予在东坡，尝亲执枪匕，煮鱼羹以设客，客未尝不称善，意穷约中易为口腹耳！今出守钱塘，厌水陆之品。今日偶与仲天贶、王元直、秦少章会食，复作此味。客皆云：此羹超然有高韵，非世俗疱人所能仿佛。岁暮寡欲，聚散难常，当时作此，以发一笑也。

这种发自灵魂深处的愉快是伪装不出来的。我在读到这篇短文的时候，似乎看到了东坡因为他亲自做的鱼汤大受好评，高兴得咧嘴一笑。

既然有这等详尽的煮鱼方法流传了下来，东坡的粉丝们还不快去用偶像的菜谱给自己留下最温暖的回忆。虽然不一定符合当代人的口味，但至少物美价廉、食材保真，再怎么说，买条鲫鱼比花大几千块钱去看演唱会的性价比要高得多，再不捧场可真是说不过去了。

只不过，煮鱼汤这种吃法，或许不太适用于元丰五年十月十五日，苏轼写下《后赤壁赋》后的特定场景。如果把那巨口细鳞状似松江之鲈的鱼兄炖成了汤，鱼汤和酒混在一起，在肚子里七上八下，然后再去"履巉岩，披蒙茸"，想想都觉得有胃酸逆流的风险。

写到这里，连我自己都感觉胸口一阵灼热。

第五章｜起名大师的小农生活

苏轼生前，曾多次用自己朋友的名字为食物命名，而身后不到百年，各种被冠以『东坡』之名的菜肴便如雨后春笋般冒了出来，先生若泉下有知，不知会做何感想。

01

远方来客与蜜酒秘方

2020 年 9 月，故宫博物院举办了一个"千古风流人物——故宫博物院藏苏轼主题书画特展"，展出了保存至今的七十八件有关苏轼的文物。作为一个自认为跟东坡先生颇有渊源的人，我几乎是第一时间预约去看了展，不为别的，只为能和苏东坡隔空握个手。可在看完展后，激动之余，却还有那么一点点失落，主要是因为由于种种不可抗力，苏轼笔下那件被称为"天下第三行书"的《寒食帖》（又名《黄州寒食诗帖》），并不在展品之列。

我之所以期盼看到《寒食帖》，不仅仅因为它是公认的苏轼书法的巅峰之作，更因为它是见证元丰五年的苏轼心态转变的重要信物。

《寒食帖》里的两首诗，写的就是苏轼在元丰五年的寒食节，因生活困顿、内心压抑而发出的人生之叹：

其一

自我来黄州，已过三寒食，年年欲惜春，春去不容惜。

今年又苦雨，两月秋萧瑟。卧闻海棠花，泥污燕脂雪。

暗中偷负去，夜半真有力。何殊病少年，病起头已白。

其二

春江欲入户，雨势来不已。小屋如渔舟，蒙蒙水云里。

空庖煮寒菜，破灶烧湿苇。哪知是寒食，但见乌衔纸。

君门深九重，坟墓在万里。也拟哭途穷，死灰吹不起。

因为苏轼这里写得文艺且隐晦，我们不妨对这两首诗的内容稍加删减，改编成类似于王家卫风格的电影独白：

冬至后一百零五日，大寒食。自从我来到黄州，已经过了三次寒食节。每一年，我都会惋惜春天的离去，可惜春光却并不需要人们的留恋。今年春寒，阴雨绵绵，就像秋天一般萧瑟，接连两个多月。我躺在病榻上，看着窗外的海棠花被雨打落，听着花瓣跌在污泥上。

不会看气氛的大雨，完全没有停下来的意思，我的小屋就像渔船，随时会消失在茫茫的云烟间。我在空荡荡的厨房里，试着加热凉透了的菜，可是破烂的灶洞里没有柴，只能用潮湿的苇草勉为其难生火。直到看到屋外的乌鸦衔着纸钱，我才想起今天又是寒食节。回朝的路被九重高门阻隔，祖先的坟墓又在万里之外。有那么一瞬间，我想模仿阮籍作途穷之哭，可心里如死灰一样，很难再燃起来。

沮丧吗？感觉已经不能再沮丧了，人都快没了。

说实话，鉴于我们之前已经剧透了苏东坡在黄州的大致经历，也知道他在前一年年初开垦了东坡的荒地，年底丰收的二十石大麦又缓解了他经济上的压力，一个月前甚至还建好了雪堂新居，也就是说，这个时候的苏轼其实早就度过了最困难的时期。然而，或许是因为吃腻了"二红饭"，或许是因为连绵的春雨让他闲得没事干，他心中关于乌台诗案的伤疤又再次被揭开。

于是乎，元丰五年那个潮湿阴冷的寒食节，压抑、惆怅和孤单又一次在他身上爆发出来。

这样的苏轼，跟后来"相与枕藉乎舟中，不知东方之既白"的洒脱酒客形象差别未免有点大，反倒像极了杜甫在《茅屋为秋风所破歌》和《登高》里表现出的状态。

而在未来的一年里，苏轼基本完成了内心的"整合运动"，情绪趋于稳定，心境也发生了一百八十度大转变，变得积极开朗起来，几乎再也写不出《寒食帖》里那种力透纸背的悲凉文字，而他的创作水平也在此前的基础上又攀上新的高峰，"一词两赋"里那种旷达的情怀，不是能轻易伪装出来的。就连苏辙都承认，哥哥的文风一变，自己恐怕再也难以超越。

其实，如果要从饮食方面找原因，自从雪堂落成后，仿佛受到召唤似的，苏轼连着两年在友人手中得来不少新鲜玩意儿。

上一节说松江鲈的时候，我特意留了个盲点。再游赤壁时，鱼的问题解决了，可苏轼及两位不愿透露姓名的朋友喝的那一斗小酒，究竟又是什么来头？《后赤壁赋》里唯一的线索指出，它是苏轼的老婆王闰之特意秘藏的，以备丈夫的不时之需。

倘若将时间线推回到半年之前，在苏轼一首名为《蜜酒歌》的作品里，我们也许可以给这个问题找到一个符合逻辑的答案：

真珠为浆玉为醴，六月田夫汗流沘。

不如春瓮自生香，蜂为耕耘花作米。

一日小沸鱼吐沫，二日眩转清光活。

三日开瓮香满城，快泻银瓶不须拨。

百钱一斗浓无声，甘露微浊醍醐清。

君不见南园采花蜂似雨，天教酿酒醉先生。

先生年来穷到骨，问人乞米何曾得。

世间万事真悠悠，蜜蜂大胜监河侯。

元丰五年的四五月间，擅长酿造蜜酒的绵竹道士杨世昌从绵竹来到了黄州。杨世昌字子京，说来他和苏轼都是川蜀之人，算是半个老乡。

除却这层关系，道士的身份也是苏轼愿意亲近他的重要原因。可以说，道家思想对黄州时期的苏轼产生了很大的影响，乌台诗案后因仕途受阻产生的失落感、政治理想破灭产生的幻灭感、历经浩劫产生的恐惧感、困窘生活造成的压迫感一并向他涌来，郁结于胸中的愤懑实难排解，而"道"便成为一浇其胸中块垒之酒杯，在其创作中频繁地体现出来，比如："浩浩乎如冯虚御风，而不知其所止，飘飘乎如遗世独立，羽化而登仙"，"须臾客去，予亦就睡。梦一道士，羽衣蹁跹"。

总的来说，苏轼于元丰五年能够创作出如此上乘的名篇佳作，绝非偶然。对此，杨世昌应该起到了不可忽视的作用。这位仁兄的黄州之行并不短，在此地停留了将近一年，直到元丰六年的五月九日。我有理由怀疑前后《赤壁赋》中的"客"，指的就是这位云游四海的隐士。在与杨世昌的交游中，可想而知两人会围绕"道"探讨世界的本原，穷究天人的演变。

蜜酒酿法或许就是在某次不经意的观点交流中，被杨世昌透露给了面前这位看似潦倒，实际上也确实活得不咋的的眉山老乡。《东坡志林》里留下了关于黄州蜂蜜酒的制作方法：

> 予作蜜酒，格味与真一相乱，每米一斗，用蒸饼面二两半，如常法，取醩液，再入蒸饼面一两酿之，三日尝看，味当极辣且硬，且以一斗米炊饭投之，若甜软，则每投更入面与饼各半两，又三日，再投而熟，全在酿者斟酌损益也，入水少为妙。

简而言之，用蒸面、米饭、蜂蜜和米为原料进行发酵。等三天之后打开尝尝味道，如果觉得太辣，就再加进一斗米饭酿造三天。要是过分甜软，就再加面和饼。特别提醒：这些原料放多放少，完全看酿造者的口味酌情添加，不过在加水的问题上，始终是越少越好。

以苏轼还专门写了篇诗答谢杨世昌来看，他是相当陶醉于整个酿造过程的。第一天忍不住掀起酒盖，发现一个个小气泡正从酒液里不断上浮，就像河里的小鱼吐泡泡。第二天酒缸里的东西渐渐清澈。等最后一天开封时，感觉这扑鼻的香气灌满了整个黄州城。

不对，这里还是别说开封，说启封好了，免得提到开封又触及人家的伤心事。话说，苏轼当时应该不知道有《后元丰行》这首诗，"百钱一斗浓无声"，仿佛是针对一年前王安石笔下的"百钱可得酒斗许"的阴阳怪气，这简直是间接为新党提供证据啊。

苏轼和王安石两人之间的因缘，在未来还有更直接的际会，我们先按下不表。

对了，《东坡志林》虽然在作者一栏都标为苏轼，但这本书很明显经过多人不断辑录增补过，内容讹误也不少。所以，我们不能看到书里的蜜酒酿法就认为它是杨世昌传授给苏轼的那种方法。如果细读《蜜酒歌》理解上下文，会发现诗里的蜜酒似乎并不需要放太多大米作为原料，证据就在结尾的后四句："先生年来穷到骨，问人乞米何曾得。世间万事真悠悠，蜜蜂大胜监河侯。"

——唉，我这几年穷到骨子里，问人要米也要不到，谁想到世间万事如此奇妙，蜜蜂轻轻松松便赢了监河侯。

监河侯，也就是跟庄子有关的典故"涸辙之鲋"中的人物。庄子借米不得，就说了个快要干死的鲫鱼的故事来表达对监河侯的恼怒，但苏轼却在此不以为意地说，有蜂蜜在，自己就不用去想监河侯那档子事了。很明显，酿造杨氏蜂蜜酒不需要太多粮食的。这跟《东坡志林》里记的配方怎么瞧也不那么像，或许，书中收录的是苏轼在咸鱼翻身后改进过的富贵方亦未可知。

关于苏轼的蜜酒还有个番外篇。宋人叶梦得在《避暑录话》中提到苏先生黄州造蜜酒造成的尴尬结果，所谓"饮者辄暴下"，也就是但凡喝了的人都拉得天昏地暗、日月无光。难不成是苏轼开盖子看酒液的次数太多，导致蜂蜜酒成了细菌培养池？《避暑录话》所言不一定为真，看苏轼在《蜜酒歌》中对杨世昌的感恩戴德，一点也品不出刚从茅厕出来气若游丝的尴尬样子。

虽然饮用甘蔗汁在先秦时代的楚国就已盛行，但我国古代利用甘蔗制糖的工艺在唐朝之前一直不甚发达。唐太宗在位时，派王玄策出使天竺，谁知使团正巧碰上戒日王死后的大混战，随身携带的各种财物全被掠夺。

遭遇如此奇耻大辱的王玄策并没有灰头土脸地回长安向皇帝哭诉，而是去了吐蕃，向松赞干布借兵，并在尼泊尔的助攻下，带大军杀回天竺，降伏了众多城邦，由此王玄策被当代网友称为"一人灭一国"的战神。

王玄策的天竺之行有一项非常值得肯定的功绩，就是引入了天竺制砂糖法，唐朝在此基础上改进了国内的蔗糖提取方法，此举可谓功在千秋。

甜味在很长一段时间内是一种奢侈的味道。砂糖在 16 世纪还被认作是珍贵药材。甜味给人带来的愉悦，人类对高糖的喜好是刻在 DNA 里的，这就是蜂蜜这种自然的高糖分产品能在几千年的时间里始终深受人类欢迎的根本原因。

世易时移，在今天，摄取糖分已经是一件十分简单的事情。蜂蜜中糖分与水占绝大部分，剩余的才是各种氨基酸等物质。可是，能补充相同营养成分的水果和蔬菜种类丰富，性价比也要比蜂蜜高得多，现代人没有必要再将蜂蜜当作什么养生食品。

如果真的相信《神雕侠侣》里的情节，跟小龙女一样喝上十六年的"玉蜂蜜浆"，成为胖子的可能性要比青春常驻大得多。

在《又一首答二犹子与王郎见和》中，苏轼写下了这样一段话：

脯青苔，炙青蒲，烂蒸鹅鸭乃瓠壶。

煮豆作乳脂为酥，高烧油烛斟蜜酒，贫家百物初何有。

古来百巧出穷人，搜罗假合乱天真。

用青苔做肉脯，青蒲做烤肉，蒸葫芦以替代鹅鸭……喝着自己酿的蜜酒，苏轼感慨道，自古以来，巧妙的料理功夫让人眼花缭乱，但它们中有很多都是穷人为了过生活才想出来的啊。

事实是这样吗？也不尽然。比如蒸葫芦就是唐朝宰相郑余庆玩的把戏。郑余庆天生简朴，有次在家里宴客，他细心嘱咐仆人告诉后厨"要蒸烂去毛，别把脖子弄断了"。满座都以为宰相要请大家吃鸭或者鹅，谁知等主菜端上来，却是葫芦。

苏轼在落魄之中，用"精神胜利法"自嘲。蜜酒的甜，带上了一瓢幽默，一丝悲苦，还有一口孤独。

02

故乡的元修菜

苏轼在黄州东坡建好的雪堂，在南宋时已经成为黄州的名胜。陆游在《入蜀记》中描绘了他亲眼所见的雪堂内的陈设："四壁皆画雪，堂中有苏公像，乌帽紫裘，横按筇杖。"苏轼的画像是后来雪堂最醒目的招牌。

可惜的是，今天莫说是黄州，即便放眼整个湖北省境内，都找不到任何一座宋朝遗留下来的木结构建筑。准确地说，长江以南大多数地方都殊途同归，潮湿的气候令绝大多数非砖石类型的楼阁台榭不能幸存，就算是曾作为南宋都城的杭州，都很难逃脱这一宿命。

所幸有太多像陆游一样的文人墨客，将眼中的雪堂巨细无遗一字一句写在书稿里：

> 试以《东坡图》考雪堂之景，堂之前则有细柳，前有浚井，西有微泉，堂之下，则有大冶长老桃花茶、巢元修菜、何氏丛橘，种秔稌，莳枣栗。

元修菜

清炒的野豌豆苗，吃起来比豌豆尖还要素雅一些，不过苏轼好这一口，大抵是解了自己人在他乡窘途的思乡之愁。

　　文中提到的桃花茶、巢元修菜、何氏丛橘，这三样明显比那些不配拥有姓名的枣栗稻麦要高贵得多。宋朝已经出现了带有店铺商标的广告，最为大众熟知的可能就是印着"收上等钢条，造功夫细针"推广语的济南刘家功夫针铺，而大冶桃花茶、巢元修菜、何氏丛橘恐怕借着苏轼的名头，在后来的黄州变成了名人特色，故而才会被后世大书特书。

　　将人名或封号冠于蔬果之上的传统在中国由来已久。秦代东陵侯召平在长安种植的甜瓜被称作"东陵瓜"。汉朝秣陵人哀仲家的梨"大如升，入口消释"，即为"哀家梨"。而巢元修是四川眉山人，是比杨世昌更加正宗的苏轼老乡，按《东坡黄州年谱》所记，他于元丰五年九月来到黄州，"馆于雪堂"，并负责教授苏轼的两个儿子苏过与苏迈。

　　　　菜之美者，有吾乡之巢，故人巢元修嗜之，余亦嗜之。元修云：
　　使孔北海见，当复云吾家菜耶？因谓之元修菜。余去乡十有五年，
　　思而不可得。元修适自蜀来，见余于黄，乃作是诗，使归致其子，
　　而种之东坡之下云。

　　跟东陵瓜和哀家梨以种植者命名不同，巢元修并没有在黄州参与苏轼的田园拓荒计划，只是苏轼嘱咐元修帮他找来菜籽种在东坡之下而已。有意思的是，在苏轼的老家四川，这种菜被称为"巢"，刚好巢元修也姓巢，元修本人对此物也是格外中意，所以苏轼便给它改了个"元修菜"的名字。

　　"使孔北海见，当复云吾家菜耶"这一句值得好好说道说道，这是《世说新语》里的一个典故："梁国杨氏子，九岁，甚聪惠。孔君平诣其父，

父不在，乃呼儿出，为设果。果有杨梅，孔指以示儿曰'此是君家果'。儿应声答曰'未闻孔雀是夫子家禽'。"

　　说的是晋朝尚书孔坦有次到自己一个姓杨的朋友家去，谁知朋友刚巧不在。孔坦便想逗弄一下号称聪明的九岁小世侄，于是指着他家里待客用的杨梅说："这是你家果啊。"意思就是杨梅跟你一样姓杨。谁知，这个九岁小孩反应甚快，当即回复说："之前没听说过孔雀是夫子您家的家禽呢！"由于主人公一个姓孔一个姓杨，生活年代离汉末三国又很近，所以后来该故事被嫁接到了"让梨小童"孔融跟"鸡肋大哥"杨修两人身上。难怪巢元修提起这事，说的人是孔北海（孔融曾任北海国相）而非孔坦了。

　　当然，也不排除这是苏轼刻意搞怪的结果。毕竟他可是有"今日度之，想当然尔"的前科在的。鉴于我不想再跑题进行解释，如果有人不太熟悉苏轼的这段历史，那建议自行搜索"欧阳修""尧""杀之三"等关键词。

　　所以呢，搞出这么多事情的元修菜到底是个什么菜呢？我们且阅读一下苏轼在《巢故人元修菜》原文里的描写：

彼美君家菜，铺田绿茸茸。豆荚圆且小，槐芽细而丰。

种之秋雨余，擢秀繁霜中。欲花而未萼，一一如青虫。

是时青裙女，撷采何匆匆。烝之复湘之，香色蔚其饛。

点酒下盐豉，缕橙芼姜葱。那知鸡与豚，但恐放箸空。

春尽苗叶老，耕翻烟雨丛。润随甘泽化，暖作青泥融。

始终不我负，力与粪壤同。我老忘家舍，楚音变儿童。

此物独妩媚，终年系余胸。君归致其子，囊盛勿函封。

张骞移苜蓿，适用如葵菘。马援载薏苡，罗生等蒿蓬。

悬知东坡下，塮卤化千钟。长使齐安民，指此说两翁。

诗中有两处细节让我比较在意，一是写它外形的两句："彼美君家菜，铺田绿茸茸。豆荚圆且小，槐芽细而丰。"二是写烹调方式的："点酒下盐豉，缕橙芼姜葱。"至于其他的内容，参考价值就没那么大了。

南宋知名的风味美食家、《山家清供》的作者、已知"东坡豆腐"的创造者林洪，比任何人都想知道问题的答案。每次读到这首诗，林洪总会按捺不住心头的困惑，去田间阡陌好好搜寻一番，可从来没找到过什么"豆荚""槐芽"。

回想起来，在没有数据库以及百度的时代，博物君子们之所以那么受人尊重，其实就是因为他们脑子里丰富的知识储量，可以让你在需要的时候免去翻开一本本古籍找典故的劳累。如果身边没有这样的朋友，不好意思，你可能一辈子也找不到问题的答案。

林洪是幸运的，他有这样的朋友。浙江永嘉人郑文乾，从四川带来了他心心念念的答案：巢菜是一种野豌豆苗。野豌豆是豌豆的近亲，二者在分类上都属于豆科蝶形花亚科，一个是野豌豆属，一个是豌豆属。野豌豆刚刚长出嫩叶的时候，蜀人会及时采摘，先用麻油热炒，再加上盐和酱烹调。这是一道时令菜，因为等春天一过，野豌豆叶子长老了，就不能吃了。

找了整整二十年，终于得到了真相，林洪欣喜若狂，他在书中写道："君子耻一物不知，必游历久远，而后见闻博。读坡诗二十年，一日得之，喜可知也。"

不过呢，看名字大家就明白，野豌豆绝非四川独有。曾经到访雪堂的陆游一眼就认出了元修菜，并且表示这东西江南随处可见，它还有个很朦胧梦幻的别称："漂摇草"。只不过南宋时的江南人一般不会主动去吃它。

> 蜀蔬有两巢。大巢，豌豆之不实者。小巢，生稻畦中，东坡
> 所赋之元修菜是也。吴中绝多，名漂摇草，一名野蚕豆，但人不
> 知取食耳。

（陆游《剑南诗稿》）

陆游的话一点没错。今天很多江苏人家门口的草坪上都长着大片野豌豆，有些老人偶尔会就地取材掐一些豌豆芽，简单放盐爆炒，配粥吃味道最佳。豌豆芽嫩叶柔和顺滑，只有淡淡的苦味，和茶叶类似，不过，这种高雅的苦味还真是令人着迷。

那么，野豌豆的果实好不好吃？我猜一定有人好奇这个问题。不瞒大家说，我有一个朋友，在他还有童真的时候，对大自然充满了好奇，在看到动画片里鼓励小朋友多吃绿色蔬菜的桥段以后，便兴致勃勃地出门采过一小篮子野豌豆，拿回家让奶奶给他熬粥。

根据他的回忆，野豌豆果实自带的苦味跟嫩芽没有太大区别，但其口感却极其粗糙，就算被煮成粥也能清晰地感觉到它在舌尖不断厮磨。经他这么一说，我放弃了尝试的念头。我估计这玩意儿，能吃固然是能吃，但就好比杜父鱼科的松江鲈一样，是一种性价比很低的食物，采它付出的劳动量，跟它的口味完全不成正比。所以自古以来大家都只吃豌豆芽，一定是实践过后得出的最优解。

对了，野豌豆还有一个更加古雅的名字："薇"。《诗经》中所谓的"采薇采薇"，采的可不是观赏用的蔷薇、紫薇，而是用来吃的野豌豆苗。

同时，一定要纠正许多人的误解，野菜并不一定更自然、更健康。以野豌豆苗来说，它所含的嘌呤比大部分海鲜都要高，如果是痛风患者还是少碰为好。像苏轼这种酿酒达人，还好多数时候都没什么机会吃这道野趣小菜，不然怕是要为它所苦了。

巢元修不远千里来到黄州，仰赖苏轼住在东坡，在某种意义上讲是避难而来。元修本名巢谷，一般情况下，官修史书不会记载这种没有功名的小人物，不过，元符二年（1099）苏轼的好兄弟苏辙为他写了一篇传记，他跌宕起伏的前半生故事才得以流传。

巢谷出身普通农家，从小按部就班读书应试，然而一到汴京，看到参加武举考试的各地英杰，他很是仰慕，于是弃文从武练习骑射，可惜始终未能中举。此后，巢谷前往关西游历，和一个名叫韩存宝的人结为挚友。

元丰四年，泸州蛮首领乞弟叛乱，泸州就是现在的四川泸州。附近各州官兵都拿蛮族无可奈何，朝廷便委任韩存宝"经制泸夷"，负责讨伐。韩存宝不熟悉泸州蛮的情况，便邀请巢谷跟他一同出征，以备请教。

后来韩存宝率军逡巡不进，朝廷要问罪于他。被捕之前，韩存宝估计自己会被处死，便托孤给巢谷："我是泾原一带的武夫，死了没什么可惜的。只是我妻儿无人依靠，就会受饥寒之苦。我有好几百两银子，只有托你送给他们了。"巢谷很够朋友，带着银子步行上路，一路跋涉，改名换姓，到韩存宝家把银子交给他儿子。这件事别人谁也不知道。

韩存宝被处死后，巢谷因为在其军中做幕僚，受到牵连，只能逃到长江、淮河一带躲藏起来，直到朝廷发出赦令才又露面，回到四川。

被贬谪在黄州的苏轼冒着危险收留巢谷，聘其给儿子做家教，可谓是在悬崖上走钢丝。不过，苏轼似乎不以为意，反倒欣慰于老乡"依旧似虎，风节愈坚"的模样。

　　"元修菜"的玩笑，其实是身在黄州的两个眉山人在人生最低谷时的互相慰藉。同为天涯沦落人，君子之交淡如水，野豌豆的清苦，是人生，也是君子的气节。既然选择了道义，就要做好承受处江湖之远的心理准备。

03

桃花茶：我才不是悬案

有时候我觉得，某些地方旅游部门所谓的专家，要对历史谣言的传播负很大的责任。

为了争夺旅游资源，他们往往会鸡蛋里挑骨头似的将一些明明没有争议的问题，改造成所谓的"历史悬案"，甚至不惜伪造史料，自称找到了决定性证据，自导自演一出出闹剧。

苏轼在雪堂所种的桃花茶，就悲惨地成为地方"文史专家"的火力点。看完他们的论证，我真心怀疑，他们在满嘴跑火车之前，是不是连苏轼的《问大冶长老乞桃花茶栽东坡》的原诗都没有读过？

周诗记茶苦，茗饮出近世。初缘厌粱肉，假此雪昏滞。

嗟我五亩园，桑麦苦蒙翳。不令寸地闲，更乞茶子蓺。

饥寒未知免，已作太饱计。庶将通有无，农末不相戾。

春来冻地裂，紫笋森已锐。牛羊烦诃叱，筐筥未敢睨。

江南老道人，齿发日夜逝。他年雪堂品，空记桃花裔。

某些人固执地认为，既然名为"桃花茶"，那一定是以桃花为原料冲泡而成的。但事实上，苏轼向"大冶长老"求去种在雪堂的其实不是桃树，而是茶树！苏轼在诗里写得清楚，他"乞茶子"来种是为了"雪昏滞"——解腻用的。这不是我们平常喝的茶，还能是什么呢？

之所以以"桃花"为名，应该并不与茶的品种相关，而是指茶的产地。南宋的周紫芝，也就是写了《食猪肉诗》的那个"竹坡居士"，在他的《太仓稊米集》中有述："苏内相在黄冈，尝从桃花寺僧觅茶栽，移种雪堂下。"

换言之，周紫芝认为这里的"桃花"实指桃花寺，是地名。南宋时期编纂的地理志《舆地纪胜》第三十三卷"江南西路·兴国军·景物下"里有关桃花茶与桃花寺的部分描写更为详细："桃花寺，在永兴县南五十里桃花山之下。寺中有甘泉，里人用以造茶，味胜他处，今茶号曰'桃花绝品'。"

《舆地纪胜》认为桃花茶之所以闻名遐迩，诀窍不单在于茶叶，还在于桃花寺里清洌的甘泉，二者结合，才能泡出好茶。

如此一来，我们也能理解，为什么桃花茶在苏轼笔下昙花一现，之后再也不见踪影。茶树可以移走种在雪堂，泉水却是无法迁移的。没有了灵魂的桃花茶，想来味道不再醇香，自然没落了。

不过，这又引发了另一桩公案。大冶和隔壁的阳新各自有一座以桃花为名的山，只是大冶的那座桃花山后来改名为桃花嘴，证据在明代嘉靖年间的《大冶县志》中："桃花山，在县治西五里，即今之桃花嘴。"苏轼当年倾心寻觅的桃花茶，看诗题应该来自大冶境内。可周紫芝任职的"兴国军"却在今天的阳新。这中间孰是孰非？

　　总而言之，桃花茶绝非用桃花泡成的茶，这点通过文献上的梳理已经可以确定。不过，不可否认的是，两宋时期，以花入馔的饮食习惯确实得到了一定的发展，我们下面再详谈。

04

东坡羹：背后的原因让人暖心

读过《离骚》的人，恐怕都记得这两句："朝饮木兰之坠露兮，夕餐秋菊之落英。"苏轼这样描绘他在黄州的日常生活："我顷在东坡，秋菊为夕餐。"

至于他到底是真的用菊花做了菜，还是仅仅拿屈原不得志来暗喻自己，我们姑且先不做研究。在中国传统文化中，菊花和梅花都被打上了不畏霜雪、超然世间的标签，宋人做菜常以此二物为材料，其实与两种花的味道无甚关系，纯粹是为了走抒情文艺风。

苦苦寻觅苏轼笔下元修菜真面目的那位林洪，在《山家清供》里留下了诸多花馔的制法，和菊花相关的就有好几种，其中的一种做法和吃野豌豆芽一样，春天摘下嫩叶，略炒一下，放盐和姜煮成羹汤，可以清心明目，如果加上枸杞叶，那就更是绝妙。不过，能食用的菊花茎部发紫，这点需要注意辨别。

身边的北方朋友都说没有尝试过这种吃法，于我而言菊花嫩叶可是再熟悉不过，就连我家门口都长着一大丛野生菊花。每到秋天，绵延十多米的黄色花丛在落日下尤显光华璀璨，还有几十只蜜蜂在中间不断穿梭。

不在花期时，菊花嫩芽随时都能掐下，混着鸡蛋液做出一碗口味清雅鲜美的蛋汤。而且掐得越频繁，冒得越快，没过几天又是一层翠绿色的嫩芽，颇有一种取之不尽、用之不竭的感觉。

熙宁变法时旧党的代表人物、苏轼的老熟人司马光是菊叶羹的忠实爱好者。自诩"饮啄厌腥膻"的司马光，回家看到东园里刚被雨水滋润过的菊苗，一时间食指大动，亲自采撷，叮嘱后厨千万别加其他调料，免得盖过嫩芽本身的鲜味。做成羹汤下肚，菊叶的香气堪比幽兰，让整个人神清气爽，正所谓"铺啜有余味，芬馥逾秋兰。神明顿飒爽，毛发皆萧然。乃知惬口腹，不必矜肥鲜"（司马光《晚食菊羹》）。

林洪所录第二类才真正用到花瓣，将菊花和大米混合蒸熟制成"金饭"。这种做法对菊花瓣的处理要求会稍微复杂一些，得用甘草汤和盐先焯一下，在饭将熟未熟时倒进去。为了达到金饭的效果，需选用"紫茎黄色正菊英"，颜色上必须得有保证。

《山家清供》中所录菜品一向以雅闻名，烟火气十足的同时，也给人以赏心悦目的感觉。身在黄州的苏轼，在烹制蔬菜上有自己的独特创见，很多年以后，回忆起在东坡种田的时光，在苏轼心底留下最深印象的作物，应当是蔓菁。

蔓菁这个名字，对不少人来说挺陌生的。稍稍修改一个字，变成芜菁的话……那情况似乎也好不到哪里去。但如果把它交给一位生活在先秦时期的古人，估计他一眼就能认出来，这不就是"葑"嘛。

因为跟萝卜一样，人们一般会食用块茎，所以在某些地方也会把蔓菁叫"小萝卜"。只是，蔓菁在很多地方已经没什么存在感了，几乎所有人都将它认作野菜。这一千年里，遭遇类似经历的蔬菜很多，比如葵菜，从

东坡羹

用蔓菁、白菜、荠菜、萝卜等蔬菜做羹，既少油水，也低碳水，减肥期间的胖友们不妨一试，这说出去，可比现在市面上流行的种种减肥代餐有格调多了。

百菜之王直接降级成了没几个人认得出来的野草，堪比从钻石跌到青铜。

而在离开黄州数十年后，苏轼还对这段在东坡拔蔓菁煮菜梗的日子念念不忘，满足于在岭南竟意外寻觅到了同样的味道：

> 我昔在田间，寒庖有珍烹。常支折脚鼎，自煮花蔓菁。
>
> 中年失此味，想像如隔生。谁知南岳老，解作东坡羹。
>
> （《狄韶州煮蔓菁芦菔羹》）

想自己当初在田间劳作，回去就在简陋的厨房里自己煮蔓菁吃，隔了这么些年，再尝到一样的味道，真像是隔了几辈子。

蔓菁做羹味道真有这么鲜吗？也不尽然。答案在苏轼留下的另一篇《东坡羹颂》里："东坡羹，盖东坡居士所煮菜羹也。不用鱼肉五味，有自然之甘。其法以菘若蔓菁、若芦菔、若荠，皆揉洗数过，去辛苦汁。先以生油少许涂釜缘及瓷碗，下菜沸汤中。入生米为糁，及少生姜，以油碗覆之，不得触，触则生油气，至熟不除。其上置甑，炊饭如常法，既不可遽覆，须生菜气出尽乃覆之。羹每沸涌。遇油辄下，又为碗所压，故终不得上。不尔，羹上薄饭，则气不得达而饭不熟矣。饭熟羹亦烂可食……"

《东坡羹颂》描述的就是用蔓菁、白菜、荠菜、萝卜等菜蔬混在一块儿"调羹"的方法。苏轼在一开头就明说了，这道由他发明的菜"不用鱼肉五味，有自然之甘"，就跟那句"最好的食材往往只需要最简单的烹饪方式"差不多是一个意思。

可是，大小萝卜加白菜、荠菜混合在一起的所谓"自然之甘"是什么味道，相信并不难想象。虽然苏轼嘴上说要发挥食材本身的亮点，却也不得不在下锅前把这些蔬菜"揉洗数过"，先把刺舌头的苦味汁水挤掉，他想品味的仅仅是"甘"而已。我怀疑他是因为穷，才加不起鱼肉五味。

这道"东坡羹"和我小时候常吃的菜粥咸稀饭，本是一脉同源的东西，区别在于菜粥里只有青菜而已，并没有加入这么多样的蔬菜。为什么我家的"羹"这么简陋呢？当然是因为做这东西本身的目的，就是为了偷懒啊！作为一种为了图省事才会准备的食物，它最为讲究的就是"菜饭合一"，要是搞得太复杂，岂不是偏离了本意？蔬菜加上大米，混上点盐，煮上几十分钟就大功告成。

在很多人的记忆中，这道朴素的菜羹是人生中第一等的美食，软糯的口感，咸鲜中带一点甘甜，它或是高中学生下晚自习后的夜宵，或是上班族经历了"996"回到家中的慰藉，或是每一个为了生存或生活而忙碌操劳的人抵抗这不讲道理的世界的最后一道防线。

——它称不上是什么美味，但它至少可以温暖一个人的胃，还有心。

不过，元丰五年的苏东坡，他对这菜羹的情感，比我们这些平凡的现代人要更为丰富吧？从云端坠落到泥地里，吃着寡淡无味的"东坡羹"都能尝出甜来，希望我一辈子也不用过得这般大起大落。

境遇相似的巢元修，或许也在东坡羹里尝出了几分熟悉的滋味。和尚应纯前往庐山游历前，元修与几位朋友联合请苏轼亲传东坡羹的制法，这篇《东坡羹颂》因而得以流芳后世。

远离汴京的苏轼可能一生都不知道，就在这一年，宋神宗改革官制，曾经有过想要召回他的念头，然而最终为臣下所阻，未能成事。被赶出朝堂的日子还要继续，只不过，对于改变了自己的黄州，他很快就要说再见了。

第六章／启程！启程！黄州的最后一瞬

元丰七年，苏轼离开黄州前写下了《再书赠王文甫》，其中『昨日大风，欲去而不可。今日无风可去，而我意欲留』一句，可能是他即将踏上旅途之前最为真实的心态。

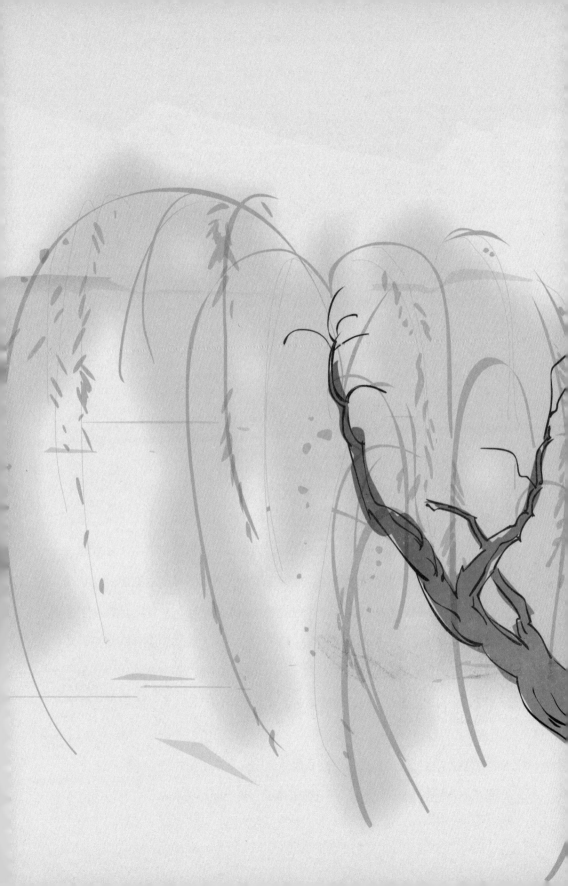

01

从爱竹到好笋

摩羯座最需要注意的星座：天秤座。

摩羯座最容易受其影响的星座：天秤座。

摩羯座最佳敌人组合星座：天秤座。

一次是偶然，两次是巧合，三次呢？那可真是太准了！

苏轼对古代的星相学不算特别了解，但至少知道自己和唐代韩愈的星座一样，都是"磨蝎"（摩羯）。他如果了解了现代的星座运势学，一定会更加高兴，起码他能找到一种合理的解释，来分析他与曾巩之间的种种"孽缘"。

元丰六年（1083）春天，和苏轼同列"唐宋八大家"的曾巩在江宁（今南京）咽下了最后一口气，与此同时，身在黄州的苏轼也为红眼病和疮患所苦，不得不闭门谢客，休养身体。

两位当世文豪的人间蒸发立马成为大宋朋友圈里如炸弹一般的热搜消息。"估计他俩跟李贺差不多，都是被天帝征召到上面写文章去了……"相传，唐朝"诗鬼"李贺死前，看见天帝派红衣使者传召他去天上白玉楼作文，那么现在，苏轼和曾巩肯定步了他后尘！这个不知道谁是始作俑者的谣言，甚至以极快的速度进入了宫廷，引得给苏轼定罪的宋神宗百感交集，饭也不吃了，光在那里"以手抚膺坐长叹"地念叨："才难"，意思就是人才难得。

二十六年前的嘉祐二年（1057），还是宋仁宗在位时期，苏轼、苏辙还有曾巩都被主持当年科举会试的欧阳修赏识而高中，据说仁宗对一同登科的二苏兄弟尤为关注，回宫后万分激动地跟曹皇后说："呦，今天我给子孙们找到了两个太平宰相！"

相对苏轼兄弟，曾巩的名声要小得多，现在很多学生说到"唐宋八大家"，其他七人的名字都能脱口而出，唯独最后的曾巩要多想一会儿，到了离世才跟苏轼绑定上了回热搜，也不知九泉之下的他做何感想。

死人对世事一无所知，苦恼的只是活人罢了。不过，苏轼面对自己"物故"的传闻，似乎并没有太多反应。对于他而言，只要病好，重新活跃起来，一切谣言就会不攻自破。

很快，一份来自太和县（今江西吉安泰和县）的书信送到了苏轼手中，来信的人名叫黄庭坚。

说起黄庭坚，大家应该都挺熟悉的，他是"苏门四学士"之一，这时的他正在太和做县官。他为什么要大老远送信去黄州呢？如果说他是专门求苏轼跟自己和诗，写写吃笋心的事，你会不会觉得小黄同学太过任性了些？但这就是事实。在信中黄庭坚如是写道："比以职事在山中食笋，得小诗，辄上寄一笑，旁州士大夫和诗时有佳句，要自不满人意，莫如公待我厚，愿为落笔……"

——上次在山里吃笋，写了一首小诗，特地寄给苏先生您取笑。附近州郡的士大夫跟我和诗，虽然也有佳句。但想想咱俩的情谊，他们可比不了，应该还是您的诗最合我心意！

黄庭坚寄给苏轼的这首诗流传了下来。黄庭坚爱吃笋，这事闻名遐迩。台北"故宫博物院"至今收藏着他一篇名叫《苦笋赋》的手迹。因为爱吃苦笋过头，以至于亲朋好友几十个人轮番上阵，劝说他收敛一些，再吃的话……就会瘦了！

生活在11世纪的黄庭坚，没有经历过今天微信家长群里"健康小贴士"的集中轰炸，对于一直在耳边絮絮叨叨的"健康专家"们的忍耐力当然很低，那篇《苦笋赋》就是针对此事所做的回击："哼！笋集江山的秀气于一身，做成菜开胃得很，用来下酒让人口水直流，整天说什么多吃笋会得病，我怎么一点儿事都没有？"

在文章最后，黄庭坚还引用了一首李白的诗"但得醉中趣，勿为醒者传"。也就是说，我自己知道吃笋有多少好处有多快乐就行了，你们不配拥有！

对不配的人，自然要抱以不屑的态度。但他对苏轼明显不同，苏轼只大黄庭坚九岁，是黄庭坚人生中最重要的伯乐。人才辈出的宋代文坛，开始并没有黄庭坚的一席之地，直到苏轼见到他的文章，认为这是世间少见的"超轶绝尘，独立万物之表"的神作，自此小黄名声大振，一骑绝尘而去。类比一下，就相当于今天某位十八线小演员忽然被大前辈点名：这个年轻人前途不可限量！从此星途坦荡。

苏轼作为当时的偶像级人物，对偶然见到的后辈作品多有夸赞，黄庭坚内心的喜不自胜可想而知。后来也是他主动去信，跟苏轼诉说心底的崇拜之情，所谓"盖心亲则千里晤对，情异则连屋不相往来"，从此，两个笔友时有唱和，虽未亲见，却感情日深。

这首从太和寄到黄州的诗流传了下来。黄庭坚说过去每到春天，洛下斑竹笋的价钱要比鱼肉贵重得多，堪称奇珍，不过，有一次他去白下（今南京）的某富裕大族家里做客，被人家厨房里"水陆毕陈"的豪华阵仗给惊到了，他不由得想起唐朝大宦官高力士与芥菜的故事：安史之乱爆发后，唐玄宗退位失势，身为玄宗亲信的高力士被流放去了南方，长安城里受到热捧的鲜美芥菜，在这里生长得漫山遍野，却为人们无视。——果然，世间的食物，处处都是物以稀为贵。

> 洛下斑竹笋，花时压鲑菜。一束酬千金，掉头不肯卖。
> 我来白下聚，此族富庖宰。茧栗戴地翻，穀觫触墙坏。
> 戢戢入中厨，如偿食竹债。甘菹和菌耳，辛膳脽姜芥。
> 烹鹅杂股掌，炮鳖乱裙介。小儿哇不美，鼠壤有余嘬。
> 可贵生于少，古来食共嗌。尚想高将军，五溪无人采。

> （黄庭坚《食笋十韵》）

黄庭坚用高力士被肃宗流放的典故，让人无法不想到苏轼的人生境遇。高力士与苏轼都受前任皇帝恩宠，又皆被贬谪到南方，虽然将恩人比作宦官差点儿意思，但真是有一点相似。

至于以笋为题，怕是也没那么简单，古人一向喜欢赋予食物以独特的精神内涵。在《苦笋赋》里，黄庭坚称赞竹笋"苦而有味，如忠谏之可活国。多而不害，如举士而皆得贤"。而苏轼由于文字狱而横遭惨祸，生活又何尝不是"苦而有味"？

苏轼自然看得出黄庭坚这口竹笋吃得不一般，其中有对他的牵肠挂肚，也有对时局的百般无奈。在回给黄庭坚的《和黄鲁直食笋次韵》中，苏轼是这么描述的：

饱食有残肉，饥食无余菜。纷然生喜怒，似被狙公卖。

尔来谁独觉，凛凛白下宰。一饭在家僧，至乐甘不坏。

多生味蠹简，食笋乃余债。萧然映樽俎，未肯杂菘芥。

君看霜雪姿，童稚已耿介。胡为遭暴横，三嗅不忍噫。

朝来忽解箨，势迫风雷噫。尚可饷三闾，饭筒缠五采。

东坡鱼、东坡羹里的金牌佐料——菘，也就是白菜，在竹笋面前瞬间褪去了表面的荣光，被苏轼无情丢开：想跟竹笋同台竞技，就你也配？

他继续写道，已经褪壳的笋不再鲜美，但还是可以做成竹筒，盛着米饭扔进江水去祭奠冤死的屈原。那时候没有人知道，苏轼是否会和屈原殊途同归，走向一个悲伤的结局。乍一看只是在讨论竹笋的两首诗，实则是一次对未来的探索，对先人的追忆。

让我们说回竹笋这位故事主角。中国吃笋的历史可追溯到三千年前。口味清雅的笋，可以为各色佐料任意描画，调配出适合所有人胃口的不同味道。"任人所好"的特点使它成为接受面最广的家常菜品之一。就像很多人家喜欢用猪肉烧笋干，每次这道菜装盘上桌之后，笋的销路要比猪肉好得多，可怜"工具猪"无人问津，白白丢掉性命为笋干做了陪衬。

唯一美中不足的就是，想要挖到鲜嫩的竹笋必须把控时间，稍迟一步

竹笋

无肉使人瘦，无竹使人俗。竹笋烧猪肉，不瘦亦不俗。

竹笋就会变老，入口便如干嚼木头一般既涩又塞牙。成功的挖笋人要从老天手里抢夺，才能得到一枚枚近乎莼菜般润滑，又似羊羔肉般肥美的十全好笋。

为了长久享用笋的独特的风味，早在南北朝时期，中国人就发明了多种腌渍鲜笋的技术。贾思勰在《齐民要术》中就收录有以糜子粥和盐做底料的"淡竹笋法"：

> 取笋肉五六寸者，按盐中一宿，出，拭盐令尽，煮糜一斗，分五升与一升盐相和。糜热，须令冷，内竹笋碱糜中一日。拭之，内淡糜中，五日可食也。

用米粥来腌制竹笋，在现代已经很少见了。这种处理方法还是利用淀粉糖化产生的乳酸来防腐，因此也被称作"米藏法"。此外，也可以用醋或苦酒将笋制成泡菜，称为"酢"。另有一种比较奢侈的油焖法，就是将笋放进动植物油中焖熟，做成油焖笋。

到底选用何种方法处理鲜笋，与竹笋的品种也有关系。如能制成泡菜的巴竹笋，出产在四川成都一带。说起来离苏轼的老家眉山并不远，身为标准的四川人，苏轼就像故乡的大熊猫一样热爱竹子，想来是尝过其中滋味的。

为了培养出好笋，种竹子的方法也有讲究。因为竹子在地下延伸的方向多为向阳的西南方，《齐民要术》力荐将竹子种在园子的东北方向，施肥的话则可以选用稻糠或者麦糠。前文说过，苏轼的开垦笔记《东坡八首》，第二首和第七首都提到了他在黄州种竹子的经历：从担忧"好竹不难栽，但恐鞭横逸"，到窃喜"家有十亩竹，无时客叩门"。

总之，来到黄州以后，从前那个高呼"可使食无肉，不可居无竹"的清高文人，已经成为过去，现在的苏轼对竹子的爱固然不会消失，但对于竹笋，他才是爱得深沉。

既然说到了黄庭坚，就不得不提他的舅舅李常。李常，字公择，堪称苏轼同病相怜的好友，他当初也是因为反对王安石的青苗法得罪新党遭到外放。因为境遇相仿，苏轼跟李常惺惺相惜，后来还为他写下"我思君处君思我"的别离诗句。

第一章里引用的那首《送笋芍药与公择二首·其一》，不知道大家还有没有印象？

> 久客厌膀馔，枵然思南烹。故人知我意，千里寄竹萌。
>
> 骈头玉婴儿，一一脱锦绷。庖人应未识，旅人眼先明。
>
> 我家拙厨膳，彘肉芼芜菁。送与江南客，烧煮配香粳。

在两人的交流往来中，竹笋扮演了重要的角色。苏轼把故人不远千里寄来的竹笋干送给李常，还搭配了芳香四溢的稻米，或许，在离家在外的苏轼眼中，珍贵的笋已经成了"南烹"的代表作，地位可以比肩今日川菜里的开水白菜。

当时的苏轼应该想不到，两人还会在黄州相逢。元丰三年，时任淮南西路提点刑狱的李常，专门跑到黄州拜访苏轼，全然不顾此时苏轼是谪官之身。而在月余之前，他做了苏轼侄女的媒人：在李常的举荐下，苏轼去信苏辙，将苏辙的女儿许配给了光州知州曹九章的儿子。

这次黄州会面的人情味任谁都感受得到。苏轼陪同李常第三次游览武昌西山。应李常的请求，苏轼作《菩萨泉铭并叙》，并在数日后作《好事近》赠别。逆境之中坦然相交的情分尤为珍贵，唯一遗憾的是，按苏轼年表推算，这时城东的荒地尚未完成开垦，李常怕是没能吃到东坡家自产的笋干。

元丰六年清明过后，道潜和尚（字参寥）自吴中来到黄州，成为苏轼生活中的一道光。身为诗僧的道潜与黄庭坚一样，都与苏轼神交已久，区别在于黄庭坚公务在身，纵有千言万语，也只能纸短情长；而身为一个和尚，道潜的工作时间比较有弹性，因此他在黄州长住了下来，成为唯一能陪伴苏轼不需"见字如面"的故友。道潜初来便馆于东坡，两人间的情谊自不必多言。"攒金卢橘坞，散火杨梅林。茶笋尽禅味，松杉真法音。云崖有浅井，玉醴常半寻。遂名参寥泉，可濯幽人襟。"（《参寥上人初得智果院，会者十六人，分韵赋诗，轼得心字》）

自梁武帝强制僧人吃素之后，出家人便彻底不能再碰荤腥。竹笋有肉的质感，却无一丁点腥膻之气，自然成为佛门中人的最爱。

与将野豌豆命名为元修菜相类，苏轼把一口井称为"参寥泉"。要是苏轼能活到现在，只怕国际天文学联合会会把给小行星取名的任务全权外包给他。我相信除了彼此貌合神离的沈括，以及最终交恶的章惇等少数人之外，苏轼应该会毫不犹豫地将他所有朋友的名字都用上。不过沈括不用担心，因为1979年我国已经将编号为2027的小行星命名为"沈括星"了。

在前后《赤壁赋》完成后，由于道潜到来，苏轼再次与他一同观赤壁山水。这时春和景明，道潜作诗道："萧瑟江梅树树空，兰芽犹短未成丛。行穷赤壁山西路，只有桃花一样红。"

——江边的梅花早已凋零，兰花则刚刚出芽，尚未成丛，走到赤壁西边大道的尽头，只有桃花红如火。虽是写春景，但不管是什么词句，沾上了"赤壁"总会带上点悲伤的色彩。

"隔林仿佛闻机杼，知有人家在翠微"，这是道潜最有名的一句诗，在当时几乎"每为人诵"，可以说是红遍了大江南北。而据《王直方诗话》载，苏轼在京城的故旧听说有僧人在黄州长住，便去信问道："那人是写'隔林仿佛闻机杼'的和尚吗？"

有道潜在身边，苏轼终于不用成日在书信里与相隔千里的友人唱和，但这也间接导致了元丰六年苏轼的原创诗文数量与元丰五年相比有了明显的下降。当然，这无法苛责，毕竟人生不可能一直都在顺境里，有高潮有低谷实属正常。这一年年初，苏轼身体抱恙，而病人就该有病人的样子，为了创作燃烧自己可不是什么值得吹捧的事，况且，到了这一年年末，苏轼又迎来一桩喜事。

元丰六年下半年，重阳节过后不到半月，苏轼的爱妾王朝云给他产下了第四个儿子。虽然之前就已有了三子，但此时苏轼已经虚岁四十七了，在贬谪中诞生了新生命，他一定会别有感触，所以对于幼子，他明显比较上心。

苏轼那时正为《易经》作传，刚好看到《易经》中的第三十七卦"遁"，这卦爻辞中有"嘉遁，贞吉""好遁，君子吉"之类的话。我并不懂周易，但据说这一卦象有远离旋涡、消遁、归隐的寓意。可能是想到深陷党争的自己有如无根之木、无源之水，苏轼便取了"遁"字用作小儿大名，既代表了自己远遁世外的境遇，又包含着对孩子未来的美好祝愿。

苏遁满月那天，按照当时的习俗，身为父亲的苏轼要给孩子洗澡，洗着洗着，苏轼想到了自己聪明反被聪明误的人生境遇，写下了一首诗："人皆养子望聪明，我被聪明误一生。惟愿孩儿愚且鲁，无灾无难到公卿。"

在黄州期间，苏轼能够创作出上乘的佳作名篇绝非偶然。到黄州的头一年苏轼极度自闭，跟从前的亲朋几乎断了往来，即使有个别来信也基本不回复，几乎断绝了上半生所有的社交。用他自己的话来说，就叫"平生亲友，无一字见及，有书与之亦不答，自幸庶几免矣"（《答李端叔书》），而他之所以会这般自闭，在很大程度上就是因为政治打击。

当时他并不知道，身为谪官也有好处，在黄州他不用签书公事，而众所周知，案牍一向是"劳形"的。没有了公务困扰，他便可以安心做自己，等有了东坡农场，生活的压力也得到了解决，他的新生活便开始了。

心情一般的时候就干干农活，心情好的时候流连于山水，该吃吃该喝喝，最多在家带带娃，尽一下做父亲的责任。由于政治理想破灭，尽管他还忧国忧民，尽管他还关注前线，但他很清楚现在的自己身处江湖之远，要努力做到"超然物外"，静心关注日常的小事和风景，从头开始审视自己的过去和内心。最终，他彻底结束了自闭和苦恼，这正是他见微知著，思考人和宇宙的关系，并在此基础上实现升华的契机。

借助于杨世昌、道潜等友人的陪伴，作为北宋士大夫代表人物的苏轼，汲取了佛道两家思想中有价值的成分，在与友人一次又一次的谈天论道、焚香默坐自我省察中，整合两家思想为我所用，最终成为儒释道的嵌合记忆体。

对这三大主流思想逐渐合一的趋势，苏轼有自己的看法。他在《祭龙井辩才文》中说道："孔老异门，儒释分宫。又于其间，禅律相攻。我见大海，有北南东。江河虽殊，其至则同。"他认为，儒释道表面虽然各异，但追根溯源，其本质却是相同的。修身以儒、治心以释、养生以道一直是苏轼奉行的准则，他以此来平衡内心的得失，排解忧愁苦闷，进而达到旷达自适、超然物外的状态。

这就像是竹笋，集清雅与鲜美的特色、出世和入世的精神于一身，也难怪苏轼将它视作如茶一类引人禅思的妙物。道潜来后不久，巢元修带着为苏轼寻找野豌豆种子的任务离开了黄州，而此时，苏轼平淡而又精彩的黄州生涯，也即将结束。

02

为甚酥、何氏橘：与黄州告别

时不时便约着道潜游历山水的苏轼，用事实向天下人说明了一件事：他还没死。

元丰七年（1084）正月二十五日，神宗皇帝下了一道手札，将苏轼从黄州迁移到了汝州。对于苏轼而言，这个消息好坏参半，坏的是，苏轼还得继续做他的团练副使；而好的是，汝州位于西京洛阳的东南角，相比于黄州，距离政治中心可是近得多。

"人材实难，不忍终弃"，或许是此前苏轼病亡的谣言让宋神宗有所触动，当他得知苏轼还在人世以后，觉得是上天挽留了这家伙，免得自己后悔。皇帝思考再三，决定还是要给苏轼一个重启人生的机会。

皇帝的调令手札还得在路上飞一会儿。在这期间，苏轼照旧约道潜等人品茗作诗，还亲自打理起了茶圃。来到黄州已经五年，他早已习惯了这里的生活，甚至打算在此置业。

直接原因是，几个月前，苏轼的另一位好朋友，同时也是乌台诗案的另一位受牵连者王巩（字定国），自岭南被赦北上，到达黄州时，苏轼惊讶于他的气色竟好过从前，不是说岭南穷山恶水环境很恶劣吗？这时候，王巩的侍妾寓娘说了一句颇具哲理的话："此心安处，便是吾乡。"

这句话令苏轼感触颇深，或许，自己也该将黄州视为"此心安处"，他应做好在这里长居的心理准备，在黄州好好置办一份长久的家业。随后，他写下一首《定风波》，将此事记录了下来。只不过，现在的他不知道，在未来，"试问岭南应不好，却道：此心安处是吾乡"这档子事，将在自己的身上一语成谶。

三月初三上巳节这一天，苏轼约上道潜，来到黄州定惠院东山的一棵海棠树下。

对于这棵海棠，苏轼有着深厚的感情。元丰三年二月，苏轼初到黄州，定惠院曾是他的住所。没过多久，海棠就到了花期，粉白色的花瓣，随着微风飘散，就好似佛陀讲法时飞花的情景，苏轼在最为自闭的那段时间，可能就是靠着看它来慰藉内心。

从此，每一年的花期，苏轼都要来此赏花饮酒。而这一次前来，苏轼的关注点并不全在海棠上，因为当天喝酒的时候吃到的一种点心，实在让他魂牵梦萦："有刘唐年主簿者，馈油煎饵，其名为甚酥，味极美。"（《记游定惠院》）

刘唐年是黄州主簿，上巳节这天，给苏轼带去了这道名为"为甚酥"的小点心，想东坡先生也是吃过见过的，可谁料他却对这糕点一见倾心，数天过去还念念不忘。他大笔一挥，作文向刘唐年诉说了自己对"为甚酥"的"相思之苦"："野饮花间百物无，杖头惟挂一葫芦。已倾潘子错著水，更觅君家为甚酥。"（《刘监仓家煎米粉作饼子余云为甚酥潘邠老家造》）

苏轼对"为甚酥"的念念不忘，并非凭空而来，根据他《赠别王文甫》一文推测，大约在上巳节定惠院赏花后的五天左右，他便收到了神宗皇帝将他调任汝州的文告。无论苏轼是否愿意，事情都已经注定，这是他最后一年在黄州赏海棠了，有了离愁别绪加成，这块油饼便承载了更多美味之外的东西。

苏东坡的铁粉兼我们的老朋友南宋人周庭芝，在他的《竹坡诗话》里还记载了一个故事，说明这饼为什么名叫"为甚酥"："东坡在黄州时，尝赴何秀才会，食油果甚酥。因问主人此名为何，主人对以无名。东坡又问为甚酥？坐客皆曰：'是可以为名矣。'"

根据这段文字推测，当时的对话可能是这样的：苏轼：这东西是什么酥啊？（"为甚酥？"）路人：哎，用这当名字也不错嘛！

限于资料缺乏，我们今天无法复原出当时的"为甚酥"，甚至搞不清苏轼吃到的这种酥饼到底有没有馅料。不过在今天的黄州，"为甚酥"却并未绝迹，有一种叫作"东坡饼"的小吃头顶着"为甚酥"的大名。为此，我特意从网上查了一下制作方法：用细面粉做成蟠龙状，用麻油煎炸，片片如薄丝条，然后撒上雪花白糖。

客观来说，现在的这个"东坡饼"很是其貌不扬，至于口味嘛，也只能说是因人而异，你觉得好吃那就是好吃，一切以食用者个人口感为准。但就做法来看，可能也是如松江鲈一类的后世替名者，也有可能来自后人为了还原典籍而搞的"再创作"。北宋时油果点心的种类繁多，汴京城内的各种饼家自五更天开始就营业待客："武成王庙前海州张家、皇建院前郑家最盛，每家有五十余炉"，而苏轼满口夸赞的东西，不大可能光靠白糖便能名动千古吧。也许，这个谜团从它被命名"为甚酥"的那一刻起便注定解不开。为甚，为甚，天下果然无人再知为甚。

顺便再一提，《竹坡诗话》中的记载其实跟苏轼自己写的《记游定惠院》有矛盾之处。东坡居士是在定惠院赏花饮酒的时候吃了为甚酥，而竹坡居士则把这事嫁接到了苏轼离开禅院以后拜访何家的院子，院子主人为了招待苏轼而办的宴会上，而且，他只提到了设宴的"何秀才"，而将这油果的真正主人刘唐年甩在一边，不着一字，简直残忍。

每次聊起跟糕点有关的话题，我都乐于提一嘴生活在大唐的一个倒霉蛋袁德师。

众所周知，中国古代有"避讳"的传统，皇帝和长辈的名字，身为人臣人子不能乱用，就连谐音的字也不例外，通通要"隔离"，否则便是不忠不孝的罪人。而不巧的是，袁德师父亲名字里刚好带"高"，于是乎，这位知名的糕点师这辈子都不能吃上一口糕点了。

故事虽然滑稽，但古时候繁文缛节对人的束缚可见一斑。除此之外，唐朝中期成书的《酉阳杂俎》中还记载，由于唐朝皇帝姓"李"，跟鲤鱼的鲤同音，所以大唐禁止贩卖鲤鱼："国朝律，取得鲤鱼即宜放，仍不得吃，号赤鲤公，卖者杖六十，言鲤为李也。"

还好，宋代管得没那么宽，而苏轼的身份也不至于高到要让人避讳"酥"字。不然的话，现场可真是有点尴尬了。对于苏轼而言，虽然没有生在强盛的大唐多少是有点遗憾，但凡事要往好处想，至少，苏东坡就可以放心大胆地用鲤鱼煮汤了嘛。

说回到"何秀才"，他的大名叫作何圣可。如果不是偶然结识了苏轼，在他朋友圈里留下了一点蛛丝马迹，何先生很可能会比为甚酥更为神秘……因为压根儿没人关心他是谁啊。苏轼和道潜在何家的那场集会，或许就是他人生的巅峰。历史总是无情的，而"任是无情也动人"也不能通用于所有人，众多芸芸众生在身后得到的可能只是史书里的一句"有奇"。

虽然何秀才"无甚"可书，但他家出现的东西似乎不赖。除了为甚酥，苏轼还看上了何圣可小花圃里种的几丛橘子树："道过何氏小圃，乞其丛橘，移种雪堂之西。"

苏轼爱吃橘子吗？答案是肯定的。说实话，我从短暂的人生当中发现一件事，那就是我似乎并不爱吃橘子。但许多中国人对橘子真是爱到了骨髓里，就连橘子皮都不忍心丢弃，硬是发明了"陈皮"作为小食蜜饯以及开胃药材。

早在还没成吃货之前，苏轼在徐州知州任上就留下了"一年好景君须记，最是橙黄橘绿时"这样有味道的文字；而在元丰六年十月，苏轼还写了一首名叫《食甘》的诗："一双罗帕未分珍，林下先尝愧逐臣。露叶霜枝剪寒碧，金盘玉指破芳辛。清泉蔌蔌先流齿，香雾霏霏欲噀人。坐客殷勤为收子，千奴一掬奈吾贫。"

这里的"甘"，就是柑橘的"柑"，在全诗五十六个字里没有出现一个"橘"或者"柑（甘）"字，却用了不少跟柑橘有关的典故。例如"香雾"，取自南朝梁刘孝标的《送橘启》"采之，风味照座，劈之，香雾噀人"；而"千奴"则指《襄阳记》里的东汉丹阳太守李衡旧事："衡每欲治家，妻辄不听，后密遣客十人于武陵龙阳汜洲上作宅，种甘橘千株。临死，敕儿曰'汝母恶我治家，故穷如是。然吾州里有千头木奴，不责汝衣食，岁上一匹绢，亦可足用耳'。"

李衡的老婆没什么经济头脑，弄得家徒四壁，还整天妨碍老公创业。于是李衡派人暗中在武陵种下上千棵橘子树，留给子孙作为谋生的产业。

从此之后，橘子树便被称作"木奴"。不需要主人供给衣食，还能年年给主人带来用不尽的钱财，比韭菜容易割多了，真是优秀的赚钱工具啊。

写到这里，苏轼又触景伤情，李衡有上千棵橘子树，我怀里却就这么一小点，都不够和朋友们分甘同味的，于是，在见到何家院子里的橘子树的那一刻，这种自卑情绪可能在苏轼心底复苏了。"自食其力"的东坡主人，当即决定在雪堂种下一丛橘树，等个几年，纵然规模比不上李衡的，但用来招待客人总是绰绰有余了吧？

不过，和几百年后的朱自清先生一样，在苏轼心中，橘子亦成为离别的代名词，那阴差阳错的调令，让苏轼再也没机会看到雪堂的橘树日后硕果累累的样子，他不日便要离开。如果早知道两天，他可能也不会做这样一件多此一举的事。

回望黄州这五年，苏轼有劫后余生的宽慰，也有身在江湖的忧心。但无论如何，黄州都是他人生中永远无法忘怀的那个曾经。

临行前，苏轼将雪堂交给了自己在黄州结识的两位朋友潘大临和潘大观居住。南宋时雪堂成了黄州知名的旅游打卡地，慕名而来的文士们来到这里"胜地巡游"，可他们所见的雪堂，到底还有多少苏轼留下的东西呢？没有人想去探究这个问题。与其费这个精力，还不如好好吟一首苏轼的《满庭芳》："当此去，人生底事，来往如梭。待闲看，秋风洛水清波。好在堂前细柳，应念我、莫剪柔柯。仍传语，江南父老，时与晒渔蓑。"

黄州的生活告一段落，然而苏轼的人生态度从此改变。正如苏辙所说，自从谪居黄州后，苏轼"其文一变，如川之方至，而辙瞠然不能及也"。佛儒道三家的思想合流，令苏轼淡泊名利，从容自如，以一种欣赏的眼光过起了田园生活，还欣慰地享受起了身边的美食。这种心灵上的豁达，被他用以对抗现实中的困顿，从而在稀松平常的日常生活中发现、感悟了美好。

苏轼在黄州的巨大蜕变，到今天都是文学研究中一个话题，除了前面提到的观点外，还有人试图以荆楚文化中的"乐观""包容"元素去解释这种飞跃式的进步。虽然这种解释看似牵强，但并非全无道理，至少从侧面反映了苏轼"一词两赋"那般的神来之笔给世人带来的震惊。

而与创作上的高峰期相伴的，是苏轼味觉的"觉醒"。在东坡辛苦劳作，从"二红饭"到春鸠脍，从烧猪肉到东坡羹，从煮鱼汤到元修菜，从蜜酒到桃花茶，从为甚酥到何氏橘……大部分食物，他都切切实实地参与了制作，就凭这一点，他已经超越了历史上无数只会指点食材和厨师而不屑于下厨的老饕文人。

如果说，来黄州前的苏轼，只是一个刚开了窍的吃货，那离开黄州时的苏东坡，已经成了名副其实的美食家。

渡过了滚滚长江，苏轼来到武昌西山。在朦胧夜色之下，最后一次向黄州回望，想起自己在东坡上苦心经营起来的农庄和雪堂。就在此时，仿佛是为了配合这种依依惜别的情愫，黄州的鼓角声陆续传来，这位数年以来都以笑容面对世人的苏学士，终于难以控制地流下了眼泪。"昨日大风，欲去而不可。今日无风可去，而我意欲留。"

需要注意的是，在元明两朝，全国性的陆路交通网络并未形成，如果选择从黄州直接北上赴汝州，还得翻越险峻的大别山。所以，苏轼前往汝州唯一理性的方法就是取水道先向东走，经过长江、邗沟、淮河、汝水，从地图上看，这么走是要绕上一大圈。

路上，苏轼会相继到达庐山、江宁、扬州这些数百年来堪称东南绝景的形胜之地。只是这本书并不是景点手册，那些跟美食无关的大宋穿越旅行指南，还是暂且略过。比如苏轼在庐山吟咏风月的种种，如果读者朋友真的感兴趣，那我建议大家重温一遍小学必背古诗词之《题西林壁》。

唯一不得不说的是，苏轼在途中将路过筠州（今江西高安），他十分欣喜，因为在筠州可以见到自己一别数年的亲弟弟苏辙，虽然苏辙会在筠州"监酒税"，完全是拜他所赐。刚到奉新，苏轼便迫不及待写信告诉苏辙。后者在接到书简之后，连忙带着两位禅师来建山寺迎接哥哥。当时筠州并非什么文采风流的宝地，所谓"筠州无可语者，往还但一二僧耳"，但兄弟重逢的喜悦，已经足以冲淡这种缺憾。

这年的端午，苏轼过得格外热闹，他带着几个侄儿一同上大愚山真如寺游览山水、礼佛。亲人之间交游，与朋友还是不同，会格外融洽温馨。在过去的几年里，苏辙跟哥哥之间的书信往来从未中断。苏轼的黄州生活他一清二楚。看到哥哥这般兴致勃勃的模样，苏辙却可能不是那么轻松。据说，在苏轼临行前，苏辙生怕哥哥又犯口无遮拦的老毛病，还不忘提醒："子由戒以口舌之祸，及饯之郊外，不交一谈，唯指口以示之。"（贾似道引刘壮舆《漫浪野录》）

——"大哥，你这一辈子倒的霉一半是因为滥交朋友，另一半就是因为长了这张嘴，大哥你以后千万可要长点心！""嗯，点心？哪来的点心？"

当然，苏轼没有这样插科打诨，由于这段文字来自南宋贾似道这等大人物，因此苏辙劝诫苏轼这事儿的真实性，就由大家自行评判吧。但即便是真的，照苏轼后来的行为来看，他必定没有听取弟弟的意见。

而就在不远的前方，有一个人正在江宁（今南京）静候他的到来，而这个人，正是十几年来政治旋涡的中心，某种意义上，他也是苏轼人生苦难的源头。

第七章／苏东坡的江海世界

从元丰七年四月离开黄州，到元丰八年十二月抵达汴京，一路上，苏轼走走停停，顺道做了几个改变自己人生的决定。而在这江海世界中，他又见到了什么人，品尝到了何种滋味呢？

01

苏王相会

如果大家还没忘的话，我们的主角苏轼，他之所以摊上乌台诗案贬谪黄州，最直接的原因便是被卷入了新旧党争。虽然朝堂上的新党炙手可热，但新党的中流砥柱——曾经的宰相王安石却已隐退多时，到了元丰七年，他寓居江宁已有八年之久。

作为熙宁变法的发起者，王安石此时却并非风光无限，他在政治上的处境堪称举步维艰。旧党视其为死敌，新党又陷入分裂内斗，心力交瘁的他选择离开朝廷，来到江宁这个清净之地。然而，无论身在何处，改革家的壮志都不会衰减，回想起来，"春风又绿江南岸，明月何时照我还"，不就是他对重返汴京执掌大权的期盼吗？

说到这里，或许各位看官脑海中已经浮现出苏王二人相遇之后，各自手持四十米的大砍刀，从长江边一路火花带闪电到决战紫禁之巅……但想象只能是想象，大家都是体面人，又何必动武呢？更何况，这会儿可是出了名的重文轻武的大宋朝，谁先拔刀谁可就输了。

论年纪，王安石比苏轼长十六岁，放到今天看有点近似于"兄长越位，叔父未满"。无论两人在江宁唱和的诗文，还是坊间笔记小说所见，翻来覆去基本只能归类为两字：风味。

从前在汴京做宰相时，王安石有次跟神宗皇帝奏事时忽发头痛病，宋神宗连忙命人取来禁中的治头痛秘药。这味药用新鲜萝卜汁配上生龙脑调制而成，如果右边头疼就灌入左鼻，反之亦然。这是宫中从宋太祖那时起就代代相传不为外界所知的奇方。果然，王安石用药后，头痛立刻就消失了。事后，宋神宗为表恩宠，还将此药方一并赐给了王安石。

这种皇帝给予宠臣的莫大恩惠，照常理讲应该会被视作"奇货可居"的珍宝，成为自家代代相传的独门秘方，但王安石一转手便将之传授给了与他在江宁相会的苏轼，没有一点吝惜的意思。

从这事上来看，苏王二人之间的冲突能厉害到哪里去？要是真到了分外眼红的地步，如果让我成了王安石，估计会把给苏轼的药方里的萝卜汁换成花椒汁……

不在旋涡中心的人，自然无法理解改革的阻力来自何处。正如此前所说，即便新党内部也是山头林立。王安石身为发起者，成为变法的象征。换言之，宋神宗实施新法的利弊，不能跟任何一个单独的人对等起来。苏轼也深知这一点，他相继为新旧两党倾轧，都是由于直言不讳，直指两方各有问题，并不针对或偏向于哪一方。他这么做最后导致的结果也很明显。

既然如此，苏轼没有什么理由去仇视一个年过花甲的老人，何况此时的他已经和自己一般远离朝堂。纵然在某些政见上有分歧，但"位卑未敢忘忧国"，其实，大家的理想都一样，只是所走的道路不同而已。

"轼今日敢以野服见大丞相！"据《曲洧旧闻》记载，王安石骑着驴亲自到江宁的码头迎接苏轼一家，见到昔日的宰相兼"对头"，苏轼也很识趣地身着便服"不冠而迎"，甚至这般出言打趣。

在这之后，苏王二人同游蒋山，品评古今，闲暇时便坐而论道。王安石盛赞了苏轼的才华："不知更几百年，方有如此人物！"当看到苏轼游玩蒋山后所作"峰多巧障目，江远欲浮天"，王安石不由叹息，说自己写诗一辈子，都没有能跟这两句争锋的。

而苏轼则称自屈原和宋玉死后，千余年来再无人能写出王安石"积李兮缟夜，崇桃兮炫昼"这般堪称《离骚》精神续作的佳句，为此王安石几乎要引苏轼为知己。

商业互吹，妥妥的商业互吹。不过，这似乎比两人大打出手的剧情要精彩得多，难怪后世将苏王二人的相会誉为"文忠经行金陵事迹之最伟者也"。

遗憾的是，跟王安石在一起，苏轼估计是不会有什么口福的。关于王安石其人，高情商的说法叫"生性简朴率真"，而用低情商的话来说就是"活得比较糙"，他在吃穿上都不讲究。在汴京做宰相的时候，坊间都在传王安石好吃獐子的胸脯肉，而他的夫人听说了却很疑惑，因为她最清楚自己的相公从不挑食，只要不把他饿着，给他吃什么都无所谓。最后破案了，真相让人啼笑皆非：原来在宴会上，王安石只吃自己身前够得着的食物，獐脯肉离他筷子最近，所以吃得最多。之后人们还试验了，不管在他面前放什么菜，都是一样的结果。

所以说，在江宁期间，苏轼大概体味不到当地饮馔文化的魅力，这可能是现在南京美食很难把苏东坡拿出来说事的重要原因。

仅仅一年后，王安石便在江宁病逝，死后被追赠为太傅，而受命撰写《赠太傅敕》的人，正是刚回汴京任职的苏轼。由于宋神宗和王安石双双撒手人寰，朝中旧党一家独大，在当时对新党实行全面清算的大环境中，苏轼依然公正地评价了王安石一生，殊为不易："将有非常之大事，必生希世之异人。使其名高一时，学贯千载。"短短几句，亦见君子之风，比起后来那些只知道抹黑王安石变法的经学家史学家，苏轼的境界不知高到哪儿去了。

当初苏王二人相谈甚欢，还许下了"卜邻以老"的未来，只可惜，王安石的逝世，让这一愿望终成"塞上牛羊空许约"。说起来，金庸的《天龙八部》的背景似乎也在这个时代。

江宁相会的那段日子，苏轼恰逢丧子之痛。七月二十八日，去年他和朝云生的孩子苏遁不幸夭折，时年不满一岁。这个新生命曾给苏轼的贬谪生活带来不少明亮的色彩，"吾老常鲜欢，赖此一笑喜"。——寡淡的田间生活，常赖孩儿的稚气才有欢乐。苏轼也认为儿子的眉眼像极了自己，而上天却让将迈入五十岁关口的他遭遇丧子之痛，何其残忍。苏轼用来压抑伤痛的，或许只有在黄州五年悟出的佛道之理。

《栾城集》中收有一首苏辙写给苏轼的慰诗。对早夭的侄儿苏遁，苏辙表达不出多少悲痛，所以全诗重点在于安慰哥哥上："人生本无有，众幻安聚耳。手足非吾亲，何况妻与子……弃置父子恩，长住旃檀林。"

——人的一生也许只是一场空，妻子兄弟或聚或散都是自然，与其沉浸在悲痛之中，不如早点看开，脱离苦海。苏轼身在黄州的几年里，跟弟弟时常有书信往来，哥哥在哲学上的造诣，苏辙了然于心，既然你从前便已明白"哀吾生之须臾，羡长江之无穷"，便不要太过伤感，毕竟，古往今来，又有谁能逃脱生死的轮回呢？

02

薛定谔的鲥鱼

江宁的行程结束后，前往汝州的旅途还得继续。京口（镇江）、常州、真州（仪征）、泗州成了东坡先生下一阶段的目的地，所谓"京口瓜洲一水间，钟山只隔数重山"。现在想起来，王安石的诗还真是相当贴切啊。

当年八月下旬，又一场文化人的集会在镇江拉开帷幕，与苏轼同会于京口的还有滕元发、许仲涂与秦少游三人。许仲涂是润州长官，滕元发则是两中探花、三任开封府尹的大人物，至于秦少游嘛，跟黄庭坚相仿，被后世列为"苏门四学士"之一，而在坊间传说中，他还是苏轼的妹夫，"苏小妹三难秦观"是才子才女的一时佳话。

不过，苏轼只有一个早夭的姐姐，并没有妹妹。有关苏轼之妹的记载，最早出自南宋问世的《东坡问答录》，虽然原书挂名为苏轼所撰，但书中内容荒诞不经。清朝修《四库全书》，一向儒雅随和的四库馆臣们都忍不住在批注中大骂此书是"伪书中之至劣者也"，如此看来，苏轼跟秦少游之间大舅哥与妹夫的关系自然是靠不住的。

苏轼比秦少游大十二岁，两人的关系亦师亦兄，早在熙宁十年（1077）秦少游便特地前往徐州拜会在当地任职的苏轼，他还模仿李白，写了句"我独不愿万户侯，惟愿一识苏徐州"。对秦少游的文采，苏轼也很欣赏。秦少游连着两次科举失利。此次二人在镇江重逢，看到后辈连遭挫折，苏轼连忙写信给王安石，向他举荐秦少游。王安石也对秦少游多加赞赏。得到两位当时文豪的强推，秦少游信心大增，再上汴京参考，终在元丰八年考中进士。当然，这都是后话了。

镇江最负盛名的景色是枕长江而立的"三山"（北固山、金山、焦山）。今日三山的格局随着长江江沙的堆积，已经有不小的变化，而在北宋时候，金山还是一座矗立于长江水中的岛屿，并未与陆地相连。金山岛上有相传被唐朝茶圣陆羽评为"天下第七泉"的中泠泉，苏轼与滕元发同游金山寺，喜爱品茗的他又怎么会错过呢："中泠南畔石盘陀，古来出没随涛波。试登绝顶望乡国，江南江北青山多。"（《游金山寺》）

某名人在旅行途中顺道品尝了当地名产，这是几百年来餐饮行业不变的宣传模式，在相关的叙事文本中，如乾隆皇帝南巡、慈禧太后西狩，都是走一路吃一路，留下了数不清的"赞不绝口"。比如大运河沿线，因为跟乾隆的南巡路线高度重叠，自20世纪80年代旅游业兴起以后，跟乾隆相关的地方名吃便雨后春笋般冒了出来，因为它们的文案风格过分雷同且模板化，以至于网上有了"天不生我乾隆爷，万古美食如长夜"的调侃之言。

同样都是走到哪吃到哪的"美食代言人"，相比那些关于乾隆皇帝的段子，苏轼则靠谱很多，至少其中大部分都有他自己的诗文作为证据，比如在镇江，苏轼确实享用过一道来自长江的美味，还专门为它写了一首无题诗："芽姜紫醋炙银鱼，雪碗擎来二尺余。尚有桃花春气在，此中风味

鲥鱼

张爱玲心中人生三大遗憾：鲥鱼多刺、海棠无香、《红楼梦》未完。就凭鲥鱼这如此平凡的长相，若不是真的好吃，很难让我们的张爱玲女士把这话说出来。

胜莼鲈。"

这条味道比鲈鱼还赞的"银鱼"究竟是什么鱼呢？现在的江南名产"太湖三白"中，也有一个名为"银鱼"的成员，但这种鱼跟苏轼写的完全不是一回事，一般用来熬制羹汤或者炒蛋，属于鲑形目银鱼科，是一种通体透明、柔软无鳞的小鱼，它们的个头长短不过三厘米，估计得要二三十条一字排列，才能凑到"二尺余"的长度。

苏轼笔下所谓的"银鱼"，指的其实是"长江三鲜"中的一位成员——鲥鱼，来自鲱形目的鲱科。之所以被命名为"鲥"这么奇怪的字，跟它的习性有着密不可分的关联。《食鉴本草》中说"鲥鱼，年年初夏时则出，余月不复有也，故名"，意思就是每年只有初夏时分它会出现在长江里，因时而动，因此得名。

在第五章，我曾提到王安石的《后元丰行》，称神宗统治下万物繁盛，"鲥鱼出网蔽洲渚"，说渔民们打到的鲥鱼把长江周边的小岛码头全都铺满了。可见在宋代的江南，美味的鲥鱼虽然是长江的特色，但并不是稀罕的东西，产量堪称巨大。

要烹饪这道江鲜，按苏轼所写得配上"芽姜""紫醋"。镇江陈醋应该是除了山西陈醋外中国最为知名的醋制品了。好巧不巧的是，传说中苏轼的好朋友，也是镇江金山寺的住持佛印和尚就藏有优质的桃花醋。后世更演绎出佛印、东坡、黄庭坚三人尝桃花醋皱眉喊酸的桥段，三人从此成为国画的传统题材《三酸图》中的人物原型。

段子不一定为真，但桃花醋倒是存在。五代十国时成书的《云仙杂记》即谈到"唐世风俗，贵重葫芦酱，桃花醋，照水油"，可见在唐朝，"桃花醋"已经是名声在外。对应"尚有桃花春气在"一句，看来苏轼尝到的烧鲥鱼，使用的醋很有可能就是鼎鼎大名的桃花醋。

嗯，现代要做桃花醋是没什么难度，难的是找到这道菜的主角"鲥鱼"。

说到这里，有人恐怕就要有疑问了，现在鲥鱼贵是贵了点儿，但饭店里不是还有吗？真找起来难道不比酿醋快得多？如果有朋友提出这样的质疑，那只能说明你一点都不关注长江生物多样性面临的危机，在野外，长江鲥鱼早已"功能性灭绝"了。

灭绝就灭绝吧，"功能性"又是什么意思？简单来说，这就代表科学家不排除该生物还有残余的少数个体，但仅存的种群数量已经很难再担负繁育后代的重任了。换言之，鲥鱼已经失去了捕捞价值，古人笔下"出网蔽洲渚"那样的鲥鱼鱼汛，最后一次出现在 1986 年，之后便消失不见。

鲥鱼不是长江独有的物种，无论江南还是岭南，都曾经有它的身影。不过历史上分布再广泛的物种，都敌不过人类欲望的贪婪，曾经数量以几十亿计的北美旅鸽，同样在 20 世纪初难逃灭绝的厄运。20 世纪 80 年代以来，长江渔船数量剧增，加上上游水电站的建设，导致鲥鱼的种群数量"灭门式"下降，曾经是长江鲥鱼主产区的安徽，上一次捕捞到鲥鱼的记录还要上溯到 1994 年。近三十年来，鲥鱼仿佛消失了，虽然有人尝试过对鲥鱼进行人工养殖，但并未成功。

既然如此，我们现在还能吃到的鲥鱼来自哪里呢？具体可以分为两种，一种是来自东南亚的长尾鲥，另一种则是北美洲的美洲西鲱，虽然它们都是鲥鱼的亲戚，但却并不是鲥鱼本尊。张爱玲曾说人生恨事之一是鲥鱼多刺，可怜现今连这多刺的折磨都离人远去了。

我猜，以后要是哪个节目或者纪录片想要复制苏轼笔下的姜醋烧鲥鱼，或许会在不知不觉中闹出跟《舌尖上的中国 3》的制作团队将北美大口黑鲈错认为松江鲈的笑话。

明朝初年，明太祖朱元璋定都南京，鲥鱼自然成了朝廷贡品。毕竟长江就在都城边，从捕捞到送上皇帝餐桌不过一两天的事情。然而，朱元璋没想到，自己的儿子燕王朱棣日后会起兵造反，啊不，是发兵"靖难"，事成之后他将北京作为新都，京城往北迁移了一千里，但鲥鱼的进贡却并没有取消。

明末人沈德符所作的《万历野获编》中专门写了南京入贡船的细则：每年五月十五日，南京方面要将鲜鲥鱼送往明孝陵，祭祀朱元璋，随后装船运往北京，限定六月下旬要送到并供奉北京太庙，之后再充作御膳。为了保鲜，贡船沿途都要不断补充冰块。

这运输规定看似完善，实则各个环节错漏百出。打个比方，鲥鱼上贡是在初夏，你采买冰块总得要钱吧？但负责运输的官吏怎么会放过这个肥差呢？于是，虽然朝廷的账面上年年都有买冰的事项，可送贡的人要么将鱼做成鱼干，要么直接把鱼丢进船舱不管，总之就是不会去好好置办冰块。

我这么说，大家想想都能猜到，贡船上的鱼腥臭味得有多重。沈德符曾经"蹭"过一次贡船上京，闻到那味道"几欲呕死"。对于这种气味，如果你想猎奇，大可以开一罐北欧进口的鲱鱼罐头感受一下，毕竟从分类学上看，鲱鱼罐头的主角鲱鱼跟鲥鱼的亲缘关系还挺近。

这船化学武器送到北京后，御厨们会做一大锅"鸡豕笋俎"来掩盖这些鲥鱼肉的臭味，再由皇帝赏赐群臣，但实际上也就是充个面子，高级官员很少会真的吃这东西，倒是京师本地的下级官吏往往会将其视作珍品。

沈德符还在书里写了个小故事，说有个北方人到南京当守备，有天跟厨师抱怨道：你们怎么从来没给我做过鲥鱼啊？这玩意儿难道不是江南的特产吗？搞得厨子们百思不得其解：我们不是天天都做鲥鱼给大老爷您吃吗？

无奈之下，厨子只好现做一条鲥鱼，指着给守备先生看，这才搞清事情原委。原来这个守备前半辈子见到的鲥鱼都是臭的，以为臭味才是鲥鱼的灵魂，遇到新鲜的，他反而认不出来了。

时过境迁，一切关于鲥鱼的美谈、杂谈和笑谈，到今天都已经化作无法再现的传说和遗憾。好在，东南亚的长尾鲥味道也还不赖，放下对复原原物的执念，接受替代品也未为不可。

03

不为诗案死，为河豚也可以

"竹外桃花三两枝，春江水暖鸭先知。蒌蒿满地芦芽短，正是河豚欲上时。"这首《惠崇春江晚景》作为小学必背古诗词，可以和《题西林壁》并列为最广为人知的苏轼诗歌双璧。然而，这首简单的诗，内里却隐藏着诸多的美食密码。首先，诗中描绘的景物并非苏轼亲眼所见，而是苏轼为僧人惠崇的画作《鸭戏图》所写的题诗而已。

不过，这幅画作早已不存于世，反倒是苏轼的这组题诗喧宾夺主，成为后世流传的名作，画里真正的主角鸭子也逐渐无人问津，大家都把注意力放到了末句的河豚身上。

河豚，正规的名称应为"鲀"，是鲀形目鲀科下面数个生活在淡水中的物种的统称。遇到敌害的时候，这些鱼会吸入水和空气，将自己膨胀成一个球浮于水面，虽然看上去圆滚滚萌萌的，但这种鱼的卵巢、肝脏、肾脏、眼睛、血液中均含有剧毒，如处理不当，就会要人性命。

说来非常神奇，人类天生好像对自然界中有毒的食物有狂热的追求动

河豚

当代养殖的河豚，多来自东方鲀属。河豚的毒素来自后天生长环境中食物的摄入，只要在饲养过程中规避毒素的摄取，理论上是不存在中毒风险的。不过这仅

限于人工养殖的河豚，惜命的人，请务必远离在野生环境下长大的河豚！

力。每年春天，云南的"蘑菇小人"都会占据新闻版面的一席之地，毒蘑菇轻则致幻昏迷，重可夺人性命，按常理来说，稍微有点理智的人都唯恐避之不及。然而，"见手青"这样危险的美味，却促使一代代人前赴后继，用生命去迎合自己的味蕾，这些被五脏庙支配的人在历史中从未消失。

而河豚，正是苏东坡最为钟爱的"毒物"料理。根据有关人士推测，当初惠崇的画以鸭戏为主题，画面上不一定出现了河豚，很有可能是苏轼见春色生情，联想到这是自己爱吃的河豚洄游产卵的时间段，因而夹带私货添加了河豚。

毫不夸张地说，河豚在中国乃至整个东亚，堪称毒物界首屈一指的高端美食，无论在口感还是毒性方面都鲜有敌手。脂肪含量极低又弹牙的肉质，使得它能被切成刺身，搭配上醋和萝卜泥，光是接近透明的视觉效果，就已令人赏心悦目，啧啧赞叹。当然，热乎乎的河豚火锅同样不容错过，吃完河豚肉之后，还能将米饭配上汤头享用。特别一提，日本人尤其爱吃白子，也就是河豚的精巢，烤白子那种细腻嫩滑的口感，让男人欲罢不能。

在古代，食用河豚的习惯最盛之处莫过于江南。苏轼的损友沈括在《梦溪笔谈》中写道："吴人嗜河豚鱼，有遇毒者，往往杀人，可为深戒。"看来，北宋吴地的老百姓，为这一美味丧命的不在少数。说来也难怪，"腹腴"的江南河豚与"甘脆"的福州蛤被大宋的食客们分别誉为"西施乳"跟"西施舌"，堪称随珠和璧式的交相辉映。西施乳，光听这名字，都不免让人想入非非，难以抗拒。

河豚毒素的生猛从古至今都使人胆寒，河豚全身上下，以肝脏毒性最强，这点早在唐代的《酉阳杂俎》中就有提及，河豚肉反而是毒性最弱的部分。作为世界上已知最强的神经毒素之一，只要0.5毫克的河鲀毒素便能置一个成年人于死地。古人解河豚毒的方法，经过现代科学的测试，根本没有任何功效，就算到现在，也没有针对河豚毒的特效药。《梦溪笔谈》称可以用芦根和橄榄解河豚毒，但事实证明那只是一种美好的愿望。而药物之外的其他方法，实际上也只有物理催吐，不过像河豚毒这种几乎见血封喉的神经毒素，只要在身体中残留一星半点也足以致命，这一招估计也不会有太大的作用。

清代评书《三侠五义》第四十三回，说的就是一场河豚中毒的乌龙事件：庞太师的女婿给他老人家孝敬了新鲜河豚，太师忙命厨房做来，跟宾客们一同享用。谁知，席间一位客人忽然倒地不起，众人惊呼这是中了河豚毒了，我们怕是也难置身事外。正一筹莫展之际，有人建议赶快用金汁（粪水）催吐。于是，太师家的翡翠闹龙瓶和羊脂玉荷叶碗这两件宝贝成了仆人们拿去厕所舀粪的器皿，可谓讽刺到了极点。

太师跟宾客好不容易捏着鼻子把粪水喝了下去，先前晕倒的那家伙却醒了，看着眼前大家集体喝粪水的奇景，这位仁兄疑惑不已——我刚刚只是因为锁定的一块河豚肉被别人夹走，一时急火攻心发了羊痫风而已，而你们现在这是做甚！

河豚的毒性之所以如此之强，跟它爱吃的食物有直接关系，随着生长，毒素也通过食物链日益累积。发现了这一点之后，现代的无毒河豚养殖业应运而生，古人对此一无所知，故而只能在身怀剧毒的野生河豚里反复横跳。

就是这美味却有剧毒的河豚，在一定程度上改变了苏轼的人生轨迹。

离开镇江之后，苏轼不得不面对一个现实问题：到底要不要去汝州赴任？之前，跟王安石相约日后"卜邻而居"，足见苏轼对于江南的留恋。只是，他此时还没有想好到底要定居在江南哪处地方。"老境所迫，归计茫然，故所至求田问舍，然卒无成。"——每到一城，苏轼都要挑挑当地的良田美宅，可惜很长时间都没有寻到能让他打一百分的。而除了王安石之外，江南那些仰慕苏轼文才的朋友，都巴不得他定居在自己老家："浮玉老师元公，欲为吾买田京口，要与浮玉之田相近者，此意殆不可忘。"（《书浮玉买田》）

挑来挑去，苏轼终于选定了自己的归隐养老之地，就在镇江隔壁的常州宜兴，之所以要叫"常州宜兴"，那是因为古称"阳羡"的宜兴，在绝大部分的历史时段在常州名下，直到 1983 年才划归无锡。在写给好友王巩的信中，苏轼是这样描述的："近在常州宜兴，买得一小庄子，岁可得百余石，似可足食"，俨然要把这里当作他新的"此心安处"。

之前在黄州收了大麦二十石，苏轼便富有创意地研制了"二红饭"，现在江南丰腴的土地让年收入增加了四倍，应该足够全家二十多口人的开销了。苏轼感觉自己挑的地方不错，所以向朋友们发帖子集赞。也多亏了他这一举动，留下了不少关于这处"别业"的具体细节，比如苏辙在《和子瞻和陶杂诗》第十首提及"誓将老阳羡，洞天隐苍崖""兄已买田阳羡，近张公善卷西洞天"，意思就是说，苏轼购置这套庄园的原因之一，就是距离善卷洞很近。

善卷洞，至今仍是宜兴最出名的旅行目的地，它属于喀斯特地貌景观。据南宋《舆地纪胜》所载的传说，这个洞穴是西周末年忽然"自开"的，可以容纳上千人，后来又有道教始祖张道陵来此游历的传闻，使得善卷洞更显神秘。苏轼在黄州期间，因与道士杨世昌交游而深受道家思想影响，他选择在宜兴终老，恐怕跟张道陵有脱不开的关系。

三国时代，吴国末代皇帝孙皓曾在此地举行了一次封禅典礼。照理说，所谓封禅应当安排在泰山，但山东并不在东吴的版图里，孙皓只能来善卷洞凑合一下，还立了一块"禅国山碑"来纪念这中国历史上唯一在江南举行的封禅。碑文中列举了当时吴国境内出现的1700多项"祥瑞"，堪称自然奇迹大总汇。直到今日，这块"禅国山碑"依然保存尚可。

《舆地纪胜》中还提到"苏轼别业"的确切所在地是"去县四十里"的滆湖边。滆湖在善卷洞北大约三十公里，又称"西太湖"，大约形成于汉末到两晋时期，今天湖面面积大约一百六十四平方公里，是当地有名的生态度假区。既然苏轼打算归隐后继续过自给自足的务农生活，庄园离水源近一些自然是一件好事。

而根据宋代民间传闻，苏轼选择在常州置业的原因之一，就是因为当地不仅有好河豚，还有擅长料理河豚的好厨师。宋代著名的学龄前科普书《示儿编》里，就记载着一则苏轼在常州吃河豚的小故事：

> 东坡居常州，颇嗜河豚，而里中士大夫家有妙于烹是鱼者，招东坡享之。妇子倾室，窥于屏间，冀一语品题。东坡下箸大嚼，寂如喑者，窥者失望相顾。东坡忽下箸云，也直一死。于是合舍大悦。

——常州一位士大夫家里有一位擅长做河豚的厨师，他知道苏轼爱吃河豚，便特意相邀。知道当世文坛的偶像要到自己家来品尝美食，他们全家人都疯了，女人孩子纷纷躲在屏风后窥探着苏轼的一举一动，没想到等了半天，除了听到苏轼嘴里发出咀嚼鱼肉的声音外，连一句话都没有。正在众人失望之际，苏轼突然放下筷子，畅快地说道：为这东西，一死也值得了!

没有人知道这个故事发生的具体时间，或许就在苏轼离开镇江过常州时，我不由得浮想联翩，会不会正是这道河豚，让苏轼坚定了在此终老的决心呢？

对了，苏轼在这趟旅程创作的另一首诗中再一次提到了河豚，不过这次，河豚沦为另一种鱼的陪衬："粉红石首仍无骨，雪白河豚不药人。奇语天公与河伯，何妨乞与水精鳞。"

这首《戏作鮰鱼一绝》的主角，当然就是鮰鱼了。鮰鱼学名长吻鮠，属于鲇形目鲿科鮠属，你可以将其理解为一种鲇鱼。要知道，大部分在吃上有追求的人，都对鲇鱼的评价不高，这些长胡子的鱼们虽然无鳞刺少且肉质嫩滑，但由于底栖及什么都吃的习性，导致它们中的大多数身上的"土腥味"尤其重，只有通过花椒大料和猛火超度，才能使它们美味起来。

然而，鮰鱼却是鲇形目中的一个另类，它们身上带点粉红，生得很有"少女感"，主要生活在长江中，还有洄游的习性，水质差了就活不下去，所以又被称为"江团"。鮰鱼不但肉质细腻，还没有异味，身上无刺，肚子上带软边，甚至连鳔做成鱼肚后都很肥美，古人便将其称为"鱼中珍品"。民间还有"不食江团，不知鱼味"的说法，简直排面拉满。

不过，江团固然美味，但苏轼"雪白河豚不药人"的说法也有问题。鮰鱼的背鳍刺和胸鳍刺中均有毒腺，虽不至于像河豚那样能置人于死地，但被刺一下也不是开玩笑的。

最后，我们再说说"蒌蒿满地芦芽短"中的芦芽和蒌蒿。芦芽，顾名思义就是芦苇的嫩芽，古代江南人常吃这个，但如今它早已从餐桌上消失，以至于作为江南人的我也从未吃过，所以没什么发言权。但对于蒌蒿，我可就有得说了，作为一个"肉食动物"，我每顿几乎无肉不欢，但非要在肉和蒌蒿之间选一样，那我宁可一天不吃肉。如果让我选出自己最爱的蔬菜，我会毫不犹豫地选择蒌蒿。

蒌蒿，也叫芦蒿、藜蒿，多生长于水滨，来自专为折磨生物专业学生而生的菊科大家庭，笔直的茎秆上长着狭长的小叶。早在先秦时代，蒌蒿就广为人知，据说，《诗经》中的"呦呦鹿鸣，食野之蒿"以及"翘翘错薪，言刈其蒌"都是指它。按理说，蒌蒿并不是什么罕见的山珍，在全国境内几乎都有分布，只不过作为一种高度亲水的植物，它在水资源比较充沛的南方省份更加常见且长势更为旺盛。

初生的蒌蒿茎秆是灰绿色的，待到成熟则会变为紫红色。在翻红之前，蒌蒿都是美味的，而春节刚过的那段时间，蒌蒿汁水更为丰盈，口感更加清脆，可以说是美上加美。对于这一点，西晋时的陆机便已有所察觉，他在《诗蔬》中写道："正月根芽生旁茎，正白，生食之，香而脆美，其叶又可蒸为茹。"

然而在我看来，相比生食，蒌蒿最好吃的做法还是炒着吃。陆机那个时代，"炒"这种烹饪方式还不流行，但在今天，蒌蒿那鲜嫩的茎叶，无论是炒切成长条的豆腐干，还是炒切为细丝的瘦猪肉，都极为搭调。蒌蒿入锅，只需加上一点油清炒，不消几分钟，四溢的清香便能装满整个厨房。

每年自家乡回北京，我都会带上两三斤拣好的蒌蒿，在一周内炒了吃掉。其实，北京并非找不到做蒌蒿的馆子，但一来价格颇高，二来不知是因为做法还是原料的原因，总是让人觉得"没内味"。

突然想起来，在吃上名气不输苏轼的现代作家汪曾祺老先生，对蒌蒿也颇有执念。他在《岁朝清供》中这样写道："蒌蒿薹子自十九岁离乡后

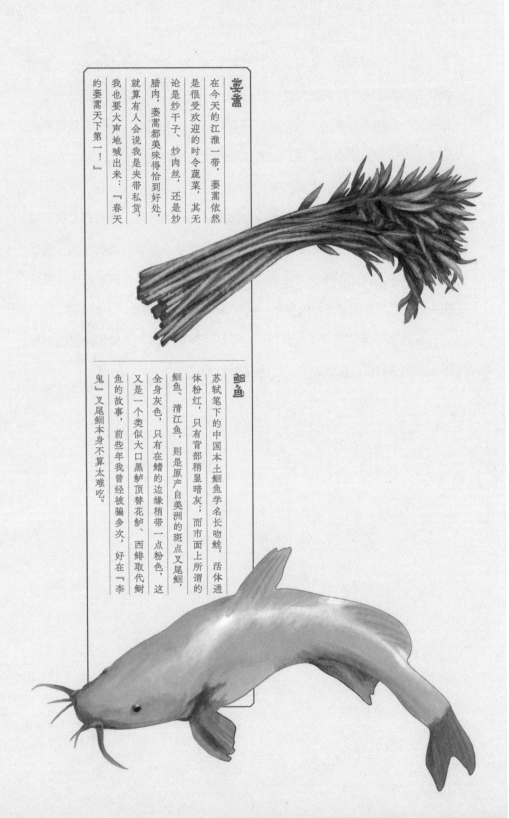

蒌蒿

在今天的江淮一带，蒌蒿依然是很受欢迎的时令蔬菜，其无论是炒干子、炒肉丝，还是炒腊肉，蒌蒿都美味得恰到好处。就算有人会说我是夹带私货，我也要大声地喊出来："春天的蒌蒿天下第一！"

鮰鱼

苏轼笔下的中国本土鮰鱼学名长吻鮠，活体通体粉红，只有背部稍显暗灰；而市面上所谓的鮰鱼、清江鱼，则是原产自美洲的斑点叉尾鮰，全身灰色，只有在鳍的边缘稍带一点粉色，这又是一个类似大口黑鲈顶替花鲈、西鲱取代鲥鱼的故事，前些年我曾经被骗多次，好在"李鬼"叉尾鮰本身不算太难吃。

从未吃过，非常想念。去年我的家乡有人开了汽车到北京来办事，我的弟妹托他们带了一塑料袋蒌蒿薹子来，因为路上耽搁，到北京时已经焐坏了。我挑了一些还不及烂的，炒一盘，还有那么一点意思。"看来，从故乡的野菜中吃出那么些意思，或许比大快朵颐地吃肉，更多那么点儿文人的风雅吧。

我要比汪曾祺先生幸运太多，因为通了高铁的缘故，扬州到北京只要四个多钟头，放在行李箱里的蒌蒿不会再被焐坏。在吃蒌蒿的时候，只要四下无外人，我便不再控制咀嚼的声音，既是因为那声音清脆好听，更是因为当我嚼起蒌蒿那多汁的茎秆，感觉就像是抱着一江春水一饮而尽。

想起童年读"蒌蒿满地芦芽短，正是河豚欲上时"，当年的我绝对想不到，现在的自己居然因为一句诗而唾津潜溢。

04

人间有味是清欢

尽管在常州河豚吃到忘乎所以，但苏轼心里门儿清，神宗皇帝将他调去汝州，不是开释，依旧是罪放。纵然在常州买地置产，但能不能留下来，最终还要看皇帝的意思。于是，苏轼只好一边继续朝北到达扬州，一边派人投书给朝廷，恳求宋神宗大发善心，同意他留居宜兴。

不知为什么，苏轼的上书未能上达天听。他经过泗州（江苏盱眙）时，心焦之下又上了一次《乞常州居住表》："禄廪久空，衣食不继。累重道远，不免舟行。自离黄州，风涛惊恐，举家重病，一子丧亡。今虽已至泗州，而赀用罄竭，去汝尚远，难于陆行。无屋可居，无田可食，二十余口，不知所归，饥寒之忧，近在朝夕。与其强颜忍耻，干求于众人，不若归命投诚，控告于君父。臣有薄田在常州宜兴县，粗给饘粥，欲望圣慈，许于常州居住。"

苏轼诉苦道，自从离开黄州，幼子病亡，全家人都因为旅途奔波而染上疾病，现在才走到泗州，路费就快用光了，一家二十多口没有容身之所，饥寒交迫。既然到了这种地步，现在自己终于也想通了，与其强撑面子，私底下向朋友们摇尾乞怜，还不如大大方方地告诉圣上，自己在常州还有几亩薄田，乞求陛下允许他们一家人去往常州居住。

除此之外，苏轼还少见地自叙成绩，请神宗念在他当年在徐州亲上前线抗洪并揭破谋反案件的劳苦，以求"功过相除""得从所便"。无论皇上是否同意，他都会在南京（今河南商丘）暂时静候，以听候朝旨。

过去乌台诗案被贬黄州，苏轼都未曾拿自己曾经的政绩作为要求轻判的筹码。此时，为了能定居宜兴，他可算是拼了，几乎突破了自己的底线。

可是，当时苏轼的境遇当真有他所说的这般凄凉吗？那也未必。毕竟真相夹杂着谎言最能让人感动啊，苏遁夭折是铁打的事实，但其他说法却是非常微妙。

苏轼来到泗州是在元丰七年（1084）的十二月初一。根据他其他诗文的相关描述，在参拜了普照王塔，观览完佛骨舍利后，他便"舍山木一峰供养"，怎么看也不像是吃不上饭的人会有的闲情雅致。而他羁留泗州的真实原因，不过是由于此时正值寒冬，淮水结冰，走水路行船不便而已。

跟对待从前各地的官员一样，对于苏轼的到来，泗州知州刘士彦表现得非常热忱。他邀苏轼赴宴，共游南山晚归，有感于此景此情，苏轼遂作了一首《行香子》："何人无事，宴坐空山。望长桥上，灯火乱，使君还。"

不料，这首词差点又惹出麻烦。据《挥麈后录》，泗州当时有法，夜过长桥者"徒二年"。而苏轼的词名动天下，刘士彦生怕自己身为知州带头违禁的事情因此传播到汴京，只能去求苏轼不要声张。知晓了前因后果，苏轼哭笑不得，感叹自己这辈子的罪过都在这张嘴上，一开口就得"徒二年"。

说来，这并不是苏轼第一次来到泗州，就在乌台诗案前不久，苏轼在前往湖州赴任的路上，便途经泗州龟山。那时他似乎已经预感到厄运即将到来，留下了"我生飘荡去何求，再过龟山岁五周"这欲言又止的悲诗。

在经历了大风大浪以后，这一回再来泗州，苏轼的心境已经全然不同。十二月二十四日，苏轼与泗州人刘倩叔来到南山，在冬日里的野餐结束后，苏轼寻来笔墨，写下了那首著名的《浣溪沙》：

> 细雨斜风作晓寒，淡烟疏柳媚晴滩。
>
> 入淮清洛渐漫漫。
>
> 雪沫乳花浮午盏，蓼茸蒿笋试春盘。
>
> 人间有味是清欢。

之前网上流行一个段子："北方人过冬靠暖气，南方人过冬靠一身正气"，而作为南方的最北边，北方的最南边，寒冬中江北的清晨本该冷彻人心，谁料苏轼却毫不在乎。不但如此，他笔下的泗州简直是"春潮萌动"：斟上一杯清茶，配上新鲜菜蔬堆叠的春盘，人间真正的美味还是这般清雅，真是让人愉悦啊！

而"雪沫乳花"，指的是茶水上漂浮的气泡。可别以为苏轼喝的跟我们一样是什么加盟店的奶茶。宋人喝茶的方法和今日大不一样，他们要先把茶叶捣成末，再将茶叶末放在茶碗里，注入少量沸水调成糊状，然后再注入沸水，同时用茶筅不断击打搅动茶汤，在此过程中，打出来的白色泡沫越多，就说明茶越好，这种方法就是所谓的"点茶"。

再来说说"春盘"。对现代人来说，这个摆放着"蓼茸蒿笋"的春盘中，前面的"蓼茸"听上去就很陌生，其实，它是指蓼的嫩芽。蓼，是一种茎叶味道颇为辛辣的一年生或多年生草本植物，就像蒌蒿一样多生长在水边，

水蓼

水蓼多生长于沟渠边或河滩、湿地，花期成批开放，艳红一片，颇为壮丽。越王勾践卧薪尝胆的「薪」，并不是指一般的柴火，而是水蓼晒干后的「蓼薪」。据说蓼的枝叶嗅起来也会有辛辣的感觉，或许当时勾践在感到疲乏、不想奋斗的时候，会用蓼的味道来刺激自己，提醒他勿忘复仇大业。

所以也被称为"水蓼"。在早春时节，当时的人们会将水蓼的种子用水浸湿之后，放在葫芦里，挂在火炉之上，等水蓼的种子发出芽菜，再将其作为蔬菜来食用。在辣椒来到中国之前，略带辛辣的蓼叶也曾被用来调味，等到辣椒传入中国以后，便同茱萸等好兄弟们一同失业了。

而这个"蒿笋"，则有好几种解释，有人认为是蒿和笋的合称，不过这里的"蒿"是蒌蒿、青蒿还是茼蒿，则没有人知道。但也有人认为这里的"蒿笋"指的是一种特定的根茎类蔬菜，至于是哪种，亦有不同的说法，可能是被今天人们称作"莴笋"的莴苣，也有可能是今天江淮、江南一带人们常吃的茭白。

对了，前面说到晋人张翰"莼鲈之思"的时候，提到了茭白是由古书中的"菰"改名而来，这种说法是没问题的，但也不是完全没有问题。菰是一种生长在水中的作物，人们最早食菰，食的是菰的种子——菰米，在周代，菰米甚至贵为供周天子食用的"六谷"之一，唐宋以后也被称作"雕胡"，李白笔下"跪进雕胡饭，月光照素盘"，以及杜甫诗中"滑忆雕胡饭，香闻锦带羹"，说的都是它。黑长直的菰米，煮出来的饭又香又软糯，是一种备受古人喜爱的高品质主食。

然而，菰这好好一种粮食作物，怎么又跟根茎类的蔬菜扯上关系了呢？这是因为，古人在种植过程中，发现了有些菰的茎部会不断膨大，从而形成纺锤形的肉质茎，这些植株在生长过程中毫无病象，只不过就是不抽穗，也结不出菰米。当代研究表明，这是因为这些菰感染了一种名叫"黑粉菌"的寄生真菌。不过塞翁失马，焉知非福，舍不得浪费的农人们含泪吃掉了这些因感染而过分肿大的根茎，才发现了它的可口，鲜嫩不亚于竹笋，清脆不亚于瓜，因为长在水中，还多了几分清爽软韧的口感。

这般不可多得的美味，自然不能放过，虽然并不懂其中的原理，但古人还是掌握了让菰感染的特殊技巧，从此，菰开始"带病上岗"，而它被感染的根茎，一开始并没有固定的名称，因为江南十里不同音，在不同的地方，有着蒿笋、蒿瓜、高瓜、茭瓜、茭笋、茭白等等不同名字，直到近代，它的书面名才定为"茭白"。在中国人的餐桌上，无论是古雅的"菰米""雕胡"，还是接地气的"高瓜""茭白"，古老的菰都从未离去。

话说回来，且不论具体是哪几样蔬菜，苏轼笔下那鲜美的"春盘"，其实就是将好几种蔬菜摆放在大盘中，浇上汤汁，如果最后不是要用饼卷起来吃掉的话，感觉还真是跟现代人吃的沙拉有几分相似。至于制作春盘所需的蔬菜，并没有规定，纯粹看个人爱好和挖菜的本事。就像苏轼另一首诗《送范德孺》中提到的春盘，里面就没了蓼芽，反而多出了韭菜：

渐觉东风料峭寒，青蒿黄韭试春盘。

遥想庆州千嶂里，暮云衰草雪漫漫。

吃春盘这一习惯，跟古代物资匮乏有直接的关系。《论语》里所说的不时不食，其实也挺无奈的，平民百姓没有太多机会吃到什么反季节蔬菜。一直到现在，北方某些地区还遗留着过年囤土豆白菜的习惯，而腌制酸菜、咸菜同样是过冬前不可缺少的工作。在这种情况下，春回大地，新鲜蔬菜破土而出，自然成了令人无比激动的大事，这下终于可以从几大缸咸菜里解脱出来了！

当然，这只是对百姓而言。达官贵人和皇亲国戚们不惜物力成本，想在冬季吃到新鲜蔬菜也不是不可能的。据《汉书》记载，为了满足宫廷需要，

茭白和雕胡米

周天子食用的『六谷』包括稻、黍、稷、粱、麦、苽（同『菰』），并认为有苽与鱼肉同食最配，有人了解到『菰』就是今天茭白的时候，往往百思不得其解，殊不知作为粮食作物才是菰的老本行。

汉朝人就开发出了简单的温室大棚来种植反季节蔬菜："太官园种冬生葱韭菜菇，覆以屋庑，昼夜燃温火，待温气乃生。"

这种大棚就是在一个密闭空间内不分昼夜地点火，靠火散发出的高温催熟蔬菜。为了一口新鲜的蔬菜如此不惜代价，恐怕只有站在金字塔顶端的人上人才负担得起。

同样是在这些人手里，春盘渐渐被玩出了新花样。《武林旧事》称，南宋皇室会将特制的"春盘"工艺品赏赐给群臣贵戚。因为过于精美，每个甚至被炒到上万钱的高价："后苑造办春盘供进，及分赐贵邸、宰臣、巨珰，翠缕红丝，金鸡玉燕，备极精巧，每盘直万钱。"

在南山的寒风中吃着卷起的蔬菜，只是想想就有一阵寒意瞬间涌上心头，然而苏轼却像是泡在温泉里喝酒一般，吃得津津有味。过去人解读"人间有味是清欢"，总会先说这是苏轼领会到了"平平淡淡才是真"，是他历经苦难后旷达胸怀的展现。而在我眼里则不然，如果把他这句话跟此前在《乞常州居住表》里的"饥寒"对应一下，就可以感受到，后者的真实性似乎有待商榷。

苏轼觉得，他这一系列的卖惨小动作，也许真的可以打动皇帝，苦尽甘来的那一天，似乎离自己越来越近了。俗话说"一切景语皆情语"，或许，这才是吃着春盘感到"清欢"的真正原因吧。

不过，被苏轼奉为"真味"的东西从来都不是唯一的。苏轼切实秉承了男人的天性——"全都要"和"走哪夸哪"。几个月前，苏轼从金陵送家眷往真州（今江苏仪征）安顿，途中又把吃到的豆粥捧上了天：

君不见滹沱流澌车折轴，公孙仓皇奉豆粥。

湿薪破灶自燎衣，饥寒顿解刘文叔。

又不见金谷敲冰草木春，帐下烹煎皆美人。

萍齑豆粥不传法，咄嗟而办石季伦。

干戈未解身如寄，声色相缠心已醉。

身心颠倒自不知，更识人间有真味。

岂如江头千顷雪色芦，茅檐出没晨烟孤。

地碓春秔光似玉，沙瓶煮豆软如酥。

我老此身无着处，卖书来问东家住。

卧听鸡鸣粥熟时，蓬头曳履君家去。

（《豆粥》）

苏轼在这里讲了两个故事。其一是东汉光武帝刘秀起兵后，某次缺少粮食，是冯异找来了豆粥充饥；其二是西晋富豪石崇，他家总能在待客之时迅速端上豆粥来，但豆子难熟，这引起了石崇死对头王恺的好奇，最终他从石家的用人那里探知，原来石崇是提前把豆子煮好磨粉保存，等需要的时候直接拿豆粉混进米粥冲泡。

看"萍齑豆粥"一词就该知道，他们吃的豆粥还得加上各种佐料比如葱蒜酱调味，苏轼没有石崇这么有钱，吃到的豆粥只是农家味道罢了。能让他大书特书一番，也不过是因为此时的心境不同，眼看"解放"有望罢了。

为了留居常州，苏轼不惜满口谎言，但他并不知道，此时的神宗皇帝才真正是到了"死生莫保"的地步。自元丰七年（1084）的秋天开始，宋神宗的身体每况愈下，在宴会上都握不住酒杯。第二年正月，神宗终于力不能支，册立皇子赵煦为太子，开始筹谋后事了。元丰八年（1085）三月初五，宋神宗病死于宫中福宁殿，新帝宋哲宗赵煦年幼，由太皇太后高氏摄政。

高太皇太后一向不支持神宗的变法，她掌握朝政，无异于旧党大翻身，苏轼作为先前为新党构陷的文字狱受害者，自然被以司马光为首的旧党看作同道中人，更何况，苏轼还是太皇太后她老人家最欣赏的文人。旧党开始想方设法将苏轼调回朝廷。当然，这事情不能做得太急，得一步步来。很快，在商丘翘首期盼的苏轼，终于盼来了朝廷准许他在常州贬所携全家居住的文告。

四月三日，苏轼踏上回常州的旅程，此前被他推举给王安石的秦观，也在这时中了进士。说句不好听的话，一切似乎都随着神宗的死而顺利起来。五月一日，途经扬州竹西寺时，苏轼作诗道：

> 十年归梦寄西风，此去真为田舍翁。
>
> 剩觅蜀冈新井水，要携乡味过江东。
>
> 道人劝饮鸡苏水，童子能煎莺粟汤。
>
> 暂借藤床与瓦枕，莫教辜负竹风凉。
>
> 此生已觉都无事，今岁仍逢大有年。
>
> 山寺归来闻好语，野花啼鸟亦欣然。
>
> （《归宜兴留题竹西寺》）

——我这次一去，就真是做个田舍翁了。向和尚借来藤床和瓦枕好好乘乘凉。感觉这辈子的事情已经都办完啦，今年又是一个大丰收的好年景。看看，什么叫"卸下伪装"，这哪有几个月前"死生莫保"的哭唧唧的样子。

苏轼在扬州喝到的鸡苏水也有点说头。鸡苏其实就是龙脑薄荷，也叫作水苏，因为能用来熬制鸡汤，便有了鸡苏之名。宋代人在夏天会用植物的花或叶制成解暑饮料，也就是所谓的"熟水"，而鸡苏水就是当时流行的熟水的一种。

《神农本草经》说水苏"主下气，辟口臭，去毒"，对常受疮病困扰的苏轼来说实在不赖。另外，苏轼还曾经亲手制作麦门冬熟水赠送友人："一枕清风直万钱，无人肯买北窗眠。开心暖胃门冬饮，知是东坡手自煎。"

至于罂粟汤嘛，听着就有点恐怖了。世人皆知鸦片是罂粟的提取物，由此引发的鸦片战争更是中国沦为半殖民地半封建社会的开端。在我国种植罂粟花是无可辩驳的违法犯罪行为。可实际上，早在鸦片战争前一千多年，中国已种植了罂粟，罂粟在唐朝就已经传入我国。

苏轼的老家四川及汉中一带就是最早种植罂粟的地区之一，唐朝诗人雍陶曾作"行过险栈出褒斜，历尽平川似到家。万里客愁今日散，马前初见米囊花"，诗中的米囊就是罂粟的别称，栈道和褒斜道即汉中通向蜀中的传统通道。

不过，中国人并不会从罂粟里提炼鸦片，只是观察到了罂粟的壳与子有止痢等药用价值。鲁迅先生所谓"外国用鸦片医病，中国却拿来当饭吃"其实是有失公允的，事实刚好相反，将罂粟制成鸦片向中国倾销的是洋人，中国人反而更加重视它的药用价值，宋朝的官修医书《太平惠民和剂局方》就有记载罂粟汤的适用症候和配方："治肠胃气虚，冷热不调，或饮食生冷，内伤脾胃，或饮酒过度，脐腹痛，泄下痢或赤或白，里急后重，日夜频并，饮食减少，及肠胃受湿，膨胀虚鸣，下如豆、鲜血，并治之。"

"艾叶（去梗）、黑豆（炒，去皮）、陈皮（去白）、干姜（炮）、甘草（炙，各二两）、罂粟壳。上件锉为粗散。每服三钱，水一盏半，煎至一盏，去渣，温服，食前。忌生冷、油腻，毒物。小儿量岁数，加减与之。"

宋人似乎是将罂粟汤视为调节肠胃功能的良药，认为它还能起到促进食欲、治疗便血的作用。曾去过雪堂追寻苏轼遗迹的南宋大诗人陆游，也是罂粟汤的忠实支持者："一杯罂粟纱灯下，最忆初寒宿上方"，令人隐隐觉得陆游有药物成瘾的迹象。

元丰八年（1085）五月二十二日，一路悠游山水的苏轼一家终于回到了常州。然而早在半个月之前，朝廷决议起复苏轼为朝奉郎、知登州（今山东烟台蓬莱区）。正式文告虽尚未下达，但苏轼已有所耳闻，看来，他对未来"终为田舍翁"的预测并不准确。此时的苏轼，心中应该也期望着能回朝再有一番作为，他一边相约文士，出没在常州的名胜风月之地，一边静候着命运的安排。

不，安排他的其实不是命运，而是司马光。据《续资治通鉴长编》，当年六月，司马光与范仲淹之子范纯仁，接连两次向皇帝和太皇太后举荐苏轼苏辙兄弟。可见，无论是此前同意苏轼留居常州，还是将他调任去登州，都只是让他回京任职的前奏罢了。

七月下旬，苏轼携家眷正式启程，从常州前往登州。说起来，这一次赴任与此前稍有不同。这是因为他所去的登州，正是宋辽对峙的海上最前线。

05

只有鲍鱼可以安慰我

辽国，又称契丹，直到它灭亡之前，都是悬在宋王朝头顶上的达摩克利斯之剑。

虽然景德元年（1004），在寇准的鼓励下，宋真宗御驾亲征，最终迫使南下侵犯的辽国萧太后和皇帝答应跟大宋订立了所谓的"兄弟盟约"，以每年二十万匹绢、十万两白银的代价换取表面上的和平。可是我退一尺，敌进一丈，见到大宋宁可将财帛双手奉上，也不希望再动兵，辽国自然以为它软弱可欺。

宋仁宗庆历二年（1042），辽以再次兴兵作为要挟，逼迫宋朝在原来的基础上每年再加岁币二十万，并将宋朝公主嫁给契丹亲王和亲，还要求宋朝方面将外交文书中的"献"字改成"纳"，称"纳币"。这事情听上去没什么大不了，但实际上，用"献"还算是关系平等的国家之间的赠予，而改成"纳"就成了下属对上级应尽的义务，这等于否认澶渊之盟中两国定下的兄弟国身份，而置宋的地位于辽之下。

宋朝派去跟辽国谈判的使者富弼不是个庸才，他凭借三寸不烂之舌，成功使辽国放弃了之前让公主和亲的想法，而对辽国继而提出的"纳币"之称，富弼则认为事关国体，据理力争，宁死不从。但谁料，堡垒向来都是从内部攻破的，胆小如鼠的宋仁宗听说此事后，为尽早求和，便一口答应了辽国用"纳"字的要求，简直是"臣等正欲死战，陛下何故先降"的典型案例。而到了宋神宗在位初期，辽国借与宋朝长期存在的边境纠纷问题，又强迫大宋割地十余里，再次成功地实现了外交讹诈。

简而言之，对于宋朝当局而言，当年太祖太宗要从契丹人手里收复幽云十六州的理想，已经越来越遥远，在多数时间，处于守势的大宋像是一块海绵，被辽国随意揉搓。

在中晚唐时期，位于山东半岛的沿海城市登州，已经发展成为中、日、新罗三国海上贸易网络的核心港口。到了宋代以后，登州因为正好和辽国统治下的辽东半岛隔海相望，便成为防范大辽从海上入侵的桥头堡。然而，宋朝方面十分恐惧出海商人会进入辽国境内，从而将国内的情报泄露出去，所以一度严禁商贩从登州出海，这一国际大港进入了衰退期。

所以，评价宋朝屈辱的岁币政策，要看得更深些，每年交给辽国几十万，并不代表宋朝只损失这几十万，这些物资从征集到运输等等，每一个环节所消耗的人力物力都是巨大的，而这些负担，自然不会由赵大官人家承担，最终都会压在每个老百姓头上。

所以说送岁币求和比起打仗的军费开支要节省得多的那些人，更是屁股不正。这种说法，等于提前设定了"宋朝跟辽国战争一定不会赢"的立场，只能证明他自己都打心眼里看不起大宋这个"世界第一大经济强国"。不然，真要这么比的话，某天大宋发愤图强，一战灭辽，岂不是最一劳永逸？

而这才是真正的节省。

王安石有一首名作《河北民》，所写的就是因沉重的岁币而缺衣少食的宋朝边民的惨况：

河北民，生近二边长苦辛。家家养子学耕织，输与官家事夷狄。今年大旱千里赤，州县仍催给河役。老小相依来就南，南人丰年自无食。悲愁天地白日昏，路旁过者无颜色。汝生不及贞观中，斗粟数钱无兵戎！

——唉，老百姓命实在不好，没有生在前朝大唐贞观之治的时候，当年一斗粟只要几文钱，也没外敌敢欺辱我们。

怀着报仇雪耻之心的王安石，在变法开始后便与宋神宗一道，全方位转向积极外交，制定了南灭交趾、西攻吐蕃与西夏、东联高丽夹击辽国这三大光复"汉唐旧疆"的战略方案，而在第三个方案中，自古以来便是联络中原王朝和朝鲜半岛的交通枢纽的登州港扮演着重要角色。宋与高丽之间中断长达四十年的外交活动，又在神宗时重新启动，登州此时常有高丽使者来往。

这里既是军事重镇，又是外交前沿，所以苏轼对自己"知登州"的职务非常重视。他先后向朝廷上《议水军状》和《乞罢登莱榷盐状》，要求停止外派登州水军前往别处公干，免去剥削百姓的食盐官营专卖。

此后一直到清代，蓬莱人还因为感念苏轼当年的惠民政策而持续祭祀他。不过，这两道文书，其实都是苏轼回汴京之后所写。这是因为，从他十月十五日抵达登州，到十月二十日接到委任他为礼部郎中召还京城的通知，苏轼在登州做知州的时间，前后只有短短的五天而已，连他自己都吐槽"到郡席不暖，复蒙诏追"——席子都还没坐热乎，就又要上路了。

只是，英雄人物的灵光一现，从不跟我等凡人趋同。谁能想到苏轼在如此短的时间里，还为登州打了个响亮的广告！下面请欣赏著名美食博主东坡先生力推五星好评水产之《鳆鱼行》：

渐台人散长弓射，初啖鳆鱼人未识。

西陵衰老穗帐空，肯向北河亲馈食。

两雄一律盗汉家，嗜好亦若肩相差。

食每对之先太息，不因喧呕缘疮痂。

中间霸据关梁隔，一枚何啻千金直。

百年南北鲑菜通，往往残余饱臧获。

东随海舶号倭螺，异方珍宝来更多。

磨沙沦沉成大簸，剖蚌作脯分余波。

君不闻蓬莱阁下驼棋岛，八月边风备胡獠。

舳船跋浪鼋鼍震，长镵铲处崖谷倒。

膳夫善治荐华堂，坐令雕俎生辉光。

肉芝石耳不足数，醋芼鱼皮真倚墙。

中都贵人珍此味，糟浥油藏能远致。

割肥方厌万钱厨，决眦可醒千日醉。

三韩使者金鼎来，方奁馈送烦舆台。

辽东太守远自献，临淄掾吏谁为材。

吾生东归收一斛，苞苴未肯钻华屋。

分送羹材作眼明，却取细书防老读。

苏轼笔下的"鳆鱼"，正是我们今天所说的鲍鱼。鲍鱼属于腹足纲的软体动物，联系到本诗作于登州，我们基本可以确定，苏轼吃到的正是今天山东长岛的名产、号称"中国鲍鱼之王"的皱纹盘鲍。这种鲍鱼不但体形大，肉质还肥美嫩滑，堪称米其林的最爱，鲍鱼中的上品。

自从去年结束了流放黄州的生活之后，苏轼的伙食质量明显有了很大提升，先是常州的河豚，现在又是登州的鲍鱼。可怜生活在 21 世纪的在下，因为要还房贷的缘故，一个月也就吃得起一次自助，日常餐标说不定还赶不上这位千年前的古人。

这首《鳆鱼行》在内容上大体可以分为三部分：开头追溯历史名人吃鲍鱼的各自癖好，谈论鲍鱼有多受人欢迎；之后再谈为满足世人的口腹之欲，蓬莱渔民要冒多大的风险穿越惊涛骇浪；最后写鲍鱼的保存方法，以及自己的种种感想。

鉴于这首诗引用了大量典故，而且都跟鲍鱼的食用历史有关，下面且容我慢慢分解，毕竟，不能省的篇幅我是绝对不省的。首先是开头四句引出的三位主角：王莽、曹操，还有刘邕。

众所周知，王莽跟曹操都曾是匡扶社稷的能臣，后来又都成了欺凌汉帝的权奸，是篡汉大业的两代忠实践行者。他俩有个共同的爱好，就是吃鲍鱼。苏轼颇带着点嘲讽的口气叹道，看来从古至今，反贼的性情都是差不多的。

据《汉书·王莽传》记载："莽军师外破，大臣内畔，左右亡所信……莽忧懑不能食，亶饮酒，啖鳆鱼。"意思就是说，王莽篡位后期，因为全天下到处都在造他的反，从而忧虑过度，食不下咽，每天就靠喝酒吃鲍鱼过日子——也不知道是该同情还是该羡慕。

渐台本是皇宫太液池中的高台，也是王莽最后的殒命之所。赤眉军攻入长安城后到处纵火，王莽躲在渐台想依靠水势挡住熊熊烈火，然而最终还是被杀死，死后头颅还被人砍了下来，成为历代皇室珍藏的"圣遗物"。

曹操喜欢吃鲍鱼的说法则出自曹植的《求祭先王表》，这是曹操去世大概三个月以后，身为临淄侯的曹植向汉献帝请求允许自己祭祀父王时所上表章："臣欲祭先王于北河之上，羊、猪、牛臣自能办，杏者臣县自有。先王喜食鳆鱼，臣前已表得徐州臧霸送鳆鱼二百枚，足以供事。"

曹植表示，用于祭祀的猪牛羊，在他自己的封地就能置办，至于曹操生前特别爱吃的鲍鱼，他则特地向徐州刺史臧霸求得两百枚，已经足够了。

而"疮痂"的典故，说的则是南北朝时期南朝宋的南康郡公刘邕。他有个出名的嗜好，爱吃人伤口结的痂，一次他去拜访好友孟灵休，孟灵休因为之前做了艾灸，所以身上很多被烫过的地方都结了痂。结果刘邕见了两眼放光，把他全身上下的血痂都剥下来吃掉了，就这还嫌不过瘾，又趴在地上，寻找之前脱落在地的痂。刘邕的封地南康共有官吏两百余人，不管有没有犯错，刘邕都下令让他们整天互殴，为的就是能一直吃他们身上新鲜的痂。

为什么刘邕会有如此变态的癖好？《南史》里写得很清楚，这是因为刘邕觉得痂在细嚼慢咽之下，能品出鲍鱼的味道……相信听过的人，都会和我一样满头问号。

苏轼举出的这三个事例，就是为了证明当时鲍鱼的珍贵程度，王莽和曹操万人之上，才能时常享用到它，而曹植和刘邕纵然位列公侯，想一尝鲍鱼滋味也不是容易的事。这是因为，古代优质鲍鱼的产地范围非常狭小，几乎只有在山东沿海才能见到，所以到了南北朝时期，退居江南的南朝贵族想要吃到鲍鱼，只能依靠商贩从北方走私贩卖，因为要冒生命危险，故一枚值千金之价。

值得一提的是，苏轼还提到了宋代鲍鱼的一个别称："倭螺"。"倭"从汉代开始就被用于称呼日本国，"东随海舶号倭螺，异方珍宝来更多"，可见大宋跟日本保持着以鲍鱼为商品的贸易往来，虽买卖的鲍鱼不一定是同一品种，但至少可以见得鲍鱼的美味已然超越了国界，为东亚各国人民所认可。

苏轼、苏辙兄弟跟日本之间的因缘非常有戏剧性。熙宁五年（1072），日本高僧成寻为了满足自己朝圣中国佛教圣地天台山和五台山的愿望，冒险渡海入宋。苏轼那时正好在杭州当通判，成寻向杭州府申请的路引文书上，就有苏轼的亲笔签名。成寻之后来到汴京，得到了宋神宗的召见与赏赐，在宋朝一共生活了九年，最终于汴京圆寂。他留下来的《参天台五台山记》，是知名度仅次于圆仁《入唐求法巡礼行记》的中国游记。而苏辙有次得了一把日本扇子，还特意作诗留念："扇从日本来，风非日本风。风非扇中出，问风本何从。风亦不自知，当复问太空。空若是风穴，既自与物同。同物岂空性，是物非风宗。但执日本扇，风来自无穷。"

由此看来，这兄弟俩知道"倭螺"的事情一点不稀奇。

苏轼赞不绝口的登州鲍鱼到底出产在哪里呢？正是诗中的"驼棋岛"，这里现在已更名为"砣矶岛"，在蓬莱区北21.8公里处，是一座几乎正好位于渤海海峡最中心的海岛，而海的对面又是什么？是苏州。不过，这个苏州并不是现在江苏的苏州，而是当时处在辽国统治下的"苏州"，也就

皱纹盘鲍

鲍鱼所在的海生腹足纲，通常被称为「螺类」，所以鲍鱼又称「鲍螺」。苏轼当年在登州吃到的鲍鱼，即俗称「四孔鲍」的皱纹盘鲍，现在国内已有大规模的养殖，曾经渔

民要冒生命危险才能捕到的珍奇美味，已经成了寻常百姓家都可以享受到的平民海鲜。

是今天的大连。在宋辽对峙的格局下，山东半岛作为宋朝的海上前线，砣矶岛再向东北，就将到达辽国境内的辽宁半岛，所以宋朝向来在此处布置重兵防卫。按苏轼的《议水军状》描述，每年四月登州的戍军登陆砣矶岛，会一直驻扎到八月才撤回大陆，戍军总数足有四五千人之多。要知道，在近一千年后的今天，砣矶镇的常住人口也才刚过一万，说这里是宋军精心构建的海上堡垒也不为过。

然而，除了精神紧绷的军队外，彼时出没在砣矶岛上的，还有以捕捞野生鲍鱼为生的渔民们。在经历了残酷的海上风暴后，他们潜入砣矶岛周边的海底，用铲子铲取吸附在礁石上的鲍鱼，所用力气大到几乎将礁石震倒。他们用"糟浥油藏"的办法保鲜，将鲍鱼输送到远方，美味鲍鱼在膳桌上熠熠生光，就连在汴京生活的达官贵人们都对这等奇珍念念不忘。

除了"鳆鱼"外，鲍鱼还有"石决明"的别称。据《东京梦华录》记载，汴京城内有一种叫"决明兜子"的小吃。兜子到底是个什么东西，历来争执不休，很多人为了省麻烦，就简单地将其列为包子的一种，其实跟事实并不相符。按元代《居家必用事类全集》的记载，兜子用豆腐皮或粉皮包馅，跟用面皮包的普通包子有很大差别。而"兜"本来是头盔的代名词，这种小吃上面开口，底部半围，看上去就像是倒着的头盔，叫兜子倒是恰如其分，不过感觉倒是有点像烧卖。

鲍鱼并非寻常百姓能轻易吃到的，苏轼笔下"中都贵人珍此味"便是印证。石决明变身小吃乍一看有点费寻思，难不成是达官贵人把做菜剩下的边角料卖给市集上的店铺？这就没人知道真相了。但我还是在元代《居家必用事类全集》中找到了一点线索。元代普通家庭会制作一种名为"假鳆鱼羹"的替代品，以弥补吃不起真鳆鱼的遗憾："田螺大者煮熟。去肠靥切为片。以虾汁或肉汁米熬之。临供更入姜丝熟笋为佳。蘑菇汁尤妙。"

给翻译一下，就是选用体量较大的田螺，把肠子之类的内脏去掉之后切片，配上虾汁提鲜熬煮，熟了之后配上姜丝熟笋，如果能用蘑菇汁熬煮，味道尤其绝妙。

田螺对百姓来说花上一天半天亲自下田摸取足矣。只不过，用这个方法真的能做出鲍鱼的味道吗？我自己没有这样尝试过，但恐怕也只是聊胜于无。至于石决明，做法也并不繁杂："洗净煮软切去裙襕片儿薄批。冷水冰浸之。"制作海鲜，向来最常见的办法就是清蒸加上一些葱姜醋之类的佐料，就能去腥并激发食物原有的鲜味。拿鲍鱼熬羹也是非常传统的做法，就真是应了那句："高端的食材，往往只需要采用最朴素的烹饪方式。"

讲到这里，就必须提到一桩公案：秦始皇之死。

按照《史记》的说法，赵高和李斯密谋篡改了遗诏，在始皇帝死后秘不发丧。为了掩盖皇帝车驾不断散发的尸臭味，他们命令"车载一石鲍鱼，以乱其臭"，用鲍鱼的味道盖住尸体腐烂的气味。然而，秦始皇驾崩的沙丘位于今天河北邢台广宗境内，以古代的交通条件，能在当地迅速征集到这么多鲍鱼吗？明显是不可能的。所以，这里的鲍鱼应当是另有所指。

根据汉《释名·释饮食》："鲍鱼，鲍，腐也，埋藏奄（腌）使腐臭也。"原来我们吃的腌咸鱼在古代也被称作"鲍鱼"。用盐腌制食物的方法相当普及，我们至今仍然在吃的咸肉咸鸭蛋，早在周朝就上了中国人的餐桌。如此一来，便能解释赵高他们的行为了，在沙丘征集大量咸鱼应该不算太费工夫，毕竟老百姓差不多家家都有。

总之，今天的咸鱼是古代的鲍鱼，今天的鲍鱼是古代的鳆鱼，而马王堆汉墓出土的随葬物清单"遣策"中记录了很多"鲍鱼"菜品，如"鹿肉鲍鱼笋白羹一鼎""鲜鰤禺鲍白羹一鼎"。马王堆位于湖南，属于汉长沙国，在那里要吃到现代意义上的鲍鱼几乎是不可能的，所以，这两道羹汤里提到的"鲍"，只不过是用淡水鱼制成的咸鱼。《孔子家语》中所谓"久居兰室不闻其香，久居鲍市不闻其臭"中的"鲍市"指的其实就是咸鱼专卖店。

跟我们一衣带水的邻邦日本及朝鲜半岛同样是鲍鱼的产区，我之前提到的"鲊"就被日本人用来处理鲍鱼。对于日本皇室而言，"鳆鲊"一向是珍贵的贡品。而朝鲜的李氏王朝也一样将鲍鱼列入了御膳中。明朝太监刘若愚曾将自己在宫中数十年的见闻撰写成《酌中志》一书，他提到天启皇帝明熹宗朱由校最爱吃一道名为"三事"的大杂烩菜："又海参、鳆鱼、鲨鱼筋、肥鸡、猪蹄筋，共烩一处，名曰三事，恒喜用也。"

将这么多极鲜的食材混合到一起，这道"烩三事"感觉有点像福建的名菜"佛跳墙"。看来，天启皇帝应该非常喜欢胶质食物那种软糯的口感，只不过，这种"大补"的食物偶尔一吃还算营养丰富，但如果当成饭吃，肯定不利于健康，也难怪天启皇帝在二十三岁那年便一命呜呼。

最后，我们再来讨论一下被苏轼鄙视，说它们的味道远不如新鲜鲍鱼的肉芝、石耳以及醋芼、鱼皮。肉芝应该不用我解释了，就是肉灵芝，一种黏菌复合体，不好吃但是很贵，在民间被称为"太岁"，"敢在太岁头上动土"的那个太岁。而石耳这种菌类，跟我们今天家常菜里的木耳、银耳不同，大多生长在悬崖峭壁的阴湿泥缝里，黄庭坚曾作《答永新宗令寄石耳》，提到"吾闻石耳之生常在苍崖之绝壁，苔衣石腴风日炙"。不过在具体吃法上，石耳跟木耳做法比较相近，要么用来炒菜，要么跟鸡或瘦肉放在一起煨汤，具体口感吧，跟黑木耳差不多，但是更脆更有嚼劲。

"醋芼"应该是指某种酸菜，苏轼没有说具体是用什么蔬菜做的；虽然苏轼也没有具体说明"鱼皮"所指，但我却在他的前辈梅尧臣的《答持国遗鲹鱼皮脍》一诗中发现了线索："海鱼沙玉皮，翦脍金齑酽。远持享佳宾，岂用饰宝剑。予贫食几稀，君爱则已泛。终当饭葵藿，此味不为欠。"

梅尧臣视作珍味的鱼皮，实际上是鲨鱼皮。如此看来，苏轼提到的估计同样是鲨鱼皮。它跟鲍鱼都属于海产，被拿来进行比较也在情理之中。有意思之处在于，从梅尧臣的诗来看，鲨鱼皮在宋朝也可以蘸"金齑"来吃，考虑到下海捕捞的困难程度，这种鲨鱼皮恐怕比松江鲈鱼还要珍贵许多。

当年十月的最后一天，苏轼登临蓬莱阁，不过，并不是为了眺望产鲍鱼的驼棋岛，而是为了观赏难得出现的海市蜃楼。登州"海市"的异象在宋朝鼎鼎大名，苏轼本以为自己在登州做官期间怎么也能看到一回，没想到前后只在任了五天就要离开了，而当地父老乡亲又说海市多在春夏之季出现，现在都深秋了，估计不会再有。尽管如此，苏轼依然选择抓住最后的机会，去海神广德王庙里祈了愿，没想到，第二天海市蜃楼真的出现了：

东方云海空复空，群仙出没空明中。

荡摇浮世生万象，岂有贝阙藏珠宫。

心知所见皆幻影，敢以耳目烦神工。

岁寒水冷天地闭，为我起蛰鞭鱼龙。

重楼翠阜出霜晓，异事惊倒百岁翁。

人间所得容力取，世外无物谁为雄。

率然有请不我拒，信我人厄非天穷。

潮阳太守南迁归，喜见石廪堆祝融。

自言正直动山鬼，岂知造物哀龙钟。

伸眉一笑岂易得，神之报汝亦已丰。

斜阳万里孤鸟没，但见碧海磨青铜。

新诗绮语亦安用，相与变灭随东风。

（《登州海市》）

诗中的潮阳太守，指的是唐代的韩愈，当初，这个跟苏轼同一个星座的著名谪官，由于反对唐宪宗耗费民力迎佛骨，被贬到广东潮州。后来遇到大赦，北归途经衡山之时，正值秋雨季节，没想到韩愈诚心祈祷后，竟然云开雾散。

苏轼与韩愈都是不幸的，但命运却愿意补偿给他们一点慰藉，韩愈"仰见突兀撑青空"，苏轼也在离开登州前，圆了最后一个心愿。

第八章／人生如逆旅

虽然苏轼被召回了汴梁，度过了生命中难得的一段安逸时光，但他却又在不经意之间，得罪了矫枉过正的旧党，随着司马光和高太皇太后相继离世，苏轼不得不再度踏上他的外放及寻味之路。

01

惹不起的汴京，也躲不起

元丰八年（1085）十二月，阔别汴京将近五年的苏轼又踏进了京师，那个曾经被赶出朝堂的人，即将登上他政治生涯的顶点。

在太皇太后和司马光的关照下，苏轼刚在礼部挂了一个多星期的职，就被升迁为起居舍人。这六品官才当了两个月，又被免试任命为四品的中书舍人。第二年（元祐元年）九月，他又升职为三品的翰林学士知制诰。在当时人们心目中，通常被授予这一职位，就是进了副宰相的人选后备队。

人生不可预料，不到一年的时间，一个卑微到了极点的谪官，就像坐了火箭一般一飞冲天。之后，他又兼任了经筵侍读，收了一个学生。这个学生是当时的皇帝。

这一任命，当然是高太皇太后一手安排的。身为宋神宗的生母，高太皇太后并不满意儿子一味推行新法，但她却了解儿子对苏轼的态度，也一样欣赏苏轼的才华。《宋史》中记载了一个故事，有一天晚上苏轼在宫中值宿，高太皇太后特地召他来到便殿谈话，大致内容如下：

高：爱卿你前年这时候做的什么官呢？

苏：是黄州团练副使。

高：那现在呢？

苏：是待罪翰林学士。

高：升迁这么快的原因你知道吗？

苏：这都是太皇太后跟皇上的恩德。

高：不是这样的。

苏：那是因为朝中大臣的举荐吗？

高：也不是。

苏：臣虽然无状，但其他搞小动作升官的事情真的从没做过啊！

高：重用你是先帝神宗的遗志啊。先帝在时每次读你的文章，都会感叹说这是奇才，只可惜时不我待。

听完这番话，苏轼失声痛哭，高太皇太后以及她身边年幼的宋哲宗也垂泪不已。

说到底，高太皇太后对苏轼的感情，可能来自遗憾。想当初，她跟神宗为了新法的事情产生了诸多矛盾，她指望时间会弥补一切，但谁能想到儿子会英年早逝呢？既然如此，重新重用苏轼，也算是在某种程度上，圆了她儿子未曾实现的愿望吧。

有了政治靠山高太皇太后的庇护，苏轼过了一段安静的日子。这段时间，他的工作重点之一就成了陪伴哲宗读书。《宋史》还有这样一段记录："每进读至治乱兴衰、邪正得失之际，未尝不反复开导，觊有所启悟。哲宗虽恭默不言，辄首肯之。尝读祖宗《宝训》，因及时事。轼厉言，今赏罚不明，善恶无所劝沮；又黄河势方北流，而强之使东；夏人入镇戎，杀掠数万人，帅臣不以闻。每事如此，恐浸成衰乱之渐。"

每次讲课，苏轼都很是慷慨激昂。但有意思的是，苏轼对高太皇太后执政下的大宋时局很是不满，也曾屡屡毫不隐讳地向小皇帝表达自己对国家未来的担忧。也许，正是在苏轼的唠叨声中，年幼的哲宗心里埋下了未来亲政后要改弦易辙的心思。

虽然苏轼获得了飞速升迁，对工作的态度也很热忱，但很快他又在自己最不擅长的官场人际方面犯了迷糊。即便以寻常人的视角来看，谁都知道司马光他们这么热心地把苏轼调回京城，当然是希望他坚定地站在旧党一方，把王安石以及新党相关的改革措施通通废止。投桃报李，认清现实，这是身为政治家的基本操守吧？

其实，之前在泗州上书时，苏轼还表达过对新党政策的诸多不满。新党一直积极结好东方的高丽国，希望将来北伐之时，高丽能感念大宋的恩德，配合一同出兵。可是苏轼在泗州了解到的情况却是，高丽人会把大宋赏赐的珍宝，一转手送一大半给辽国。

> 又见淮东提举黄实言见奉使高丽人言，所致赠作有假金银锭，夷人皆坼坏，使露胎素，使者甚不乐。夷云非敢慢也，恐北虏有觇者以为真尔。由此观之，高丽所得吾赐物，北虏皆分之矣。而或者不察，谓北虏不知高丽朝我，或以为异时可使牵制北虏，岂不误哉！
>
> （《东坡志林》）

你看看你们新党的外交是多么的失败，简直留下千古笑柄。

可刚回到汴京，苏轼居然一视同仁地对自己的友军下手了：什么？你们要尽废新法？怎么可以呢？大家都有缺点的嘛！我觉得你们坚持的祖宗之法也不咋样！

说实话，就算有些事情明明会有转圜的余地，被你这么一搞也没得了。这并不是我开玩笑啊，司马光想废除王安石当年设立的免役法重新恢复差役法时，苏轼就大谈了半天"差役、免役，各有利害"，只能说是太过钢铁直男了，人家跟你谈这事，就是想让你表明个态度，又不是真的要听你的意见。而且苏轼在反对的同时，自己又拿不出什么两全其美的好办法，他这么做，除了得罪人之外，基本不存在实际意义。

苏轼在新党、旧党之间摇摆不定，还表现在其他许多的地方。司马光跟知枢密院事章惇两人不和，到了"冰炭不相入"的地步。章惇反对尽废新法，时常出言讥讽司马光，称他为没用的"村夫子"，挫磨他的自尊，搞得老先生苦不堪言。

但这两人都是苏轼的老相识，在他的劝说下，章惇决定放司马光一马。苏轼确实认识到旧党一家独大也并未让朝廷从分裂走向统合的事实，可他并没有想到，此时与自己把酒言欢的章惇，会成为自己未来最为强大的敌人。

其实，除了之前提到的曾巩，章惇跟苏轼也是同年的进士。之后两人还同在陕西任职，相交颇深。虽然章惇参与了熙宁变法，但那时的他并不在汴京做官，而是在湖南湖北任察访使，基本没有参与中央决策的机会，更没有参与对苏轼的迫害，所以，苏轼在讨厌新党的同时，一直能和章惇保持相当不错的关系。

《石林诗话》等笔记记载，乌台诗案时多亏章惇为苏轼极力辩护，这才使得苏轼获得轻判。这些记录看上去有些小说家之语，但苏轼本人的文章总不会出错。我们之前提过，初到黄州的苏轼断绝了大部分书信往来，他感叹自从蒙难以后，朋友中唯独章惇不惧被牵连，写信慰问。等到他走出了自闭，首先回信给了弟弟，之后便作了《与章子厚参政书》，之前形容黄州的"鱼稻薪炭颇贱"，就是出于这封信。

这之后，他们俩成了好笔友，苏轼时不时便写信给章惇，向他诉说在黄州的生活情景：

> 某启：仆居东坡，作陂种稻。有田五十亩，身耕妻蚕，聊以卒岁。昨日一牛病几死，牛医不识其状，而老妻识之，曰："此牛发豆斑疮也，法当以青蒿粥啖之。"用其言而效。勿谓仆谪居之后，一向便作村舍翁，老妻犹解接黑牡丹也。言此发公千里一笑。

——我在东坡开了五十亩地，昨天我家的一头牛病得差点死了，兽医都不知道该怎么办，还好我老婆认得这是豆斑疮，用青蒿粥救了这牛一命，简单说到这事博子厚你一笑。当得知苏轼在常州买地，计划隐居于此，章惇还写诗相赠："君方阳羡卜新居，我亦吴门葺旧庐。身外浮云轻土苴，眼前陈迹付篷篨。涧声山色苍云上，花影溪光罨画余。他日扁舟约来往，共将诗酒狎樵渔。"

——子瞻你在宜兴选好风水宝地，我也准备修葺一下在吴地的旧屋子，等到退休之后，咱们俩就相约泛舟湖上，一起写写诗，品品酒，钓钓鱼，这种日子多逍遥啊。

元丰年间苏轼跟章惇之间的友情令人感动。可是，这次在汴京，章惇跟苏轼却彻底反目成仇。事情的起因，跟苏轼站中立的"役法之争"有关。

苏轼是司马光的故旧，虽然他对尽废新法颇有微词，但还不至于遭到太多攻击。而身为新党党人的章惇遭遇可就不同了，旧党大臣"交章击之"，使得章惇被赶出朝廷，黜知汝州。其中攻击最得力者，正是苏轼的弟弟苏辙。

而苏轼对章惇的离开，表现得多少有些淡漠，相较于苏轼被贬黄州时章惇的温切关心，的确是高下立判。

这还没完，虽然苏轼没有直接参与攻击章惇的行动，但基于自己的立场，他还是写了一份名为《缴词头奏状·沈起》的投名状，呼应对新党的整肃活动。就是在这篇文章里，苏轼引用了当年章惇出兵五溪蛮的案例，称新党的穷兵黩武让越来越多想依仗军功成名的投机者进入朝廷。

事已至此，哪怕苏轼真的是无心误伤了章惇，恐怕也是洗不清了。几十年的友情，最终还是因为政治斗争而无情破碎，苏轼跟章惇之间的交往也到此为止。或许，此时的章惇深深后悔自己当年的热忱之心喂了狗，怎么就摊上了苏轼苏辙这对白眼狼兄弟？

这仇，迟早得报！章惇的怨愤，会在数年之后化作一团火焰，险些将苏轼烧成灰烬。当然，这都是后话了。

02

这个四川人有点甜

汴京城内暗潮涌动，苏轼已然身处新旧党争的旋涡之中，不过，对于苏轼而言，待在汴京最少可以满足口腹之欲。

一国之都向来是各地菜系荟萃之所，苏轼有机会在这里品尝到来自四川老家的风味，不必再像在黄州一样，想吃野豌豆还得千里求种。据《东京梦华录》记载，当时的汴京"更有川饭店，则有插肉面、大燠面、大小抹肉淘、煎燠肉、杂煎事件、生熟烧饭"，下班以后苏轼不用走太远，就可以"寻味四川"。

现在四川人的口味，简单总结一下就是"麻辣鲜香""无辣不欢"，最好的佐证，便是今日四川重庆一带不少医院里肛肠科室都引领全国，毕竟有需求才有精进的动力啊。

然而，明朝末年辣椒才经过欧洲人的转手传入中国，此前四川人压根儿接触不到辣椒。既然如此，宋代四川人苏轼寻味，寻的会是什么？首先能确定一点，这味道中间必然有甜。

之前我们说过苏轼在黄州酿蜂蜜酒，苏轼这人爱吃甜口在当时是出了名的。陆游在《老学庵笔记》里写过一则故事："豆腐、面筋、牛乳之类，皆渍蜜食之。客多不能下箸，惟东坡性亦酷嗜蜜，能与之共饱。"

别人看到满桌子浇上蜂蜜的菜，都很难下筷子，可苏轼偏偏吃得起劲。可能是因为自幼在四川就习惯了往食物里加蜜，他还为其他地方人吃不惯甜口而感到吃惊，可见那时候以苏轼为代表的四川人对甜的接受度，跟今天对辣的忍耐力相比也是不遑多让。

四川人爱吃甜食从汉末两晋时期就有各种记录。魏文帝曹丕曾写过："新城孟太守道，蜀猪豚鸡鹜味皆淡，故蜀人作食，喜着饴蜜"，意思是说，四川人做饭嫌弃猪肉鸡肉的味道太淡的时候，都会往里面加入蜜糖。

几十年后，西晋文人左思在他写的《蜀都赋》一文中，也提到了当时成都之东"丹沙赩炽出其阪，蜜房郁毓被其阜"，意思就是说，在当地朱砂和蜂蜜被视为最具代表性的两种特产。

甜味，除了来源于蜂蜜外，还可以靠加工甘蔗得到。四川种植甘蔗的历史悠久，《蜀都赋》中即有"其园则有蒟蒻茱萸，瓜畴芋区。甘蔗辛姜，阳蓲阴敷"这样的描写；到了唐代，苏敬在《新修本草》里第一次加入"砂糖"一条，并写明出自"蜀地、西戎、江东"，这种紫色的砂糖就是用甘蔗汁煎制而成；而在敦煌出土的《食疗本草》残卷中，也提到了"石蜜，自蜀中、波斯来者良，东吴亦有，不及两处者……"所谓的"石蜜"是用甘蔗汁和牛奶混合煎制出来的。

唐代从印度引入了新的制砂糖法后，四川人从甘蔗中取糖的技术水平获得了进一步的提升。唐宋时期四川糖霜，也就是砂糖的成品质量堪称全国第一，即便放眼世界，也仅略逊于印度和波斯。苏轼跟黄庭坚两人都有

诗文歌咏四川糖霜的味道甜美："冰盘荐琥珀，何似糖霜美。"（苏轼）"远寄蔗霜知有味，胜于崔浩水精盐。"（黄庭坚）

宋徽宗在位时期，朝廷要求四川遂宁"岁进糖霜数千斤"，而在南宋年间，蜀人王灼还撰写了中国第一部介绍甘蔗制糖法的专著《糖霜谱》，这意味着在宋代四川人的烹饪中，甜味占据着难以取代的江湖地位。

不过，虽然辣椒尚未出现，但这并不妨碍四川人对"辛"的追求，左思就把"甘蔗辛姜"并列。辛香是古代川菜中与甜味并重的部分，在当时，花椒、姜和茱萸都是中国常用来调制辛味的食材，尤其是陕西出产的花椒，被称作"秦椒"，质量上乘。四川向北到汉中后即可进入关中，优质的花椒随蜀道源源不断地流入，而四川本地的"天椒"从晋代开始也已颇负盛名。

那今日的川人口味，又是怎么变得"无辣不欢"的呢？这背后，是一系列遥远且悲凉的故事。

甘蔗种植，是一种劳动密集型产业，往往需要大量的劳动力。比如地理大发现后，加勒比海群岛被欧洲人殖民，因为当地气候条件适宜，殖民者建造了大量的甘蔗种植园，以满足欧洲本土的蔗糖需求。但是，由于当地印第安人数量锐减，被流放来的罪犯远不够用，甘蔗种植园的生产一度难以为继。最后，殖民者想到了主意，他们开启了罪恶滔天的"三角贸易"，从非洲引进了大量黑人奴隶，才满足了加勒比甘蔗种植园的生产之需。

而唐宋时期四川地区之所以能支撑起甘蔗的大规模种植，最主要的原因就是作为地理相对隔绝的天府之国，肥沃的土地加上优秀的水利工程，养活了四川盆地大量的人口，到南宋后期，四川人口一度增长至近千万。然而在宋末的战乱中，元军两度攻陷成都，实行了大屠杀，导致"城中骸骨一百四十万，城外者不计"，这是四川人口锐减的开端，之后有明一代

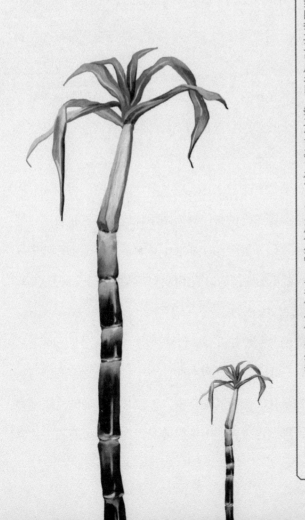

甘蔗

甘蔗原产地在新几内亚或印度半岛，西周时传入中国南方，在先秦时期被称为『柘』。屈原《招魂》中即有『腼鳖炮羔，有柘浆些』的描述，说明战国时期的楚国，甘蔗汁已经成为备受欢迎的饮品。汉代以后『柘』被同音的『蔗』字取代，种植范围扩大至中原地区，魏文帝曹丕曾在宫中『以蔗代剑』，与将领邓展比试剑技。

四川人口都不曾超过六百万，无法再达到宋代四川的最高水平。人力日益短缺使得甘蔗种植遭到了不小的打击，广东取代了四川，成为国内最重要的蔗糖产地。

然而，这次打击还不是最致命的。17世纪明代末年，农民军中以残虐著称的张献忠在四川建立了地方政权"大西"。在大势已去后，张献忠在川中施加了诸多暴行。在四川倒向南明后，南明又在四川同清廷军队战斗了十三年之久。经过张献忠部和清军轮番的屠杀和蹂躏，到了康熙年间战乱结束，四川大部分地区人口已经"百不余一"，曾经繁华的成都城十室九空，幸存者只有"一万八千零九十丁"，整个四川方圆千里内的人加起来，还不如其他省一个县的多。据说那时因为活人太少，就连老虎都敢冲上街头袭击官员。

作为经济破坏最为严重的地区之一，战乱中巨量的人口损失，导致了更严重的人力短缺问题，大规模的甘蔗种植无法继续，食糖产业遭受了致命的冲击，一度完全中断。

而后面的事情，相信大家都很熟悉了，就是所谓的"湖广填四川"。在清政府的鼓励下，来自全国各地的移民拥入四川，他们在这块古老之地开垦田地，安家落户。移民们辛勤劳作，加之土豆、番薯、玉米等外来高产作物的引入，在不到一百年的时间内，四川的人口迅猛地增长到了2000多万，古老的巴蜀大地再度焕发活力。

然而，蜀地古老的蔗糖产业却并没有得到复兴。

到了清代中期，四川一跃成为全国最大的粮食产区之一。但与此同时，人多地少的矛盾也不断被激化。比起其他作物，种植甘蔗消耗的土地肥力更多，而土地是有限的，那些在生存线上徘徊的人，自然不可能因为甘蔗而放弃种庄稼。而蔗糖的加工失去了本地原料供应，更是一蹶不振。

而长久的战火，消灭的不仅是人口，还几乎终结了自秦汉延续至宋代的四川社会，一举切断了民间文化和习性的传承，这其中就包括人的口味。清代以后，自唐宋时期流传下来的甜口名菜大多已消失不见，而在新四川人的食谱中，蔗糖所占的分量也大大下降了，今天的我们，只能在红糖糍粑、糖油果子、冰粉之类的四川小吃中，略略感受那被遗忘的巴蜀老川味。

与土豆、番薯、玉米等高产作物相继登陆亚洲一起，一种来自南美洲的茄科植物也搭上了前往中国的顺风车，那就是辣椒。

现在看来，清代辣椒的传播几乎是病毒式的，它沿着丝绸之路和东南沿海双管齐下，将它的势力扩散至东方大地的每一寸土地：在西北，辣椒先后征服了新疆、甘肃、青海，最终直插古中国的心脏——陕西，直到今天，很多西北人还配着油泼辣子下饭；在朝鲜—东北一线，它们长驱直入，让半岛人民得以终日同辣白菜相伴；在广西，它们抢滩登陆，北上云贵，南下越南，最终将当地各民族改造得嗜辣如命，在家家户户的饭桌上染上了自己的色彩。

虽然在广东、福建、浙江、江苏、山东这几个经济较为发达的沿海省份出师不利，辣没能成为当地口味的主流，但辣椒却机智得很，一方面自我改造降低辣度，化身为青椒之类的配菜，在当地人的饮食中占据了一席之地；一方面突破敌人的封锁线，沿着长江逆流而上，先后将大旗插向江西、湖北、湖南的广阔土地。

最终，辣椒到达了它们的应许之地——四川。到了乾隆年间，"海椒"的身影终于出现在四川文人的笔下。然而，它们的扩张之路却碰了钉子，即便不再嗜甜，当时的四川人也未必会对辣椒的辣特别感兴趣。

这是因为，即使不吃甜了，四川人还可以吃咸，虽然地处内陆，但四川却有中国境内最丰富的井盐资源。清代以后，随着井盐开采技术的日益完备，四川食盐产量大幅增加，盐矿遍布全川四十多个州县，自贡更是被人誉为"盐都"。在"百味之王"食盐稳坐江山的局面下，小小的辣椒自然掀不起什么风浪。

然而，19世纪下半叶爆发的太平天国运动却打破了这一局面。太平军控制了长江下游，两淮地区至湖广运道阻塞，传统的淮盐再难进入内地。为了保证湖北湖南等地的食盐供应，清廷下令以"川盐济楚"，保守估计，在近二十年的时间内，每年四川要向两湖地区输出超过一亿斤的食盐。

一夜之间市场需求突发增长，四川本地原本充裕的食盐突然供不应求，价格疯涨，普通人家很难再用白菜价买食盐了。已然习惯了重口味的四川人不得不寻找调味替代品，权衡再三后，他们盯上了辣椒。

为了生活，跟两湖的老表们一样，四川人逐渐接受了辣椒，并用辣椒取代盐，将其引入当地的菜肴，川人的口味很快从偏咸变成了偏辣。同时，辣椒还跟古老的花椒组成了麻辣组合，它们在扩张中无往不利，成功改变了当地大部分人的味蕾，也奠定了今日川菜主流的口味。

过去人们曾以为，川菜的辣是由四川盆地湿热阴冷的地理气候条件决定的，这种说法其实站不住脚。从古至今，四川的环境改变不大，但川人的口味却经历了从甜到咸再到辣的巨大变化，而世界之大，冬季严寒潮湿的地方比比皆是，当地人也并非都喜欢吃辣。相反，很多高原干燥地区的居民，却对辣爱到了骨子里。川味的变化，背后的原因是不同时期的社会背景，以及当时蔗糖、食盐和辣椒的供给水平。

我见过很多人，他们身上有一种迷之自信，作为"屯里土生土长的人"，

辣椒

现在的辣椒最早驯化于墨西哥东南部的特瓦坎谷地，与玉米、南瓜和菜豆一样，是美洲印第安人种植的农作物之一。16世纪，中美洲的阿兹特克帝国被西班牙人征服后，辣椒经由征服者之手传播到了世界各地，大约在17世纪初传入中国，在传播过程中迅速取代了茱萸、水蓼等中国传统辣味作物的地位。

他们坚信没有人比自己更懂地方文化，在他们的眼里，各地诸如方言、习俗、口味之类所谓的文化符号，总是亘古不变的，因此他们的创作中，经常会闹出一些笑话，比如在汉代农户家门口挂一串玉米一串辣椒，比如让唐代的皇帝说陕西话，再比如让宋代的苏东坡酷爱吃辣……

我常常在想，如果苏轼能来到现代，尝到今天的川菜，会是怎样的心态？综观苏轼所有关于美食的诗文，对于辛辣，他没有表现出特殊的偏好，吃过最刺激的东西，也不过是花椒和蓼芽。喜欢吃甜食的他，走在眉州或成都的街头，面对这沧海桑田般的变化，会不会感到有些无所适从，从而发出"哀吾生之须臾，羡长江之无穷"，"人生如逆旅，我亦是行人"之类的感叹？

乡音会消失，口味会改变，故乡或许回不去，但山川仍在，风流仍在，故乡的烙印会永远留在每个游子心里。对于蜀人苏轼而言，是蜜还是辛，不过一碟砂糖，或一碟花椒，故乡的味道，其实并没有那么遥远。

03

去杭州当个好官才是正经事

在汴京的几年，虽然与弟弟苏辙、好友黄庭坚等人时常相聚，但苏轼的大部分精力都放在教天子读书，以及新旧党就改革事宜的不断扯皮之中。

元祐元年（1086）十月十一日，司马光病逝。而在五个月前，王安石已撒手人寰。新旧两党的代表人物就像约好了一样，抽身而退。

大柱崩塌，随之而来的就是更可怕的小团体联盟，旧党分化为蜀党、洛党、朔党。虽然没做什么，但苏轼还是被认作蜀党的领袖，因而遭到政敌的集中攻击。所幸，掌握实权的太皇太后一直是苏轼的保护伞，在她的保护下，苏轼在源源不断的弹劾奏书中逃得性命。

走吧，还是走吧。到了元祐四年（1089），苏轼实在待不住了，他生怕自己再一次被卷入政治旋涡，自请外调，第二次来到了杭州。上次来时他还是通判，这次却是知州。

苏轼在各地做地方官时的政绩都值得称道，这次在杭州，他组织二十万人工，实施了一场足以载入史册的大工程：疏浚西湖。

杭州靠近大海，当地的泉水又咸又苦，居民也少得可怜，直到唐德宗时，杭州刺史李泌，也就是《长安十二时辰》里面那位能人，引西湖水造了六口井，才保证了百姓的用水；大诗人白居易到任杭州后，又疏通西湖，将水引入运河，再以运河灌溉了一千多顷田地，从此，当地百姓才过上了好日子。

然而，自从吴越国归宋后，杭州的历任官员都不是很重视西湖的疏浚，西湖不断干涸，灌溉功能也逐渐消失。十多年前苏轼在杭州当通判的时候，西湖淤积了十分之二三，等到他回来当知州，已经"堙塞其半"，再二十年不清理，这湖怕是就没了，取而代之的将是一片烂地。

西湖消失可不是小事，会严重威胁到本地的农业生产。元祐五年（1090）四月二十九日，为了拯救西湖，苏轼写了一份《杭州乞度牒开西湖状》上奏朝廷，想方设法要来一百道度牒，换来了一万七千贯钱，准备大干一场。

这里略微提一下，度牒是证明僧人合法身份的凭证，因为出家人不仅可以不缴税，还能免除劳役，对于那些考不取功名又想做社会寄生虫的人，想法子办一张度牒或许是一个不错的选择。因为存在这样的供需关系，在古代一张度牒的价钱往往高得吓人。唐朝中后期宦官专权，负责下发度牒的祠部也被宦官染指，可见其利益巨大。

在《杭州乞度牒开西湖状》中，苏轼向朝廷列举了诸多条必须疏浚西湖的理由，其中有两条很是有趣："下湖数十里间，茭菱谷米，所获不赀……天下酒税之盛，未有如杭者，岁课二十余万缗。而水泉之用，仰给于湖。若湖渐狭浅，水不应沟，则当劳人远取山泉。"其一是说西湖水域菱角之类的水产品十分丰富；其二则是说杭州的酒税天下第一，而西湖水正是酿酒的重要原料。

杭州的酿酒事业之兴盛，可以从北宋晚期的《北山酒经》里看出端倪。《北山酒经》的作者朱肱，就在杭州西湖边开办酒坊，几年以后，他因为"书东坡诗"的罪名被发配达州。

《北山酒经》里记录了数十种在杭州制作酒曲以及酿酒的方法，有菊花酒、葡萄酒、酴醾酒、地黄酒等，其中听起来最厉害的，是一种名叫"真人变髭发方"的养生酒："糯米二斗（净簸择，不得令有杂米）、地黄二斗（其地黄先净洗，候水脉尽，以竹刀切如豆颗大，勃堆叠二斗，不可犯铁）、母姜四斤（生用。以生布巾揩之，去皮须见肉，细切秤之）、法曲二斤（若常曲，四斤，捣为末）。右，取糯米，以清水淘，令净，一依常法炊之，良久，即不馈，入地黄、生姜相重炊，待熟，便置于盆中，熟搅如粥，候冷，即入曲末，置于通油磁瓶、瓮中酿造。密泥头，更不得动。夏三十日，秋冬四十日，每饥即饮，常服尤妙。"

众所周知，苏轼一向注重养生，不然也不会有《苏沈良方》及《东坡养生集》这类作品传世。不过，他在杭州的这段时间，究竟有没有利用这道药酒进行调理呢？想来也是颇有意思。

而要说菱角这东西，生食可当作水果，煮熟之后，丰富的淀粉含量不输稻米，且口感带有更加浓厚的甜味，几千年来，一直都是江南的亲民食材。《南史》中就有记载，南朝宋会稽郡一户陈姓贫家，全靠三个女儿每天在西湖采菱角维持生计，足见菱角的重要性。

喜好风雅的宋代人吃菱角的方法，跟今天相比显得格外有特色。《山家清供》里记载了一道名为"莲房鱼包"的特色菜，简单来说，就是将鱼肉混上酒做成小丸子，然后将莲蓬里的莲子挑出，把鱼肉丸放进莲蓬的莲房里蒸熟。等到吃的时候，就用以菱角、菊花、莲汤制成的渔父三鲜酱料蘸着吃。

因为运输问题，新鲜菱角长期都是江南人专属的浪漫。明代的长州知县江盈科在《雪涛小说》里讲了一个北方人吃菱角的幽默段子：北人生而不识菱者，仕于南方，席上食菱，并壳入口。或曰："食菱须去壳。"其人自护其短，曰："我非不知，并壳者，欲以去热也。"问者曰："北土亦有此物否？"答曰："前山后山，何地不有！"

说一个北方人，在来南方做官之前从未见过菱角，看宴席上的菱角，就直接连壳放嘴里嚼着吃，被旁边的人提醒之后，还嘴硬说自己这么吃是为了清火。更有意思的是，为了假装高级，表现他对菱角的熟悉，这人夸口道：我们那里前山后山上都长着这果子。

滑稽归滑稽，在遥远的北方，想尝菱角的滋味倒也不是没办法，用菱粉做成糕点也聊胜于无，只不过无法品尝到生菱的爽脆。

在数月时间里，二十万人夜以继日不断努力，最终西湖内蔓生的葑草及积存的杂物被彻底清理干净，航道恢复畅通，西湖也重获生机。

为了避免西湖重被葑草堵塞，苏轼还动起了小心思，命人在西湖内种植了大面积的菱角，利用菱角生长迅速、侵略性强的特点，疯狂挤占其他水草的生存空间；而一过夏天，又可以收割菱角，拿去换钱，换来的钱继续用来维护西湖，这样循环往复堪比永动机，岂不美哉。

现在西湖最著名的景点之一"三潭印月"中的小石塔，据说最早就是苏轼在疏浚西湖时所立，为的就是划分西湖水域，只有石塔向外的部分可以种菱角。当时人们还用浚挖的淤泥筑起一道长堤，很多年来，这道堤不断地被加筑，直到横穿了西湖。人们在堤上种满了芙蓉和杨柳，为了感念疏浚西湖的苏轼，杭州人将其命名为"苏公堤"。

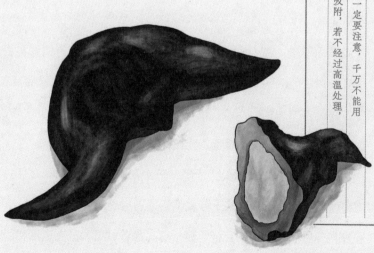

菱角

煮熟的菱角软糯美味，而生食菱角也是清爽可口，但是一定要注意，千万不能用嘴直接啃食生菱角皮！这是因为菱角表皮上有姜片虫卵吸附，若不经过高温处理，虫卵进入人体后会使人染上姜片虫病。

　　在苏轼的治理下，西湖焕然一新。想想如果没有他的坚持，今天我们来到杭州，恐怕也只能反复吟诵他笔下的"欲把西湖比西子，淡妆浓抹总相宜"，去臆想当年西湖的美丽。

　　仔细想想，在杭州知州任上的苏轼，工作应该还是比较繁忙且卖力的，要不然，在这期间他记录美食的诗文，便不至于少到可怜。我在《苏诗全集》中翻来翻去，也就找到了这一首《南歌子》：

　　古岸开青葑，新渠走碧流。会看光满万家楼。记取他年扶路、入西州。

　　佳节连梅雨，余生寄叶舟。只将菱角与鸡头。更有月明千顷、一时留。

　　这里的鸡头当然不是鸡的脑袋，而是指鸡头米。鸡头米又叫作芡实，因为它的外表长得比较抱歉，果实和茎都长满密密麻麻的刺，乍一看像个鸡头，故而得名。将果实砸开后，再将黑色的种皮剥掉，才能看到正常颜色的鸡头米。

　　跟菱角不同，鸡头米在南北方都有分布，只不过南方的果实更加饱满，食用更具风味。鸡头米因为个头大，口感厚实，常被用来做甜品，比如配上杏仁露，再加点枸杞点缀，堪称色艺双绝。而在江南很多地方，芡实糕一直很受大众欢迎，配上蜂蜜、桂花，香气四溢，开胃健脾。

　　有种说法称，苏轼每天会干嚼二三十粒鸡头米以作养生之用，我并没有找到这故事的出处，但鉴于苏轼确实提到过这东西，那就提一下吧。

　　在杭州除了饮食上的花样，另一惊喜是苏轼又和故友道潜和尚相会了。

道潜搬进了西湖边的智果院继续修行。元祐五年（1090）的寒食节，苏轼约了一大帮友人前去见道潜，第二天又再去书写前日道潜所作的寒食诗。有一位在逆境中始终相伴的朋友，是人不可多得的幸运。

之前被派去出使辽国的苏辙，在为辽道宗耶律洪基祝完了寿以后，也终于回国了，就在苏轼得到开西湖度牒的同一天，苏辙被任命为御史中丞。不久以后，苏轼收到了弟弟寄来的一首诗："谁将家谱到燕都，识底人人问大苏。莫把声名动蛮貊，恐妨他日卧江湖。"

苏辙之所以这样写，是因为他出使辽国时，辽国文人见他便问："大苏学士安否？"由此见得，苏轼的大名真是从岭南到契丹无人不知。然而，对于这样的夸赞，苏轼并不很在乎，他一边忙着疏浚西湖，一边还要设安乐坊，抢救遭逢疫病的百姓，这才是他现在的日常。苏轼知杭州的这段岁月，与其形容为充实和快乐，我更愿将其称为"寻常"，身为地方官，不就该过这样的日子吗？

04

天涯沦落人的合作款医书

众所周知，苏轼曾钻研过道教，既然如此，他就不可能独善其身地走出"炼丹修身"的法门。

而自古以来，炼丹之人熟能生巧，变身医学大师实在不是什么稀奇事，晋代葛洪不正是如此？苏轼在杭州，面对突如其来的疫情时，处理得如此得心应手，跟他具备一定的医学知识应该有一定的关系。他用来对抗杭州疫病的药方，名为"圣散子"，专治伤寒症，最初还是他从四川老乡巢谷那里求来的：

> 其方不知所从出，得之于眉山人巢君谷。谷多学，好方秘，惜此方不传其子。余苦求得之。谪居黄州，比年时疫，合此药散之，所活不可胜数。巢初授余，约不传人，指江水为盟。余窃隘之，乃以传蕲水人庞君安时。安时以善医闻于世，又善著书，欲以传后，故以授之，亦使巢君之名，与此方同不朽也。

（《圣散子序》）

早在黄州时，苏轼就拿这方子救了不少人。不过，巢谷似乎并不希望这方圣散子传播得太广，苏轼指江水为誓才从他手里得到了这份秘藏，但他并没有选择保守秘密，一回头就把药方传授给了名医庞安时。

"我之所以这么做，就是想让巢谷的大名随着这药方一起流传后世，永垂不朽啊！"至于巢先生会不会原谅他，那就不得而知了。

现在流传的中医典籍中，有一部名为《苏沈良方》，就是苏轼与沈括两人文集中各种医家方剂和理论的合辑本。说起苏轼和沈括，坊间一直有传闻，沈括是拿苏轼诗文兴文字狱的罪魁祸首，只是这条记载实属孤证，真相如何无人知晓。但沈括确实曾因为永乐城之败而被贬随州三年，和苏轼被贬黄州是同时期的事情，后来，他和苏轼都在哲宗即位后得到宽赦。把二人的医方合二为一，倒也有几分道理。

因为一部《梦溪笔谈》，后世对沈括在科技上的评价高于对他政治成就的认可："（括）博学善文，于天文、方志、律历、音乐、医药、卜算无所不通，皆有所论著。"

我第一次知道《苏沈良方》，全是因为看了《阅微草堂笔记》中纪晓岚的这段记载："蔡葛山先生曰，吾校四库书，坐讹字夺俸者数矣。惟一事深得校书力。吾一幼孙，偶吞铁钉，医以朴硝等药，攻之不下，日渐尫弱。后校苏沈良方，见有小儿吞铁物方，云剥新炭皮，研为末，调粥三碗，与小儿食，其铁自下，依方试之，果炭屑裹铁钉而出。乃知杂书亦有用也。此书世无传本，惟永乐大典收其全部。余领书局时，属王史亭排纂成帙。苏沈者，苏东坡，沈存中也。二公皆好讲医药，宋人集其所论，为此书云。"

按纪晓岚转述蔡葛山的话，这位蔡先生是乾隆皇帝修《四库全书》时候的校对，因为做事不认真，老检查不出错字，经常被扣工资。可他说，修四库这活儿还真曾经帮了他一个大忙。原来，蔡先生的小孙子曾经误吞铁钉，怎么都排不出来，眼看身体一天天衰弱下去。就在这时，老蔡刚好校对到《苏沈良方》这部书，发现书里记载了小儿吞入铁物的处理办法。老蔡按书里所说把炭皮研成粉末，调成三碗粥让孙子喝下去，果然很快木炭粉就裹着铁钉排出来了。蔡先生不由得感叹，原来看杂书也是有用的啊！

如果纪晓岚所记是事实的话，看来《苏沈良方》确实能治病救人，而非文人的臆想之辞。不过这书似乎在后世流传并不广，清朝修《四库全书》时只在《永乐大典》里找到了其全本。

现在我们还能见到苏轼和沈括的医学智慧结晶，真得感谢上天的恩惠啊。如今的学者对《苏沈良方》中的每一条都进行了细致的考证，大概理清了它们分别属于苏方还是沈方，两者占比约为1∶3，我们现在着重看被辨识为苏轼所作的那部分。

大家都知道，吃货易发肠胃问题。《苏沈良方》中收录有苏轼文章中的治下泻各方。而且，这些药方大多经过苏轼的伯乐欧阳修、文彦博等人亲自试验，疗效基本是没有问题：

> 欧阳文忠公常得暴下，国医不能愈，夫人云"市人有此药，三文一贴甚效"。公曰，"吾辈其方，久之乃肯传。但用车前子一味为末，米饮下二钱匕。云此药利水道而不动气，水道利则清浊分，谷脏自止矣"。
>
> （《暴下方》）

肉豆蔻刳作瓮子，入通明乳香少许，复以末塞之，不尽即用面和少许，裹豆蔻煨熟。

（《治泻痢方》）

以生姜和皮，切碎如粟米。用一大盏，并草茶，相对煎服……文潞公得此疾，百药不效，而予传此方而愈。

（《茶方》）

看来相比于苏轼，欧阳修才是那个总被拉肚子的老毛病困扰，时常需要灵丹妙药拯救的人。从这个方面来说，把《苏沈良方》当作宋朝士大夫的生活秘闻袖中书也未为不可。

开头我曾提到，苏轼有时候也会尝试一下道家的炼丹修身之法，《苏沈良方》卷六的"记松丹砂"一段即为他的亲身经历：

祥符东封，有扈驾军士，昼卧东岳真君观古松下，见松根去地尺余，有补塞处，偶以所执兵攻刺之。塞者动，有物如流火，自塞下出，遥走入地中。军士以语观中人，有老道士拊膺曰"吾藏丹砂于是，三十年矣"。方卜日取之，因掘地数丈不复见，道士怅恨成疾，竟死。其法，用朱砂精良者，凿大松腹，以松气炼之，自然成丹。吾老矣，不暇为此，当以山泽银为鼎，有盖，择砂之良者二斤，以松根明节悬胎煮之，傍置沙瓶，煎水以补耗，满百日取砂。玉槌研七日，投熟蜜中，通油瓷瓶盛，日以银器取少许，醇酒搅汤饮之，当有益也。

——传说宋真宗泰山封禅时，有个随行的军士，一时不慎戳破了道士们封在泰山真君观的老松树下长达三十年的丹砂。功亏一篑之后，有个老道竟愤恨而死。苏轼说，自己已经年老，等不了三十年去做一样的事情，不过他有样学样地找来松根结节，混着丹砂同煮，满百日后取出，研磨七天，再把丹砂放进蜜中，每天取一点混着酒水服下，以期有益身体。

嗯，连吃丹砂都得拌着蜂蜜，你可真是一个典型的四川人啊！

元祐六年（1091）五月，苏轼杭州任满，回汴京重任翰林。从杭州北上，这一路苏轼再熟悉不过，他一边留意民间灾情，上书朝廷请求尽快赈济，一边故地重游，再访常州、镇江、扬州。此时的苏轼，已然是江南人追捧的偶像，跟当年被贬黄州时无人交往的落魄自闭简直是天壤之别。在经过扬州时，州中的百姓沿着河道争相聚集，就是为了一睹苏轼的风采，所谓"去年使君道广陵，吾州空市看双旌"。

但此时的苏轼，恐怕去哪里都心中忐忑，他实在不愿回到汴京朝廷，连着三次上书辞职，恳请皇帝让自己在扬、越、陈、蔡四州之中挑选一处继续当地方官，可惜始终未能得到积极的回应。

五月二十六日，苏轼回到汴京，三天后接受了翰林学士诰命。跟着他一起来京的，还有圣散子药方。可能是在杭州时疫中表现过于优异，这药方很快为世人瞩目并流入汴京。苏轼对此非常欣慰，特别作《圣散子后序》一文："吴郡陆广秀才，施此方并药，得之于智藏主禅月大师宝泽，乃乡僧也。其陆广见在京施方并药，在麦曲巷居住。"

《苏沈良方》中也自然不会遗漏这位重量级选手："草豆蔻（去皮，面裹，炮）十个。木猪苓（去皮）。石菖蒲。高良姜。独活（去芦头）。

附子（炮制，去皮脐）。麻黄（去根）。厚朴（去皮，姜汁炙）。藁本（去瓤，土炒）。芍药。枳壳（去瓤，麸炒）。柴胡。泽泻。白术。细辛。防风（去芦头）。藿香。半夏（姜汁炙）。茯苓各半两。甘草（炙）一两。上，剉碎如麻豆大，每服五钱匕，清水一盏半，煮取八分，去滓热服。余滓两服合为一服，重煎，空心服。"

圣散子方的成本不高，服用也很方便，按苏轼的说法，只要把药材堆在大锅里煮好，不管男女老少各喝一大碗即可。据《避暑录话》记载，或许正是由于"门槛低"，才导致圣散子方在北宋末年被医家滥用，平白送走了许多无辜的性命："宣和后，此药盛行于京师，太学诸生信之犹笃，杀人无数，今医者悟，始废不用。"

巢谷当年忌讳此药方外泄，莫非他早已预见这结果？回到汴京的苏轼感觉到了危险，仅仅一个多月，到七月份时，他又连章上书自请外放，但依旧未得到允许。果不其然，错过了这最后的机会，曾经的政敌们又想效仿当年的乌台诗案，将苏轼彻底打入地狱。

一次，苏轼受命起草任命吕大防为左相的诏书，他引用了《诗经》中一句"民亦劳止"，随即遭到弹劾。因为这首诗是讽刺周厉王的。周厉王因为组织改革遭到旧贵族反扑而被迫流亡。你用这首诗里的东西，难道不是讽刺先帝神宗是周厉王？还记得苏轼在扬州西林寺写的那句"山寺归来闻好语"吗？现在也被拿来指斥为罪证："你所谓的好语，说的难道不是先帝驾崩？身为臣子，你的良心不会痛吗？"

明眼人都看得出，欲加之罪，何患无辞。但由此带来的伤害却是真实的，为了应付这一系列的口水战，苏轼身心俱疲。在这样一种恐怖的氛围里，只有美食不可辜负。想要安心享受食物，除了肠胃要保养，牙齿也不能忽略。

苏轼于此年八月十三日作《漱茶说》一文，详述了饭后用浓茶漱口的种种好处："每食已，辄以浓茶漱口，烦腻即去，而脾胃不知。凡肉之在齿间者，得茶浸漱之，乃消缩不觉脱去，不烦挑刺也。而齿便漱濯，缘此渐坚密，蠹病自已。"

终于，就在几天之后，苏轼请求外放的心愿达成了，他受赐"对衣金带马"，奉命前往颍州（今安徽阜阳），这里是欧阳修告老还乡后的隐居之地。此次回京，苏轼仅住了三个月便因激烈的政治斗争而离去。闰八月十一日，他的行船驶入颍州地界，二十二日，苏轼正式上任，进表谢恩。

新的生活，真的能随着远离朝堂而开始吗？

05

痛饮洞庭春色酒，兜兜转转到扬州

或许是因为在杭州西湖留下的记忆过于美好，苏轼每到一个地方，都对这里的"西湖"非常有兴趣，颖州的西湖顺理成章变为他公事之余赏月吟诗的活动基地。

此刻的颖州并不太平，正在经历旱灾。苏轼听说州内有一座求雨极为灵验的神祠，便派儿子苏迨沐浴斋戒前去祷告。另外，他上书朝廷，认为有必要整治颖州的水利系统，颖州西湖的工程也由此大兴。

可以说，苏轼最大的优点，莫过于为地方官时走到哪里都会切实以百姓利益为先做些实事。只不过，这场绵延的旱灾确实影响了他身为一个吃货的乐趣：

> 我昔在东武，吏方谨新书。斋空不知春，客至先愁予。
>
> 采杞聊自诳，食菊不敢余。岁月今几何，齿发日向疏。
>
> 幸此一郡老，依然十年初。梦饮本来空，真饱竟亦虚。

尚有赤脚婢，能烹赪尾鱼。心知皆梦耳，慎勿歌归欤。

（《到颍未几，公帑已竭，斋厨索然，戏作数句》）

——唉，来颍州上任没多久，工作经费居然就快见底了，厨房里也没什么像样的东西能吃，还好，婢女们还会做红鲤鱼给我吃。

几年前，苏轼从黄州回到汴京，曾因吃到黄封酒和红鲤鱼而感觉家庭温馨。如今，菜品依旧，心境却是大有不同了：

新年已赐黄封酒，旧老仍分赪尾鱼。

陋巷关门负朝日，小园除雪得春蔬。

病妻起斫银丝脍，稚子欢寻尺素书。

醉眼蒙眬觅归路，松江烟雨晚疏疏。

（《杜介送鱼》）

虽然没吃上什么好菜，苏轼却在颍州喝到了一口好酒，安定郡王赵君平酿制的黄柑酒。

"安定郡王"这个封号其实也值得说一说。众所周知，宋太祖赵匡胤死后，宋朝帝位遂落入其弟太宗赵光义手中，此后的北宋各位皇帝都是宋太宗的后人，而宋太祖赵匡胤的子孙的最高封爵，就是安定郡王。

赵匡胤的死因一向众说纷纭，"烛影斧声"的故事大家一定都很熟悉了。太宗弑兄的说法，固然没有确凿的证据，但赵匡胤死后如"开宝皇后不成丧"等一系列不平常的事件都证明了他驾崩那晚，宫里确实暗潮涌动。可无论如何，赵匡胤都是大宋开国之君，怎么着也不能断了他子孙后代的香火，而安定郡王等于是赏给太祖一系最后的体面。

当然，这黄柑酒不是在颍州酿的，而是安定郡王的侄子赵德麟得到后派人寄给苏轼品尝的，它还有个极妙的名字："洞庭春色"。

得到如此佳酿，也算是困境之中的些许安慰，在半醉半醒之间，苏轼写下一篇《洞庭春色赋》，其手迹流传至今。在赋中，喝了这瓶"洞庭春色"以后的他，似乎忘掉了很多事，出现了一种超现实的浪漫：

> 悟此世之泡幻，藏一里于一斑，举枣叶之有余，纳芥子其何艰，宜贤王之达观，寄逸想于人寰。袅袅兮春风，泛天宇兮清闲。吹洞庭之白浪，涨北渚之苍湾。携佳人而往游，勒雾鬓与风鬟，命黄头之千奴，卷震泽而与俱还，糁以二米之禾，藉以三脊之菅。忽云烝而冰解，旋珠零而涕潸。翠勺银罂，紫络青纶，随属车之鸱夷，款木门之铜镮……

因为喝了这好酒，苏轼感觉自己"散腰足之痹顽"，就连腰酸腿麻的老毛病都好了。不过，这酒既然是安定郡王家的秘方，苏轼自然不会了解具体酿造的方法，多想无益，还不如赶快洗干净杯子，像一口吞下三江之水一般品味这浓香四溢的美酒，继续他如醉如梦的奇幻漂流。

苏轼在颍州也并未住多久，过了新年，元祐七年（1092）二月，朝廷又改任他为"知扬州军州事"。既然绕了一大圈，最后还是要到扬州为官，那么中间这两站到底有什么意思呢？

苏轼一生曾经十到扬州，早在几年前从黄州东行时，他便在扬州停留过好一段日子。他的恩师欧阳修是扬州平山堂前名震天下的"文章太守"，他的挚友兼后辈秦少游老家在扬州高邮，其本人也在扬州当地颇有人望，这次能到扬州当地方官，苏轼内心的欣喜不亚于之前到杭州。

刚一上任，苏轼便革除时弊。扬州芍药甲天下，在蔡京知扬州时，曾举办所谓的"万花会"，成了一时胜景。苏轼很了解，这种形式大于内容的形象工程，劳民伤财得不偿失，因此他立刻叫停万花会。短短半年内，他优化了漕运的规章，还使朝廷减轻了当地赋税。为百姓多做一些实事，让他们少一点压力，始终是苏轼在地方施政时的坚持。

如今的扬州，是联合国认证的"世界美食之都"，而在近千年前的北宋，那时的扬州美食又是什么样子？秦观和苏轼的往来诗文中，有一首《以莼姜法鱼糟蟹寄子瞻》倒是紧扣我们的主题：

> 鲜鲫经年渍醽醁，团脐紫蟹脂填腹。
>
> 后春莼茁滑于酥，先社姜芽肥胜肉。
>
> 凫卵累累何足道，丁馈盘飧亦时欲。
>
> 淮南风俗事瓶罂，方法相传为旨蓄。
>
> 鱼鳝虿醢荐笾豆，山蔌溪毛例蒙录。
>
> 辄送行庖当击鲜，泽居备礼无麋鹿。

简而言之，这首诗写的是秦少游曾给苏轼邮了一个扬州特产大礼包，其中包括酒渍鲫鱼、紫蟹、莼菜、姜芽、凫卵、鱼干、干贝酱，等等。

礼包中的大多数，我们之前都介绍过了，这里也不用再重述一遍莼菜鲈鱼的故事，现在让我们先来看看"凫卵"。凫卵是什么呢？莫不是某种鸟类的蛋？其实，凫就是鸭子，而凫卵很有可能就是今天闻名天下的高邮双黄咸鸭蛋。

在长江流域，用盐腌制鸭蛋或者鸡蛋的历史极为悠久。近年来，考古工作者在清理江苏常州境内的诸多春秋时代的土墩墓时，屡屡发现保存十分完好的咸鸭蛋和咸鸡蛋。金坛二号土墩墓出土的一罐咸鸭蛋虽然距今已经2500多年，但依旧有咸味。它被保存在一个有盖的陶罐里，上面还有痕迹明显的封泥。

一直到今天，当地人依然会用"泥腌法"腌制咸鸭蛋。其操作方法也很简单：先将黄泥加水搅拌成稀泥，再将鸭蛋放入稀泥里滚上一圈，取出置于盐碗里用盐包裹，之后将鸭蛋装罐封好，放于阴凉处，过三周左右便能食用。

但凡水源充沛的地方，咸鸭蛋都不算稀罕物，那么，今天产自扬州高邮的咸鸭蛋又为什么能独领风骚，比其他地方的"亲戚们"有名得多呢？

这就不得不提到生活在高邮湖畔的麻鸭了。这种鸭子以擅产双黄蛋闻名，有的鸭蛋还会出现三黄、四黄。双黄蛋这种可遇不可求的彩头，在高邮鸭蛋里很常见。不仅如此，高邮鸭蛋品质也格外好，腌制之后颜色鲜红如血，油脂又很丰富，用筷子挑上那么一点，配上米粥，堪称人间绝味。

我想我可以用很多方式称赞高邮咸鸭蛋的美好，但无论我怎么夸，放到汪曾祺先生那句"曾经沧海难为水，他乡咸鸭蛋，我实在瞧不上"面前，就全都变成了班门弄斧。先生还在《端午的鸭蛋》中做了这样的描述：

> 高邮咸蛋的特点是质细而油多。蛋白柔嫩，不似别处的发干、发粉，入口如嚼石灰。油多尤为别处所不及。鸭蛋的吃法，如袁子才所说，带壳切开，是一种，那是席间待客的办法。平常食用，

一般都是敲破"空头"用筷子挖着吃。筷子头一扎下去，吱——红油就冒出来了。高邮咸蛋的黄是通红的。苏北有一道名菜，叫作"朱砂豆腐"，就是用高邮鸭蛋黄炒的豆腐。我在北京吃的咸鸭蛋，蛋黄是浅黄色的，这叫什么咸鸭蛋呢！

实话实说，当初读到这一段文字的时候，我都快拍案而起了。无论是口感还是吃鸭蛋的方式，都和我记忆中的完全一致，就连对于鸭蛋黄颜色的问题，我也有过跟汪曾祺先生类似的经历。

幼时的我，因为近水楼台，吃到的咸鸭蛋蛋黄都是红得流油的那种，在不知不觉中，内心便产生了"咸鸭蛋黄就应该是红色的"这一思维定势。很多年后身在他乡，一天早起出门，遇到了一个有卖咸鸭蛋的早点摊，当我敲破蛋壳掏出蛋黄，却发现那是几近苍白的黄色，我当即拍案而起，叫来摊主理论："你们这咸鸭蛋都放坏了还拿出来卖？"但摊主却坚称他卖的鸭蛋没有任何问题。

最后，事情不了了之，因为我自忖社会险恶，偶尔吃点小亏也是无可奈何。但是，往后多次吃咸鸭蛋的事实证明，还真是我应该被上一课，天底下绝大多数的咸鸭蛋黄其实都是浅黄色的。现在回想起来，那天摊主和周围食客的眼神，似乎有点像是在看傻瓜。

小时候吃咸鸭蛋，往往只吃那流油的蛋黄，而对偏咸的蛋白不屑一顾，如今知道了高邮咸鸭蛋的难得，对那蛋白也不得不爱屋及乌，就连附着在蛋壳上的少量蛋白都舍不得浪费。说实话，把蛋黄和蛋白搅在一起入口，其实也别有一番风味。

所以，看到诗里秦少游一出手就是"凫卵累累"，我就不由得感叹他

双黄鸭蛋

高邮本地麻鸭所产鸭蛋，不仅个头大、蛋黄大，且多为双黄蛋，大多数人认为这是高邮麻鸭的品种优势，但据说有人将高邮麻鸭带去别地饲养，繁育一两代之后，所产鸭蛋的双黄现象便会明显减少。这背后的原因至今不得而知，或许是因为"一方水土养一方鸭"所致。

的阔绰和大方。然而，在秦观的特产大礼包里，鸭蛋其实只是配角，真正的主角又是谁呢？咱们且看这首诗的标题吧：《以莼姜法鱼糟蟹寄子瞻》，原来，放在最后的蟹才是重点啊。

就跟苏轼的那首《泛舟城南会者五人分韵赋诗得"人皆苦炎"字四首》一样，秦观在诗中也提到了"紫蟹"，对于紫蟹何以得名，已然超出了我的解读能力，便不再提。古代没有那么高明的保存技术，再好的螃蟹邮到外地也会一命呜呼，所以秦少游送去的都是所谓的"糟蟹"。

糟，指的是酒糟，而糟蟹顾名思义，就是用"糟渍法"处理的螃蟹：用清水将螃蟹洗净，擦干，准备一个罐子，以酒糟铺满罐底，再把活蟹放进罐中，装满之后再加一些盐、酒、醋，把罐子密封起来，七天之后开罐检查，只要没有怪味就可以吃了。

做糟蟹只能选用雌蟹，雄蟹是绝对不行的，据说，一罐糟蟹里只要有一只尖脐的雄蟹，那整罐的品质都会出大问题。讲究的人会在农历九月做糟蟹，因为那会儿雌蟹的蟹黄最为诱人。入罐之前，他们还要往每一只蟹的脐内多塞一点儿酒糟，这样味道会更好。照这么看，秦观给苏轼挑的都是"团脐紫蟹"，果然是很有门道。

在古人的心目中，成为糟蟹是一只螃蟹最好的归宿之一。南宋诗人杨万里是糟蟹的铁杆粉丝，写了好几篇夸赞糟蟹的诗文，其中最可餐的便是那句："酥片满螯凝作玉，金穰熔腹未成沙。"

自古以来一到秋天，江南人便难以抵挡蟹的诱惑，除了肥美的蟹肉之外，蟹黄、蟹膏也都是人间至味。虽然今天不少人都知道，前者是雌蟹的卵巢和卵细胞，后者是雄蟹的副性腺及其分泌物，但这毫未影响螃蟹在美食中的崇高地位。

抛开那些单以蟹肉、蟹黄入料的菜式不谈，论整只螃蟹的料理方式，和现代人相比，居然还是古人更加多样化，其手段包括但不限于糟蟹、醉蟹、腌蟹、酱蟹等，还有当时甜口男孩们最爱的蜜蟹和糖蟹。唐宋时期扬州和苏州的糖蟹都相当有名，还一度成为贡品（虽然以现在的眼光看多少有点黑暗料理的意思）。我想，如果秦少游能把糟蟹换成糖蟹，苏轼收到了恐怕会更开心一点。

而现代人问候大闸蟹就简单太多了，其方法无非蒸和煮两种。只不过，今天的爱蟹人士对螃蟹的产地有着非比寻常的执着，市面上最受追捧的正是所谓的"阳澄湖大闸蟹"，它在蟹里的江湖地位，简直堪比酒中茅台、车中玛莎拉蒂。"阳澄湖"这三个字直接象征着蟹的身份和档次，哪怕是将别处的螃蟹抓去阳澄湖"洗个澡"，身价都能翻好几番。

其实，稍微了解一点的人都知道，所有大闸蟹都属于中华绒螯蟹，作为洄游动物，大海才是它们的故乡，只是出生后要逆流而上回到淡水中生活，所以，无论哪个湖里的蟹，就没有一个是土生土长的，最多只能说是跟"落户政策"沾点关系。而在养殖环境下长大的螃蟹，但凡水源流动清洁、饲料配比合理，就都可以健康成长。不管是来自哪个湖塘，只要个大、肉多、有丰富的膏与黄，送到嘴里都不见得会比阳澄湖的逊色。

有某些单推阳澄湖大闸蟹的所谓美食家，说起来头头是道，但有节目做了实验，把不同地方的蟹不标明产地端到他们面前，让他们凭味觉判断哪个是阳澄湖大闸蟹，结果，一个选对的都没有。

《苏轼全集》中还有一首《扬州以土物寄少游》，其内容跟秦少游的那首高度雷同，仅在《以纯姜法鱼糟蟹寄子瞻》一诗的基础上删去了一句，顺便修改了几个用词：

> 鲜鲫经年秘醲酥，团脐紫蟹脂填腹。
>
> 后春莼苗活如酥，先社姜芽肥胜肉。
>
> 乌子累累何足道，点缀盘飧亦时欲。
>
> 淮南风俗事瓶罂，方法相传竟留蓄。
>
> 且同千里寄鹅毛，何用孜孜饮麋鹿。

这两首诗实在是过于接近了，要是放到今天用知网查重的话，其中之一必然会被判定为抄袭。我也看过有多人一本正经地论证这两首诗孰真孰假及谁抄了谁，其实，真没必要这么上纲上线，这两首诗都出自二人公行的诗集中，伪作的可能性并不大。虽然没有明确的记载，但我猜想，《扬州以土物寄少游》很有可能是苏轼来到扬州以后，写给秦观的玩笑之作。

苏轼到任扬州之时，秦观正在外宦游，为了答谢这位好兄弟曾经寄给自己的扬州特产大礼包，苏轼特意准备了他曾经置办的那几样东西，好用故乡的味道告慰他的思乡之苦，之所以没有"鱼鱐蜃醢荐笾豆，山蕨溪毛例蒙录"那一句，很有可能是苏轼没能搞到鱼干及干贝酱等几样土产，为了避免尴尬才专门删掉的。

今天的扬州城里，居然还保存着苏轼诗文中的遗迹，在石塔寺。清朝咸丰年间，这座初建于晋代的千年古刹，最终毁于太平天国的战火，但寺内唐代修筑的石塔却奇迹般地幸存下来，至今仍立于汶河小学附近的文昌中路绿化岛上。

苏轼知扬州时，曾特意来石塔寺游览作诗，追述了一段前朝的往事：

饥眼眩东西，诗肠忘早晏。虽知灯是火，不悟钟非饭。

山僧异漂母，但可供一哂。何为三百年，记忆作此讪？

斋厨养若人，无益只贻患。乃知饭后钟，阇黎盖具眼。

苏轼这首《石塔寺》的内容跟当时很有名的"饭后钟"故事有关。故事的主人公王播是唐朝太原人，他的父亲王恕做扬州仓曹参军，他随父流寓扬州。谁料父亲不幸离世，孤苦无依的王播只好寄身于石塔寺，靠和尚施舍他一口饭吃。每天寺院钟鸣，王播便准时去斋房吃饭，时间一长，僧人们对这个混吃混喝的家伙有所不满，有时会故意在敲钟前就把饭吃完，好让王播扑个空。知道真相后，王播在寺院墙上题写了一首诗，愤然离开。

二十多年后王播发迹，成为镇守扬州一方的淮南节度使。在重游石塔寺时，他看到自己从前在墙上题的那首诗，居然被寺里僧人用碧纱罩住保护了起来，哭笑不得的王播便在旁边又题了一首诗："上堂已了各西东，惭愧阇黎饭后钟。二十年前尘拂面，而今始得碧纱笼。"

以现在的眼光看，这是一个典型的"莫欺少年穷"的段子，甚至还有一点点龙傲天小说主角扮猪吃老虎的意思，但对于重返石塔寺现场的苏轼而言，他这首所谓的"戏作"，想要表达的东西似乎一言难尽。在他眼里，王播的做法多少带点"升米恩斗米仇"式的忘恩负义，寺中的僧人对他，应与韩信的漂母无异，能在最困难的时候给口饭吃，便是对他最大的恩惠，更何况，不是因为饭后钟事件的刺激，王播也未必能够奋发图强出人头地。然而这些僧人，又是如此傲慢且势利，且不说他们在王播得势前后的态度两极，就是他们故意使坏让年轻人饿肚子的卑劣行径，也很难让人与之产生共情。

在王播故事的发生地石塔寺，一次茶会之后，苏轼写下了一首《到官病倦，未尝会客。毛正仲惠茶，乃以端午小集石塔，戏作一诗为谢》：

> 我生亦何须，一饱万想灭。胡为设方丈，养此肤寸舌。
>
> 尔来又衰病，过午食辄噎。谬为淮海帅，每愧厨传缺。
>
> 爨无欲清人，奉使免内热。空烦赤泥印，远致紫玉玦。
>
> 为君伐羔豚，歌舞菰黍节。禅窗丽午景，蜀井出冰雪。
>
> 坐客皆可人，鼎器手自洁。金钗候汤眼，鱼蟹亦应诀。
>
> 遂令色香味，一日备三绝。报君不虚授，知我非轻啜。

这首带着自我总结性质的美食诗，或许反映了苏轼内心的矛盾，一方面士大夫的责任感驱使他不能逃避，也不能对明天的世界置之不理；而另一方面因为经历了乌台诗案，他已看透了朝廷内部的尔虞我诈、党同伐异，想要继续通过外放来逃离危险的政治斗争。

元祐七年（1092），宋哲宗亲政前夕，来到扬州刚满半年的苏轼又一次被召回汴京，并在九月被委任为礼部尚书、端明殿学士。虽然位极人臣是件好事，但苏轼脸上并没有多少喜悦，此时此刻，他内心依旧彷徨，依旧频繁地上书要求离开中央下到地方。这就是宦海浮沉几十年的直觉，新帝亲政怎么可能不烧几把火呢？而谁又能确定，这把火不会烧到自己呢？

果不其然，汴京这个当时世界上最繁华的都会，变成了他的梦魇之地。事实证明，苏轼每次回京城就像遭到诅咒一样。回京刚满一年，苏轼人生中两个至关重要的女人，便在一个月内先后过世，元祐八年（1093）八月一日，苏轼的继妻王闰之病逝，九月三日，高太皇太后离世。

一个是枕边"老妻",一个是政治庇护伞,苏轼即将迎来不亚于乌台诗案的动荡。

之前提到过,宋神宗死后,支持旧党的高太皇太后辅佐年幼的哲宗,掌握实权。满朝大臣对太皇太后毕恭毕敬的样子,在哲宗心里留下了深深的阴影,他后来抱怨说,那时候大臣奏事全都面向太皇太后,自己只能看到他们的屁股。

亲政的哲宗决定处分高太皇太后的党羽,全面恢复父亲宋神宗的新政。史书将此称作"绍述",即继承神宗路线的意思。换言之,高太皇太后的死,意味着新党再次扬眉吐气。

很快,章惇回来了,因为反对废除新法而遭到贬谪的他被召回京城担任宰相,全面整改高太皇太后时的法度。长久的压抑,令章惇此次拜相后行事极为决绝。新党成员在制书中直接称元祐之初是"老奸擅国",以此暗讽高太皇太后;章惇又向宋哲宗诬告,说高太皇太后生前曾有废立之意,建议哲宗追废高太后。幸亏哲宗的嫡母向太后以及生母朱太妃力争,哲宗才有所感悟,没有付诸实施。

连死去的高太皇太后新党都没有放过,活着的旧党成员过的是什么日子,可想而知。

其实,在高太皇太后去世前,苏轼已经得到了外放定州的命令。尽早离开不仅是他的意愿,也是高太皇太后的遗命。高太皇太后猜到孙子等自己咽气后一定会在朝中搞大清洗,所以临终前嘱咐朝中旧党老臣,你们识时务就自己引退吧,或许还能保全。

九月十四日,苏轼在苏辙的宅邸跟弟弟话别,他写道:"客去莫叹息,主人亦是客。"毕竟,未来怎样无人可知。

06

松脂配螃蟹，是甚滋味？

北宋时期的定州，地域包含了今天保定大部分以及石家庄与邯郸的一部分，治所在安喜县（今河北定州），战国时候这里属于中山国，汉朝建立后又成了中山王的封地，所以别称中山。号称"中山靖王之后"的刘备曾在平黄巾起义中立了战功，被封为安喜县尉，在职期间因鞭打督邮弃官而去，经过多年奋斗，最终在四川成就了一番大业。

而苏轼这个四川人，宦海浮沉漂到这里。定州距离汴京一千一百二十里，苏轼在路上颠簸了四十多天才到任。当时的定州是宋辽边境的重镇，苏轼的职衔中还有"定州路安抚使兼马步军都总管"，在朝廷出现新动向之前，他的日子还得照常过下去。

在定州，苏轼不仅兴修军营、整顿边防，还做成了一件泽被后世的好事，那就是"南稻北移"。苏轼在巡防当地时，发现有两千多亩地势低洼沼泽成片的水地，看着有点像他的老家四川。如果换作别人，怕不是又要写诗作赋一表思乡之苦，然而苏轼却不落窠臼，在他看来，与其让这肥沃的土地空着，还不如拿它来种水稻。

于是，他组织当地农人去开荒，活学活用他在黄州务农时的经验，亲自传授了最基本的水稻种植技术，还托朋友从南方带来优良的稻种。没过多久，曾经的沼泽水地变成了千里稻田。据说，在新开辟的水田里，当地人插秧时传唱的小调，竟成了日后"秧歌"这一民间艺术的雏形。

在大搞生产期间，苏轼收到苏辙送来的一篮石芝，说这是某个登州来客从海上的岛礁中采集而来。苏轼颇有感慨，一晃之间，在登州都已经是八年前的事情了。岁月流逝，但苏轼身上有两点从未改变：一是为百姓做些实事，二是要在所到之处寻找跟他对味的事物。

于是乎，定州当地的名酒松醪，就成了苏轼的新宠，为此他写了一篇《中山松醪赋》：

始予宵济于衡漳，车徒涉而夜号。

燧松明以记浅，散星宿于亭皋。

郁风中之香雾，若诉予以不遭。

岂千岁之妙质，而死斤斧于鸿毛。

效区区之寸明，曾何异于束蒿。

烂文章之纠缠，惊节解而流膏。

嗟构厦其已远，尚药石之可曹。

收薄用于桑榆，制中山之松醪。

救尔灰烬之中，免尔萤爝之劳。

取通明于盘错，出防泽于烹熬。

与黍麦而皆熟，沸春声之嘈嘈。

松脂

马尾松、油松及其同属植物都产松脂，中医认为，松脂有祛风、杀虫、溶石、解毒、松弛气道等功效。松脂的工业用途众多，电路板焊接时可做助焊剂，屠宰家禽时可做褪毛剂，它也是制造油漆

、肥皂、纸、火柴等的工业原料。顺带一提，琥珀也是远古时期掩埋于地下的松柏树脂在压力和热力的作用下石化形成的。

味甘余而小苦，叹幽姿之独高。

知甘酸之易坏，笑凉州之蒲萄。

似玉池之生肥，非内府之烝羔。

酌以瘿藤之纹樽，荐以石蟹之霜螯。

曾日饮之几何，觉天刑之可逃。

看到"松醪"两个字，是不是有朋友以为它是用我们今天常吃的松子酿制而成的？其实不然，松醪的原料是松脂，说白了就是松树枝干中的油脂。用松脂酿酒，听上去就有一股扑面而来的工业党气息。

提炼松脂做药材，可以说是中国人的老本领了。据《本草纲目》载："松脂，味苦温，主痈疽恶疮、头疡白秃、疥瘙风气，安五脏，除热。性耐寒暑。久服轻身不老延年。"估计是看到了松树长青的景象，所以古代医家便认为人只要多吃松脂，就可以轻身不老。嗯，总之就是不得不佩服他们触类旁通的想象力呢。

虽然养生上的用处可能不大，但歪打正着，用松脂酿的酒非常好喝。按苏轼赋中所写，他采集到松树的枝条之后，用烹熬的方法取油，同时加入黍麦。这样酿出来的酒清甜中带着一丝迷人的小苦。凉州的葡萄酒，大家都知道吧，今天人们不惜砍掉敦煌的防护林也要把它给酿出来，但在苏轼眼里，无论是味道和品质，松醪都要比葡萄酒出色，配上霜降时节的肥美螃蟹，一天能狂饮多少连他自己都算不清。

追溯历史，松醪酒并非苏轼的独创。在唐代，松醪就已成为文人雅士的杯中伙伴，对此最痴迷的要数李商隐："慢行成酪酊，邻壁有松醪"，"赊取松醪一斗酒，与君相伴洒烦襟"，"目断故园人不至，松醪一醉与谁同"……

既然有松树就能熬制松醪酒，它当然不会是定州独有的酒品，同样是在唐朝时就有传说，汉代才子贾谊被外放到长沙国做长沙王太傅，因为长沙地处卑湿，在当时等同于荒僻之地，所以贾谊日常饮松醪酒祛湿气。这一说法流传甚广，杜牧《送薛种游湖南》"贾傅松醪酒，秋来美更香"，刘禹锡《送王师鲁协律赴湖南使幕》"橘树沙州暗，松醪酒肆香"，都用了这个与贾谊有关的典故。

但定州幸运地得到了苏轼这个大文豪兼美食家的文化加成，苏轼手书的《中山松醪赋》完整地保存到了今天，总之，在往后的岁月里，松醪酒渐渐成为定州的标签，以及国家地理标志产品。

然而，现在的松醪酒其实并不是李商隐及苏轼当年喝的松醪酒，唐宋时松醪的具体酿制方法早已失传。20 世纪 80 年代开始出产的"中山松醪"，看网上公布的原料，有黍米、松子、陈皮、葛根，而偏偏缺了最重要的松脂。就算想一掷千金去重温苏轼尝过的味道也没有机会。

值得一提的是，苏轼手书的《中山松醪赋》和前面提到的《洞庭春色赋》其实算是一件文物，这是因为苏轼后来将这两篇写酒的赋誊抄在了同一卷上，这一卷书法被保存下来，到了清代进入皇宫成为"三希堂"珍品（虽然没能逃过被乾隆扣上"天子古稀"印章的命运）。清朝灭亡后，这卷原藏于内府的书法，被那个超逊的逊帝溥仪偷盗出宫，1945 年伪满洲国灭亡后，散落民间三十八年，直到 1982 年才被重新发现并入藏吉林省博物馆。

书卷坎坷的命运，可能从它诞生的那一刻起就已经注定了。苏轼手酿松醪是在定州，可作《中山松醪赋》却不在，卷中苏轼的十行自题里有这样一句："绍圣元年闰四月廿一日将适岭表，遇大雨，留襄邑，书此。"

没错，他又被贬了。而这一次，苏轼要去的是万里之外的岭南。

　　高太皇太后让大家主动退避，也没有保得所有人的平安。宋哲宗亲政后的第二年（1094），将年号改为"绍圣"，追崇神宗新法的意思路人皆知。数月之内，朝中重臣三十多人皆被放逐，苏轼兄弟亦逃脱不过。三月，苏辙被贬汝州，到了哥哥从前未能前往的贬所。四月，苏轼的厄运来了，他被降为六品左朝奉郎，知英州（今广东英德），等走到安徽，新诏命又追到，任他为建昌军司马，安置惠州，不得签书公事。

　　这个"不得签书公事"是不是非常耳熟？没错，这跟乌台诗案后苏轼被贬黄州时的处罚几乎一模一样。到了八月，苏轼又被改任宁远军节度副使，依旧安置惠州。为了处置苏轼，朝廷前后五改诏书，可见新党们对苏轼的憎恨。

　　《宋史》称，当时新党甚至提议要挖开司马光的坟墓，还想派吕升卿、董必等人前往岭南，将苏轼这类被贬官吏尽数诛杀。好在那个薛定谔的太祖祖训又起到了作用，哲宗念及"子孙不得杀士人"之命，才留了苏轼他们一条性命。哲宗曰："朕遵祖宗遗制，未尝杀戮大臣，其释勿治。"然重得罪者千余人，或至三四谪徙，天下冤之。

　　说来也是巧合，元祐八年年底还在定州时，苏轼就一连写了三首跟蜜渍荔枝有关的诗，分别是《次韵曾仲锡承议食蜜渍生荔支》《再次韵曾仲锡荔支》和《次韵刘焘抚勾蜜渍荔支》。在定州，吃了一次味道已经大变的蜜渍荔枝，苏轼激动得大书特书，没想到几个月后，自己就要启程去能吃到新鲜荔枝的地方了，世人常说的"一语成谶"，恐怕就是如此吧。

　　代北寒荠捣韭萍，奇苞零落似晨星。

　　逢盐久已成枯腊，得蜜犹疑是薄刑。

欲就左慈求拄杖，便随李白跨沧溟。

攀条与立新名字，儿女称呼恐不经。

（《次韵曾仲锡承议食蜜渍生荔支》）

柳花着水万浮萍，荔实周天两岁星。

本自玉肌非鹄浴，至今丹壳似猩刑。

侍郎赋咏穷三峡，妃子烟尘动四溟。

莫遣诗人说功过，且随香草附骚经。

（《再次韵曾仲锡荔支》）

时新满座闻名字，别久何人记色香。

叶似杨梅蒸雾雨，花如卢橘傲风霜。

每怜莼菜下盐豉，肯与葡萄压酒浆。

回首惊尘卷飞雪，诗情真合与君尝。

（《次韵刘焘抚勾蜜渍荔支》）

　　实话实说，这几首都是些没话也要找话说的所谓和诗，说白了就是用些典故硬凑一下，要说里面有什么特别浓厚的感情和寓意，那实在是太勉强了。不过，既然都提到了，那就为大家补充一点前面略过的宋朝冷知识吧。苏轼和诗的这两个人中有一个曾仲锡，他是当时的定州通判。

　　对苏轼有知遇之恩的欧阳修，在《归田录》中提到了一则故事，说杭州人钱昆在汴京做官，但后来自请外放，别人问他想去哪里，钱先生干脆地回答："去个有螃蟹但没通判的地方就行了。"

螃蟹为什么能被大家喜爱，前面我们已经讲过了，那么为什么通判这么招人讨厌呢？这是由他们的特殊地位决定的。在宋代，通判并非知州的属官，而是皇帝安插在知州身边的监察员，所以，知州不仅一举一动为通判所约束，自身的权利还往往会被通判侵犯。据说，每次有知州跟身边的通判吵架，后者都会甩出一句话："我是郡监，朝廷使我监汝！"即：我是皇上叫来看着你的，你叫破喉咙都没有用！

有趣的是，苏轼也曾经在自己的诗文里引用过钱昆的典故："平生贺老惯乘舟，骑马风前怕打头。欲问君王乞符竹，但忧无蟹有监州。"（《金门寺中见李西台与二钱唱和四绝句，戏用其韵跋之·其二 》）

所以嘛，别看苏轼在定州为了蜜渍荔枝和曾通判你来我往写诗唱和不亦乐乎，这些其实都是表象，这对塑料兄弟心里还指不定怎么算计对方呢。不过，苏轼也算是得偿所愿，他终于去了一个既有螃蟹吃，又没有通判妨碍他自由的地方，只不过，他再也当不了知州了。

第九章／惠州南又南

绍圣元年十月，年近六旬的苏轼抵达了广东惠州，他将以新的姿态，面对暮年的悲苦以及岭南的风物。

01

岭南古来难

"过儿，快来尝尝这粥！"看着父亲手里捧着的豌豆大麦粥，苏轼的三子苏过叹了一口气。他们现在正一路向南，刚经过河南汤阴，住在官家的旅店里。

苏过吃了一口粥，瞟了一眼自己的老饕父亲，他猜父亲喝完了粥大概会写首诗吧，嗯，写词也是有可能的，从他们的旅程说起，讲讲怎么与这粥相遇，人生的境遇无论如何，一定都要乐观……"过儿，快找店家要来纸笔！"

苏过为父亲找来了笔和纸，于是世上便多了这首《过汤阴市得豌豆大麦粥示三儿子》：

朔野方赤地，河堧但黄尘。秋霖暗豆漆，夏旱瞤麦人。

逆旅唱晨粥，行疱得时珍。青班照匕箸，脆响鸣牙龈。

玉食谢故吏，风餐便逐臣。漂零竟何适，浩荡寄此身。

争劝加餐食，实无负吏民。何当万里客，归及三年新。

嗯？乐观，父亲他是真的乐观吗？苏过并不敢再想，或许他唯一觉得幸运的事，就是母亲在前几年已然仙逝，她不必再受这千万里辗转迁徙的苦楚。毕竟，这次旅行的终点是岭南啊。

苏过当然不知道，近千年之后的广东竟成了 GDP 长年位列全国第一的经济大省。在宋代，五岭以南的广东广西，以及与之隔海相望的海南，被称作"不毛之地"一点都不为过。虽然当时也有"广州刺史但经城门 过，便得三千万也"这样的俗语，但那种繁华只限于广州这样的大城市。一出城门，你面对的就是看不到边的丛林，以及神出鬼没的各种未开化蛮族，还有索人性命的瘴气，朝廷的威慑力只限于交通要道上的那几座城镇罢了。

真要说起来，两广人口大规模纳入国家户籍应该是明朝的事情了，而且由于地方宗族势力强悍，一直到晚清，两广很多村子几百年都没给朝廷上过一次税。人们常说的"皇权不下县"，在这里竟然真的成了现实。

值得一提的是，宋朝之前的岭南，也包括了今越南北部的交趾。可惜，唐末中原大乱，原本的静海军节度使趁机独立了出去，而我大宋武德如何，也是人尽皆知。宋太宗南征交趾战败后，越南北部独立已经是既成事实。大宋唯一能做的，就是咬紧牙关决不松口，打死不授予此时的越南李朝君主"国王"的头衔，而是代以所谓的三级册封制度。也就是先封你为交趾郡王，过个几年或十几年，表现好晋升"南平王"，等你死后再追封你为"南越王"。这样起码在名义上，交趾还是大宋的藩臣。

只能说，强者向来做实事，弱者则想尽办法玩嘴炮了。

至于唐宋时期从中原被派去岭南为官者们的心态，可以看看这个发生在初唐时的小故事：唐朝开国功臣卢祖尚投靠唐高祖李渊后得封弋阳郡公。等到唐太宗李世民即位，交州都督因贪污获罪，群臣一致认为卢祖尚文武双全可当大任，谁知卢祖尚接受诏书后竟然反悔不想去了。在他看来，就连违抗圣旨的大罪，跟去岭南做官的可怕都不值一比。唐太宗苦苦劝说，许诺三年之期一到，一定将他召回。谁知卢祖尚反驳道：岭南地区瘴气很重，需要整天喝酒，我又不能喝酒，去了难道还能回来吗？这一番话引得唐太宗大怒，将卢祖尚斩于朝堂。

随后，李世民又委任自己的堂弟李道兴为交州都督。结果听说皇帝要派自己去岭南，这位大唐宗室竟然活活吓死了："贞观九年，为交州都督，以南方瘴厉，恐不得年，颇忽忽忧怅，卒于官，赠交州都督。"（《新唐书》）

说到现在，大家差不多能理解苏轼要去的岭南，在唐宋时期的中原人心里是个什么地方了吧？简而言之四个字：人间炼狱。

知道遭贬岭南，苏轼便把大多数家眷都遣回常州安置，只带着爱妾朝云、幼子苏过以及两个婢女动身前往惠州。做出这样的安排，自然也是因为彼时岭南在他的眼里不是什么善地儿。

苏轼一行一路走走停停，终于在绍圣元年（1094）十月二日到达惠州贬所并上谢表。

苏轼之前被贬黄州时，只能寓居于定惠院，而这次在惠州，苏轼虽同样被贬，但是惠州知州詹范见来了如此大人物，"待以殊礼"，特地将合江楼作为苏轼的临时住处。

合江楼位于惠州城东北，是三司行衙中的一座建筑，东江和西枝江水至此合流，环抱如带，堪称惠州一大名胜。原本只有高级官员到此才有资格住在这里，但身为谪官的苏轼，却享受了超标准待遇。半个月后，苏轼迁居到嘉祐寺后山之巅的松风亭，在两千多棵松树的包围中安顿下来。

此时的苏轼已近花甲高龄，可能他自己也觉得再无复出的希望，所以，在惠州的这段时间，他的心态与在黄州时有了不同，用现在的话来说就是比较"佛系"，不争不吵，随遇而安，偶尔追求一下精致生活，仿佛是在抓紧剩余的日子，要将生活过得更舒适一些。刚到惠州十天，他就带着儿子苏过去佛迹院泡了温泉："浴于汤池，热甚，其源殆可熟物。"（《游白水书付过》）

啊，这温泉真是烫啊，感觉它源头的水都能把东西煮熟了。直到今天，惠州的"中海汤泉"还用苏东坡作为招牌来揽客，把苏轼泡过澡的温泉命名为"苏子池"。

苏轼虽然想要佛系地走完人生的最后一程，可上天却并不会在乎他的意愿。苏轼正妻王闰之已然故去，身边相伴的是爱妾王朝云。唐朝时，白居易年老，他舞女出身的爱妾樊素便另嫁他人。想到此事，苏轼戏作一首《朝云诗》，感叹他和朝云之间才是真爱：

> 不似杨枝别乐天，恰如通德伴伶玄。
>
> 阿奴络秀不同老，天女维摩总解禅。
>
> 经卷药炉新活计，舞衫歌板旧因缘。
>
> 丹成逐我三山去，不作巫阳云雨仙。

写到这，不得不问一句，在你的人生之中，有没有因为一个人，而留下再不敢触碰的记忆呢？如果有这般经历，或许你可以理解苏轼在朝云死后，此生不再听这首《蝶恋花》的心情："花褪残红青杏小。燕子飞时，绿水人家绕。枝上柳绵吹又少，天涯何处无芳草！墙里秋千墙外道。墙外行人，墙里佳人笑。笑渐不闻声渐悄，多情却被无情恼。"

在惠州迎来第二个秋天，见落木萧萧，苏轼请朝云弹唱此词，当唱至"枝上柳绵吹又少，天涯何处无芳草"时，朝云歌喉一转，泪满衣襟。当问清缘由之后，苏轼大笑，我本是因为悲秋才听这支曲子，结果你这唱得人居然伤起春来。

苏轼想不到，这是他跟朝云共度的最后一个秋天。绍圣三年（1096）七月五日，朝云病卒，苏轼悲不自胜，将这个来自杭州西湖畔的女孩，葬在了惠州的西湖边，并在她的墓前修筑了一座"六如亭"，"六如"之名取自朝云常诵的《金刚经》中的"如梦幻泡影，如露亦如电"。

六如亭有一副楹联："不合时宜，唯有朝云能识我；独弹古调，每逢暮雨倍思卿。"因为朝云调侃苏轼"学士一肚皮不合时宜"的记载出现在明代，所以我并不能确定此联是否为苏轼亲笔所写，但即便不是，它也是对苏轼王朝云之间感情最好的总结。

朝云的死因，在苏轼的悼念诗文中多有提及。《惠州荐朝云疏》称朝云"遭时之疫"，在《与林天和长官》称"瘴疫横流，僵仆者不可胜计，奈何！奈何！……丧两女使"。

按苏轼本人的说法，朝云是在岭南感染了类似恶性疟疾一类的流行病而丧命。但在北宋末年（1119）成书的《萍州可谈》中，朝云之死出现了一个非常奇幻的版本："广南食蛇，市中鬻蛇羹。东坡妾朝云随谪惠州，尝遣老兵买食之，意谓海鲜。问其名，乃蛇也，哇之。病数月，竟死。"

岭南人喜欢吃蛇肉，所以市场上有蛇羹出售。朝云以为卖的是某种海鲜，叫人买来尝了尝，知道这是蛇肉之后，当场呕吐，连续病了几个月，最后身亡。《萍州可谈》成书于朝云死后二十年内，且其作者朱彧与苏轼本人相识，书中的记载，似乎并不能轻易否认："余在南海，逢东坡北归。气貌不衰，笑语滑稽无穷。视面，多土色，靥耳不润泽。"

有些学者推测，可能是因为朝云的死法太过恐怖，心里过不去的苏轼避讳不谈，仅称她遭逢瘟疫而逝。只是，就算如朱彧所说，朝云是因吃蛇肉羹而中毒，但蛇毒见效甚快，哪有数月之后才毒发的道理呢？而且，苏轼如果想隐瞒朝云死因，又何必写那么多文章寄给那么多人，这样岂不是更加张扬了？

根据现有的文献，我只能做一个比较合乎逻辑的推测。苏轼跟朱彧相逢谈天的时候，或许提到了朝云曾因误食蛇羹导致呕吐的事情，之后又说到朝云身死云云，朱彧便想当然地把这两件事情联系到了一起。

南方人嗜蛇肉，这一风俗早在汉代就已形成。《淮南子》称："越人得蚺蛇，以为上肴。中国得而弃之，无用。"可见，福建及两广地区的越人跟中原人在吃蛇肉这点上各行其是。跟《萍州可谈》年代相近的宋人笔记对岭南的饮食习惯也多有记述："岭南人喜以蛇，易其名曰茅鳝。"（《倦游杂录》）"深广及溪峒人，不问鸟兽蛇虫，无不食之。"（《岭外代答》）

岭南的蛮夷部落抓蛇也有自己的一套方法，他们认为，大蛇都喜欢看花，于是抓蛇小队的队员们头上插满各种鲜花，趁蛇停下注视花朵之时，便一刀砍下它的脑袋，因为这些巨蛇体形极大，一条蛇就够一个村子人吃饱：

> 蚺蛇，大者如柱长。称之，其胆入药。南人腊其皮，刮去鳞，以鞔鼓。蛇常出逐鹿食，寨兵善捕之。数辈满头插花，趋赴蛇。

蛇喜花，必驻视，渐近竟拊其首，大呼红娘子。蛇头益俯不动，

壮士大刀断其首，众悉奔散，远伺之。有顷，蛇省觉，奋迅腾掷，

傍小木尽拔，力竭乃毙。数十人异之，一村饱其肉。

（《桂海虞衡志》）

到了近代，蛇肉之于广东，就像辣椒之于四川一样，成为地域饮食文化乃至刻板印象的代名词。大多数人对吃蛇肉多少抱着一点猎奇心理，不再将其视作是野人的享受和恶心的事了。

需要注意的是，虽然蛇肉也不是不能吃，但一定要选择已经实现了人工繁育的养殖品种，一来捕捉野生蛇类会对生态环境造成影响，私自收购野生蛇类是违犯法律的；二来蛇的体内可能有像裂头绦之类危险的寄生虫，为了吃一口蛇肉牢底坐穿或英年早逝都不值当。

不管朝云究竟是不是因吃蛇羹而死，苏轼都失去了人生中最后一位红颜知己。他的两妻一妾都已先他而去，而苏轼自己的人生，也即将开始倒计时。

02

别羡慕，他吃的荔枝不高级

说到苏轼在岭南，相信大多数人都会想起那首《惠州一绝》："罗浮山下四时春，卢橘杨梅次第新。日啖荔枝三百颗，不辞长作岭南人。"

这首诗让人以为东坡先生刚到岭南，就急不可耐地跑到树下摘荔枝吃了起来。然而，实际情况却并非如此，苏轼到达惠州已经到了年底，已过了吃荔枝的最佳时机，想要吃到上好的新鲜荔枝，还要再等上一段时间。

直到来年四月十一日，来到惠州六个月之后，经过了漫长等候，苏轼才第一次吃到了当地的鲜荔枝。为了纪念这宝贵的"第一次"，苏轼当即写了一首《四月十一日初食荔枝》：

> 南村诸杨北村卢，白华青叶冬不枯。
>
> 垂黄缀紫烟雨里，特与荔子为先驱。
>
> 海山仙人绛罗襦，红纱中单白玉肤。
>
> 不须更待妃子笑，风骨自是倾城姝。

荔枝

西汉司马相如在他的《上林赋》中就提到了「隐夫薁棣，答沓离支」，这里的「离支」就是荔枝。汉武帝时曾将南方的荔枝移栽于上林苑中，可惜应该没活多久，而「荔枝」的叫法则出现在东汉以后。现在的市场上有包括怀枝、三月红、妃子笑等十多个荔枝品种，其甜度及口味不尽相同。

不知天公有意无，遣此尤物生海隅。

云山得伴松桧老，霜雪自困楂梨粗。

先生洗盏酌桂醑，冰盘荐此赪虬珠。

似闻江鳐斫玉柱，更洗河豚烹腹腴。

我生涉世本为口，一官久已轻莼鲈。

人间何者非梦幻，南来万里真良图。

通俗地说，只要见到荔枝，杨梅和橘子可以一边待着去了。你看荔枝那红通通的外壳，就像是穿着罗裙，里面如玉的果肉是多么迷人，就算没有杨贵妃，凭它的风味也足以倾城。这么完美的水果生在这里，估计是上天特意的安排，我们且把盘子洗干净，倒上一杯桂酒，好好品味这像龙珠一般的宝物吧。剥开荔枝壳像是剥开鲜美的江瑶柱，又像是精心烹制的河豚腹。我这人活这一辈子，本来就是为了口腹之欲，被贬几万里来到南方，没想到还能摊上这种好事。

是不是听得嘴里不自觉分泌唾液，恨不得上购物网站订购两公斤荔枝呢？其实，杨贵妃并不是为荔枝大张旗鼓的第一人，这种独具风味的南方水果早在汉代就已经成为皇室的贡品："旧南海献龙眼、荔枝，十里一置，五里一堠，奔腾阻险，死者继路。时临武长汝南唐羌，县接南海，乃上书陈状，帝下诏曰'远国珍羞，本以荐奉宗庙。苟有伤害，岂爱民之本。其敕太官，勿复受献'。由是遂省焉。"（《后汉书》）

汉和帝（88—105 年在位）时，唐羌到临武做官。按照汉朝旧例，南海郡（治所在今广州）每年要向长安进贡龙眼和荔枝，沿途朝廷在道路上每隔十里设一座驿站，每隔五里设一座瞭望台，驿使前后相继奔驰送贡，因为过度劳累死在半路的数不胜数。临武也在驿路中，唐羌不忍再见如此惨剧，通过上书成功打动皇帝，免除了这两项贡品。

白居易在《荔枝图序》里称荔枝只要从树上摘下："一日而色变，二日而香变，三日而味变，四五日外，色香味尽去矣"，保鲜始终是运输荔枝的一大难题。汉朝将岭南的荔枝运到长安，路途实在过于遥远，到了唐玄宗那会儿，则取四川的荔枝，从蜀中运到长安供他和爱妃享用，从此留下了"一骑红尘妃子笑，无人知是荔枝来"的典故。

不过，无论是岭南的荔枝，还是四川的荔枝，在宋人心里都不属于荔枝中的顶尖品。在苏轼到达惠州的三十多年前，嘉祐四年（1059），一个叫蔡襄的人撰写了中国现存最早的荔枝专著《荔枝谱》，将福建出产的荔枝推为第一，书中还直白地说："九龄、居易虽见新实，验今之广南州郡与夔、梓之间所出，大率早熟，肌肉薄而味甘酸，其精好者仅比东闽之下等，是二人者亦未始遇夫真荔枝者也。"

张九龄和白居易当年见到的都是岭南以及四川出产的荔枝，大都早熟，肉又薄又酸，就算是其中的上品也只相当于福建荔枝里的下等。可怜啊可怜，这两人在文章里吹了一辈子荔枝，却都没吃过真正的好荔枝。

蔡襄是福建人，任官也大多在福建境内，对福建当地荔枝熟悉是理所应当的，但同时黑四川和岭南的荔枝，总让人觉得有种故意捧自己老家的感觉。也许有人会问，既然福建荔枝天下第一，怎么没听说汉朝和唐朝要求进贡福建荔枝？

其实这个问题，倒也不能跟荔枝的质量扯上关系。福建的开发甚至比两广地区还要晚，一直到了五代十国时期，掌握福建的军阀王审知奉行息兵安民政策，所谓"宁为开门节度，不做闭门天子"，使得福建成为乱世中的一方乐土，此后这里的人口才出现倍增态势。如果往前推到汉朝，大家会发现，大汉在福建境内只设了一个有建制的县——东冶县，位于今天的福建省会福州市境内。而这个东冶县的主要职能，是为了转送来自越南"交趾七郡"等地的贡品，堪称极品工具人。既然宋之前的福建，论荒僻危险比起岭南有过之而无不及，那么这里的荔枝被朝廷忽视也是理所当然的，因为谁能想到歹竹也能出好笋呢？

蔡襄写道，福建各地以福州种植荔枝最多，有的一户人家就有上万棵荔枝树，亦有树龄高达三百岁者，水果商人们在花期刚到时就会跟主人家签订契约，划分林地，林地内产出多寡由商人自己承担。果实采摘之后，除了顺着运河送到汴京外，还穿过大洋远销到高丽、日本、琉球等国。

只是，就凭当时的保鲜技术，想要吃到新鲜荔枝，还是要到原产地去等着才行。为了保证远行售卖的荔枝不在途中腐烂，需要经过特殊的加工处理。《荔枝谱》第六节收录了四种福建当时使用的荔枝加工法，分别被称作红盐、白晒、蜜煎、晒煎。

红盐法。用盐梅卤浸泡佛桑花做成红浆，把荔枝果实放入其中腌制，再捞出晒干，跟我们此前介绍过的盐梅做法差不多。以这样的方法做出来的荔枝干"色红而甘酸，可三四年不虫"，特别适合进贡使者与赴外的商旅购买。

白晒法。指把鲜荔枝放到烈日下晒至核硬，再储存于瓮中，密封上百天，这一道工序被称为"出汗"。

蜜煎法。剥开生荔枝，榨去汁液，然后和着蜜煮，制成类似今天蜜饯一样的东西，苏轼在定州吃到的蜜渍荔枝应该就是用这种方法加工出来的。

晒煎法。这是蔡襄自创的方法，将荔枝晒至半干后放进蜜中煮，这样荔枝原本的风味不至于流失太多，颜值上也更加出色，用蔡襄自己的话来说就是"色黄白而味美可爱"。

开始的时候，进贡的荔枝都是用红盐法跟蜜煎法制造的。宋仁宗时，因为"远不可致"，增加了白晒荔枝并降低了红盐荔枝的份额。蔡襄发明的晒煎法，只用一多半的鲜荔枝，就能做出跟原来分量相同的贡品。只是，这样节省民力就使得贪官污吏无法从中贪墨，蔡襄去职后，晒煎法就被抛弃了，所以，苏轼来岭南之前只能吃蜜煎古法做成的荔枝干。

在诸多的宋人笔记里，我们还能找到为数不少的冠以荔枝之名的饮料，比如荔枝膏："诸般水名……卤梅水、江茶水、五苓散、大顺散、荔枝膏。"（《西湖老人繁胜录》）似乎是一种以荔枝熬制成的浓缩冲泡饮品。然而，多查一些资料就会知道所谓的荔枝膏不过是张冠李戴的心理骗局，元代食疗大师忽思慧在他的《饮膳正要》中记载了做荔枝膏所需的原料：

> 乌梅（半斤，取肉）、桂（一十两，去皮，锉）、沙糖（二十六两）、麝香（半钱，研）、生姜汁（五两）、熟蜜（一十四两）、右用水一斗五升，熬至一半，滤去滓，下沙糖、生姜汁，再熬去滓，澄定少时，入麝香搅匀，澄清如常，任意服。

这里面离水果比较近的东西，其实只有乌梅一项而已。如今的绿皮火车上以及旅游景点常卖的所谓"新疆天山大乌梅"，也不过是用香精将李子调出乌梅味而已。说起来这还真有种"今人不见古时月，今月曾经照古人"的感觉。所以，没有一点历史功底的朋友，千万不要轻易去尝试复原你感兴趣的古代菜品，不然做出来牛头不对马嘴，你还要鄙视古人居然吃这种奇怪的玩意儿。

跟荔枝膏一样容易让人误会的还有一道宋代名菜"荔枝白腰子"，在宋代的御膳菜单中即有此物。当年宋高宗亲临张俊家中，张俊为招待皇帝而摆出的十五道下酒菜里，第一盏就是花炊鹌子跟荔枝白腰子。

大家不要以为这是拿荔枝果肉跟猪腰子混在一起烧的黑暗料理。说实话真这么做，我都不敢想象带着腰骚味的荔枝和带有荔枝甜味的猪腰哪个更加难吃。这道菜之所以以荔枝为名，是因为厨师将猪腰切花刀，腰子受热后表面分裂卷起，看上去就像荔枝的外壳；而"白"指的则是用蛋清混着炒，这跟我们现在家常处理猪肝和猪腰的方法基本上是一样的。

想想《四月十一日初食荔支》中苏轼那句"我生涉世本为口"，这和当初《初到黄州》那句"自笑平生为口忙"本是一脉相承，不过，从前的苏轼对食物可以说是处处留情，但对水果一向不算特别在意，和鱼、肉乃至蔬菜相比，只有为数不多的几篇诗文是以水果为主题。然而，来到四季如春的罗浮山下，这小小的荔枝，居然让他甘心在凄山苦水的岭南常待下去，在苏轼的人生中，水果好像还是第一次占有了如此重要的地位呢。

在惠州衙署的东堂，有陈文惠公的祠堂。堂下有一株陈文惠公当年手植的荔枝树。陈文惠公就是陈尧佐，他是四川阆中人，也曾经来到惠州。这年正巧是丰年，荔枝多到吃都吃不完，这会儿苏轼或许真的可以"日啖荔枝三百颗"，不仅如此，他还放了猿猴去采摘高处的荔枝。苏轼一生没有到过福建，蔡襄笔下冠绝天下的"陈紫"荔枝，他也无缘得见。不过，苏轼何许人，对于蔡襄这位荔枝界的学术权威，苏轼不一定看得上，更别提认同他的说法了。虽然这会儿天天吃着新鲜荔枝，但他还不忘借此回顾历史上那些为了荔枝劳民伤财的故事，特别为之撰写了一首《荔枝叹》：

十里一置飞尘灰，五里一堠兵火催。

颠坑仆谷相枕藉，知是荔枝龙眼来。

飞车跨山鹘横海，风枝露叶如新采。

宫中美人一破颜，惊尘溅血流千载。

永元荔枝来交州，天宝岁贡取之涪。

至今欲食林甫肉，无人举箸酹伯游。

我愿天公怜赤子，莫生尤物为疮痏。

雨顺风调百谷登，民不饥寒为上瑞。

君不见，武夷溪边粟粒芽，前丁后蔡相宠加。

争新买宠各出意，今年斗品充官茶。

吾君所乏岂此物，致养口体何陋耶？

洛阳相君忠孝家，可怜亦进姚黄花。

这首诗不但写得气势磅礴，骂得也很有水平，更有趣的是，苏轼中间还提到了蔡襄："君不见，武夷溪边粟粒芽，前丁后蔡相宠加。"你没见到武夷溪边的名茶"粟粒芽"，前有丁谓，后有蔡襄，都在眼巴巴地想要进呈给赵大官人邀宠啊。蔡襄在自己家乡福州任职的时候，顾念同乡百姓，特意发明晒煎法，只为减少运送荔枝消耗的民脂民膏，但一旦到了别的地方，为了得到皇帝眷顾，照样大张旗鼓地进献特产，这样区别对待，可见玩起双标，你蔡襄还是蛮有一套的嘛！

相传，苏轼写下"日啖荔枝三百颗"，是听当地人用粤语说"一啖荔枝三把火"之后产生的误会。虽然这说法没什么根据，但在中医的理论中，一直把荔枝归为性热的食物，认为吃多了有上火的风险。

虽然"上火"在现代医学里尚无法理解，只能以"发炎"视之，但吃荔枝上火，这一点在苏轼身上倒准得很……在惠州，他的痔疮又大发作了。

男神怎么可能得痔疮呢？得痔疮的男神还是男神吗？东坡的女粉丝或许正在心里咒骂我。但这可是你们不得不面对的事实，苏轼是一个被痔疮困扰了几十年的老病患。翻开他跟友人往来的书信，他似乎从不介意把自己的病情进展跟大家伙分享："近日又苦痔疾，呻吟几百日。"（《又与王庠书》）"某近以痔疾，发歇不定，亦颇无聊，故未和近诗也。"（《与程正辅四十七首》）"近苦痔疾，极无聊，看书笔砚之类，殆皆废也。所要写王维、刘禹锡碑，未有意思下笔。"（《答南华辩师五首》）

在惠州，苏轼顽固的痔疮显得更难对付，或许其中就有荔枝的加成作用在。按照苏轼自己的追溯，现在的他受痔疮困扰已达二十一年之久（如此看来得此隐疾应该是在密州任上的事）。为了对付这个身体内部的敌人，苏先生可以说尝试了各种药补食补乃至心灵疗法：

近日忽大作，百药不效，虽知不能为甚害，然痛楚无聊两月余，颇亦难当。出于无计，遂欲休粮以清净胜之，则又未能遽尔。但择其近似者，断酒断肉，断盐酢酱菜，凡有味物，皆断，又断粳米饭，惟食淡面一味。其间更食胡麻、伏苓麨少许取饱。胡麻，黑脂麻是也。去皮，九蒸曝。白伏苓去皮，捣罗入少白蜜为麨，杂胡麻食之，甚美。如此服食已多日，气力不衰，而痔渐退。久不退转，辅以少气术，其效殆未易量也。此事极难忍，方勉力必行之。惟患无好白伏苓，不用赤者，告兄为于韶、英、南雄寻买得十来斤，乃足用，不足且旋致之，亦可。已一面于广州买去。此药时有伪者。柳子云尽老芋是也。若有松根贯之，却是伏神，亦与伏苓同，可用，惟乞辨其伪者。频有干烦，实为老病切要用者，敢望留念。幸甚！幸甚！

（《与程正辅书》）

　　首先，戒酒戒肉，包括酱菜之类口味重的食物通通从菜单里删掉，就连米饭都惨遭牵连。而在此期间，苏轼为自己准备的贴心小食则是芝麻茯苓粉，将九蒸晒好的黑芝麻，混上去皮的茯苓，少掺上一点蜂蜜，又甜又香。连着吃了几天之后，苏轼觉得绝食也并没影响精神，痔疮也似乎比原来的情况要好上一些了。茯苓这味中药主治脾虚食少，便溏泄泻，黑芝麻也有缓解肠燥便秘的作用。这两种药对于改善痔疮引起的排泄痛苦是对症的。对药理颇有了解的苏轼，还特意写信给程正辅，称自己需要高品质的白茯苓，希望他在韶州、英州和南雄等地先买十几斤送来。苏轼也表明已另外派人前去广州寻找，只是现在市面上常有人拿老芋头冒充茯苓，买的时候可千万要当心。

　　我们之前讲过《苏沈良方》，里面确实有治疗痔疮出血的一个秘法，就是用药水清洗私处。古代人受痔疮困扰者并不比现代人少，痔疮手术也应运而生。一直到明清，为了治疗痔疮下虎狼之药的事情都层出不穷。

　　明人陈实功的《外科正宗》一书里记载了名为"三品一条枪"的药物，即是将白矾、砒霜、雄黄、乳香四味药搓成长条，塞入肛门内治痔疮。"三品一条枪"本是希望以这些药使患部组织坏死脱落，可是因为砒霜这些药物本身有毒性，在实践过程中，医家往往很难掌握好用量，甚至时常出现病人中毒致死的案例。就连大名鼎鼎的明朝首辅张居正，其死因都跟痔疮治疗有直接关系。

　　相比于他们，苏轼的食补疗法好歹不会让自己受太大折磨，起码茯苓芝麻饼的味道还不错，至于效果嘛，反正看他之后还是经常写文章吐槽痔疮发作的事情，应该也是比较有限吧。

03

酒与羊的完美融合

卢祖尚跟唐太宗说，在岭南做官为了避免中瘴气之毒，需要每天饮酒，这在当时未必夸张。苏轼刚进惠州城门，当地父老乡亲便簇拥着欢迎他，并献上了当地的特色酒"岭南万户春酒"。之后，附近南雄、广州、梅州、循州等地的地方官们便好像是跑接力赛一样的派人送酒给他。看来，这杯中之物在岭南确实是刚需。

而一到惠州，苏轼就开始自己酿酒，在寓居合江楼那么短的时间内，他居然成功制作出一种家酿，命名为罗浮春。之所以如此命名，是为了纪念酒是在罗浮山下酿成的：

> 海上葱昽气佳哉，二江合处朱楼开。
>
> 蓬莱方丈应不远，肯为苏子浮江来。
>
> 江风初凉睡正美，楼上啼鸦呼我起。
>
> 我今身世两相违，西流白日东流水。

楼中老人日清新，天上岂有痴仙人。

三山咫尺不归去，一杯付与罗浮春。

（《寓居合江楼》）

由于酒税是朝廷的重要收入，所以宋朝严禁百姓私自酿酒。宋太祖时规定如果私酿酒达到"城郭二十斤，乡间三十斤"的数量，就要处以弃市之刑。另外，宋仁宗还严禁宗室成员卖酒，不过就像20世纪20年代美国颁布禁酒令以后一样，因为国家专卖的酒限制颇多，价格不菲，纵然严刑峻法，民间酿酒者依旧层出不穷。

如此想来，苏轼之前在黄州酿的蜜酒"一试之而止"，应该也是畏惧严苛的禁酒令。不过，岭南在此时是禁酒令外的一片自由天地，苏轼沉寂已久的金手指又蠢蠢欲动。当年十二月，苏轼又造出了桂酒：

中原百国东南倾，流膏输液归南溟。

祝融司方发其英，沐日浴月百宝生。

水娠黄金山空青，丹砂晨暾朱夜明。

百卉甘辛角芳馨，旃檀沉水乃公卿。

大夫芝兰士蕙蔚，桂君独立冬鲜荣。

无所摄畏时靡争，酿为我醪淳而清。

甘终不坏醉不醒，辅安五神伐三彭。

肌肤渥丹身毛轻，冷然风飞冈水行。

谁其传者疑方平，教我常作醉中醒。

（《桂酒颂》）

酿桂酒法并非苏轼创制,而是得自于某位隐者。不过,苏轼从来不吝于分享自己手里的那些秘方,酿桂酒法即被他和这篇《桂酒颂》一道刻为石碑放置在罗浮铁桥之下,"以遗后之有道而居夷者"——留给后世跟我境遇一样的有缘人。

据说按此方做出的玉色桂酒"香味超然,非人间物",苏轼在文章中还再一次提到岭南并无酒禁的事情,来说明他这可是完全合法的哦!时过境迁,苏轼立的这块石碑早已不知去向,个人无缘得见,他当初喝的桂酒用料到底有何特别,可能永远都找不到答案了。

不过,每天这么灌,当然免不了被宿醉问题困扰。大概就在写完《桂酒颂》几天后,苏轼就因为饮酒过度"病酒,昏昏如梦中也"。可是,这天下哪有酒客会因为宿醉而放弃喝酒的呢?《东坡志林》载,绍圣二年五月十五,苏轼的新品"真一酒"酿造成功,这种酒比桂酒幸运一些,好歹"米、麦、水三一而已"的配比法被保留下来。为表纪念,苏轼还专门请罗浮山道士邓守安祭祀了北斗真君。

讲到这里,必须提到一位苏轼神交的古人,初唐号为"东皋子"的王绩。

唐朝建立后,王绩被委任为门下省待诏。按规定,待诏每天可以得到三升美酒。王绩的弟弟王静有一次问他:"大哥啊,你做待诏快乐吗?"王绩只回答说,唉,那每天的三升美酒多让人留恋。宰相陈叔达知道后,下令将每天给王绩的酒从三升提高到一斗,因此时人称王绩为"斗酒学士"。

苏轼在惠州专门为王绩撰《书东皋子传后》一文。开头就写自己:哎呀,天下再也没有酒量比我小的人了,每天喝酒决不能超过五合(即半升)。但只要看到客人们开怀畅饮,心里感觉痛快得不得了。东皋子当年不过每天得三升酒，自己都不够喝，更别说款待客人了。现在我每个月用五斗米酿出六斗酒，每天都有两升半酒要落进道士们的肚子里："然东皋子自谓'五斗先生'，则日给三升，救口不暇，安能及客乎？若予者，乃日有二升五合，入野人、道士腹中矣。"

惠州虽然僻居岭南，但对于苏轼这般与道教颇有缘分的人来说，却是个有历史渊源的地方。东晋著名修道人、《抱朴子》的作者葛洪曾因为任广州参军而南下，后来入罗浮山修道。葛洪的特长就是炼制丹药，他听说交趾盛产朱砂，为了满足自己炼丹的愿望，还数次上书要去做邻近交趾的句漏县令（广西北流）。据说葛洪在罗浮山隐居至死，其尸身颜色如生，体亦柔软，人人都认为这说明他尸解成仙。

上文提到，在黄州期间，道家思想对苏轼的文学创作有巨大影响。这下来到葛洪故居，苏轼对道学的兴趣不免更为浓厚。自绍圣二年（1095）的二月一日起，苏轼便开始修炼道家所谓的《龙虎铅汞说》，力求节食禁欲：

> 作干蒸饼百枚，自二月一日为首，尽绝人事。饥则食此饼，不饮汤水，不啖食物。细嚼以致津液，或饮少酒而已。午后略睡，一更便卧，三更乃起，坐以待旦，有日采日，有月采月，余时非数息炼阴则行，今所谓龙虎诀耳。如此百日，或有所成，不读书著文，且一时阁起，以待异日，不游山水，除见道人外，不接客，不会饮，无益也。深恐易流之性，不能终践此言，故先书以报。庶几他日有惭于弟，而不敢变也。此事大难，不知其果然不惭否？此书既以自坚，又欲以发弟也。

　　苏轼计划以一百天为周期，开始他的修炼，如果照这法子修炼成功，日后他再见到别人，或许可以做这样的自我介绍：我的名字是苏轼子瞻，五十九岁，住在嘉祐寺后山的松风亭，现已丧偶。我在岭南惠州任宁远军节度副使，但我平常都不去上班。我不喝汤，饮酒也是浅尝辄止，每天午后我会先睡一觉，到了晚上一更再躺到床上，睡前会细嚼一块干蒸饼，然后马上熟睡，一觉睡到三更，之后就在打坐中等待第二天的到来。此外，我不读书，不念经，不游山玩水，不参加宴会，道士们见了，都说我现在很健康……

　　这样平静且规律的生活，苏轼能过吗？就连他自己都怀疑："不知其果然能不惭否？"但是文章都发出去了，要是坚持不下来，可就丢大人了，所以，苏轼还是试着挑战了一下自我。他最后真的坚持了三个月吗？答案是没有。诗文不会说谎，别忘了上节提到过，在绍圣二年的四月十一日，他便兴奋地大啖起了荔枝。

　　其实何止是没信心做，苏轼这种老饕破功的速度简直令人咋舌。黄庭坚曾有《题东坡书道术后》，作为苏门四学士之一，他可以说对苏轼三天打鱼两天晒网的习惯真是见怪不怪：

　　　　东坡平生好道术，闻辄行之，但不能久，又弃去。

　　不过，虽然修道的态度不端正，但黄庭坚也承认苏轼关于道家的那些文章是写得真好，说他是从海上仙山来的"谪仙人"也不为过："谈道之篇传世，欲数百千字，皆能书其人所欲言。文章皆雄奇卓越，非人间语。尝有海上道人，评东坡真蓬莱瀛洲方丈谪仙人也。流俗方以造次颠沛，秋毫得失，欲轩轻困顿之，亦疏矣哉。"

大家倒也不用担心诗仙李白在九泉之下发火，告苏轼跟黄庭坚侵权自己的版权。因为在北宋时期，还没有以诗仙专指李白的习惯。唐朝诗人元稹、白居易、刘禹锡、贾岛、王涯全都曾被时人称作诗仙，尤其是白居易的"诗仙"头衔，还是唐宣宗皇帝在诗里钦定的："缀玉联珠六十年，谁教冥路作诗仙。浮云不系名居易，造化无为字乐天。"把原本并不专指的"诗仙"身份归给李白，那是南宋以后一代代文人不断塑造的结果。

在苏轼之后几十年，一位叫作唐庚的官员被贬惠州，他同样沉迷于酿酒事业。据《鹤林玉露》所载，唐庚将他酿的低度酒称作"养生主"，高度酒称作"齐物论"，喝得还真是颇有境界呢。或许，他如此作为也是受到苏轼这个大前辈的启发。

在之前的章节，我们说了很多关于酒的内容。但基本只在说喝酒，没怎么提及用酒做菜。对烹饪有些许了解的朋友应该都明白，用酒来给肉类去腥可谓是百试百灵，苏轼又怎么会不懂这一点呢？在写给苏辙的信中，苏轼透露了他那款"岭南羊蝎子"的做法，而酒在其中就扮演了重要的角色。

　　惠州市井寥落，然犹日杀一羊，不敢与仕者争买，时嘱屠者买其脊骨耳。骨间亦有微肉，熟者热漉出，不乘热出，则抱水不干。渍酒中，沾薄盐炙微焦食之。终日抉剔，得铢两于肯綮之间，意甚喜之。如食蟹螯，率数日辄一食，甚觉有补。子由三年食堂庖，所食刍豢，没齿而不得骨，岂复知此味乎？戏书此纸遗之，虽戏语，实可施用也。然此说行，则众狗不悦矣。

（《与子由书》）

因为获罪而被赶到惠州的苏轼，身份依旧是士大夫，按理来说膳食方面不能太过马虎。只是惠州市井寥落，屠户每天也就杀一只羊拿来卖。苏轼如今挂个节度副使的头衔，但不能签书公事，等于被剥夺了参政权利。这只羊供给那些有实权的土豪们吃还不够，只挂个空名的苏轼不敢与之争抢，不过这个一辈子都爱羊肉的人又不能不吃，所以只好耍点小手段。

他买通商家，求他们把没人要的羊脊骨留下来给自己，拿到家中用滚水煮熟，趁热滤干多余的水分，再渍以事先准备好的黄酒，用酒腌制入味以后，生起一把炭火开始烧烤，再撒点盐略加调味，将其烤到骨肉表面微焦，一份美味的谪官特供版羊脊骨，便可以下肚了。

羊脊骨上的肉深藏在各个关节的缝隙之间，苏轼在脊骨间摘剔碎肉，能仔仔细细地挑着吃上一整天。他不但不觉得麻烦，反而认为这样别有一番滋味，感觉就像在吃蟹螯，又鲜美又有趣。

苏轼还不忘自嘲道："然此说行，则众狗不悦矣。"——我这烧羊脊骨的方法要是传开了，天下人还不得群起效仿，现在惠州街头的狗都没有骨头啃了，它们一定都很恨我啊。

这般的玩笑，之前初至黄州的苏轼难以想象。看来，时间真的会让人平静下来。哦，对了，除了时间以外，还有他对食物的爱。

值得一提，苏轼这趟被贬后，一开始要去的英州（今广东英德），正是当时远近闻名的羊肉产地："乳羊，本出英州。其地出仙茅羊，食茅，举体悉化为肪，不复有血肉，食之宜人。"（《桂海虞衡志》）

英州的这种仙茅羊，脂肪含量非常高，烧熟几乎很难找到瘦肉。不过，苏轼才出发没多久，一封新的诏书又把他调去了惠州，这闻所未闻的肥羊，便与他失之交臂了。更可惜的是，这个羊种并没有留存到现在，如果苏轼

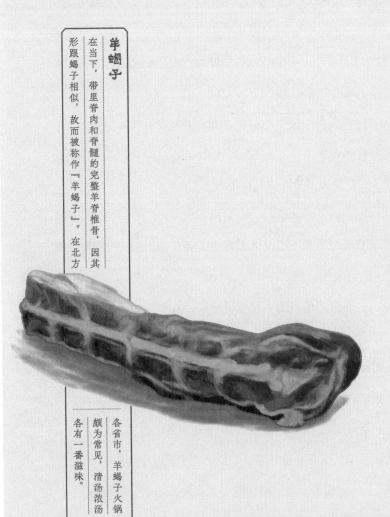

羊蝎子

在当下，带里脊肉和脊髓的完整羊脊椎骨，因其形跟蝎子相似，故而被称作"羊蝎子"。在北方各省市，羊蝎子火锅颇为常见，清汤浓汤各有一番滋味。

品尝了英州仙茅羊，留下了诗文称赞，它们的命运或许会有不同吧。

对苏轼来说，过去十五年里最充实的日子应该就是重回杭州的那几年。在惠州城西，本有一处名为丰湖的湖泊，苏轼常常来此游玩，还提议募资在湖上修建长桥。在潜意识中，他或许已经把这里当作杭州西湖的替代品了吧，不然也不会在酒后写下"梦想平生消未尽，满林烟月到西湖"这样的诗句。渐渐地，惠州西湖的名称取代了丰湖，借着苏东坡的名声，成了越传越广的名胜，如今已经和杭州西湖一样，成了 5A 级国家风景区。

跟黄州时期如出一辙，在惠州苏轼也做起了田舍翁："吾借王参军地种菜，不及半亩，而吾与过子终年饱菜，夜半饮醉，无以解酒，辄撷菜煮之。味含土膏，气饱风露，虽粱肉不能及也。"

上次被贬，苏轼只是个团练副使，如今好歹是节度副使了，不用再像开垦东坡那般辛苦，只用半亩地种种蔬菜，自己跟儿子整年都吃得饱饱的。偶尔喝醉，半夜到地里去摘点新鲜菜煮熟，吃下解酒，那味道真是比肉还肥美得多。

有一次夜晚下起雨来，苏轼第二天来到自家的菜圃一看，果然菜蔬经过雨水浇灌后都长大了不少，新鲜翠绿惹人怜爱：

> 梦回闻雨声，喜我菜甲长。平明江路湿，并岸飞两桨。
>
> 天公真富有，膏乳泻黄壤。霜根一蕃滋，风叶渐俯仰。
>
> 未任筐筥载，已作杯案想。艰难生理窄，一味敢专飨。
>
> 小摘饭山僧，清安寄真赏。芥蓝如菌蕈，脆美牙颊响。
>
> 白菘类羔豚，冒土出蹯掌。谁能视火候，小灶当自养。

（《雨后行菜圃》）

在惠州期间，苏轼有一组名为《小圃五咏》的杂诗，分别描绘了人参、地黄、枸杞、甘菊、薏苡这五种作物。他盛赞上党人参的效验"移根到罗浮"后，培育出的人参苗"青桠缀紫萼，圆实堕红米"，一点也没走种。兴奋之余，"黄土手自启"，"龁啮尽根柢"，一个急于看到收成的农家老汉如在眼前。

自古以来，岭南的"瘴气"便让中原人胆寒。关于什么是瘴气历来说法不一，现在一般认为可能是疟疾之类热带传染性疾病的总称。臭名昭著的瘴气严重影响了南方的开发，更是夺走了无数人的生命，直到新中国成立以后，为害千年的瘴气才被根治。

为了防范岭南瘴气，苏轼当时除了喝酒，还开始以薏米作为主食。吃薏米能解瘴气的说法在东汉时就有记载。东汉名将伏波将军马援南征交趾平叛时，就是靠吃薏米防止中毒。等班师回朝，马援特地带了几车薏米回洛阳。不料在他死后，竟有人向皇帝举报，将薏米说成是马援在岭南搜刮来的珍珠。皇帝震怒之下，马援的葬礼极为凄凉，亲朋好友都不敢去吊唁。有感于此事，苏轼写道："伏波饭薏苡，御瘴传神良。能除五溪毒，不救谗言伤。"

或许薏米真的可以解瘴气，但却解不了谗言带来的伤害。苏轼遭受到的迫害，不比马援身上的轻，新党旧党互相歪曲事实捏造罪名的手段，也丝毫不输给构陷马援的奸人。既然如此，自己未来的下场会不会比马援还要糟糕呢？毕竟此时的苏轼已经步入花甲之年，按照古人平均寿命来说，黄土都快埋到脖子了，偶尔想起身后事，也不是那么轻易能够放下的。

在惠州，苏轼回想起当初的那句"试问岭南应不好，却道，此心安处是吾乡"，当时他不曾想到自己会有今天。不过，虽然被贬，毕竟他现在还有酒喝，还有羊脊骨吃，未来会怎么样他并不知道，可难道还会比现在更差吗？算了算了，惠州这地方也还不错，可以安享晚年，作为"此心安处"也未尝不可……

对了，我做书似乎还欠点条理性，总是先讲完了主体，然后才发现还有有趣的内容没说。关于苏轼和惠州，还有一件事值得一提，不过那已经是后话了。

南宋绍兴三年（1133），苏轼去世三十二年后，岭南发生民变，农民起义军领袖谢达攻陷惠州。为了报复朝廷官兵，谢达将惠州城劫掠一空，然后放火烧城，使惠州成为一片废墟。然而，废墟之上还有一处完好无损，那便是苏轼在惠州时的住处。

谢达可以说是苏轼的粉丝，他不仅没有焚毁东坡的故居，还派人将朝云墓前的"六如亭"修葺一新，甚至宰了一只肥羊，运来了美酒，以祭奠东坡先生的在天之灵。

倘若苏轼真的有灵，看到此情此景，不知会做何感想呢？

第十章／天涯海角望明月

一个生于四川的海南人，在碧海椰林间回望着大陆，他似乎能看到，那从始至终都没有走完的归途。

01

海的那一边

未来还能更差吗？当然能。苏轼在惠州的生活，随着朝云的离世而急转直下。

从此时开始，北方的亲朋们再次遭遇诅咒般的集体受害。故友道潜和尚在杭州犯法，被勒令还俗，发配兖州。原因多少让人有点哭笑不得：道潜以前的法名是昙潜，改了现名后跟从前出家度牒上的信息不吻合，于是被状告伪造度牒。当然了，背后的原因大家都懂，因为道潜是苏轼的好朋友，这才特别被针对。

山雨欲来风满楼。绍圣四年（1097）二月二十二日，宋哲宗下令，毁掉过去苏轼撰文刻成的上清储祥宫碑，由蔡京另写。而朝廷里的新党，始终没有忘记苏轼这个"心腹大患"。六天后，二月二十八日，苏辙被贬为化州别驾，安置于广东雷州，苏轼的门生晁补之、张耒等人亦遭贬斥。

谁都能看出苏轼将要面对新党的新一轮疯狂报复。二月十九日，朝廷对他的处理决定正式下达："授琼州别驾，移昌化军（治所在今海南儋州）

安置。"

陆游在《老学庵笔记》中提到，章惇当时给苏轼苏辙两兄弟挑选流放地的方法很取巧，你们哥俩不是最爱玩文字游戏吗，我也跟你玩。苏轼字子瞻嘛，就取瞻的右边，我把你赶去儋州。苏辙字子由，刚好，雷下面那个田不错，你就去雷州了！我不知道陆游的记载是否真实，但能做出这样的安排，一看就是熟人作案了。

四月十七日，苏轼收到了移居海南岛的诰命，他什么都没说，坦然接受了自己的命运，带着三子苏过一同启程。五月十一日，苏轼行至藤州（今广西藤县），与正赴雷州途中的弟弟苏辙一家相会。六月五日，两人到达雷州，雷州长官张逢早早来到城门口迎接，并将这一大家人安排进馆舍休息。

说来遗憾，这是兄弟二人人生中最后一段携手并肩相处的日子。不久之后，苏轼将在此渡海，前往海的那一边。

大海那边是什么？是海南岛。当初汉武帝灭南越之后，在此设立了珠崖、儋耳两郡，这里生活着诸多跟岭南山地里文明程度相当的原住民。经过了一千年的发展，岛上人的生活水平与大陆的差距越来越大。和孤悬海外的海南岛相比，素来被认为蛮荒偏僻的两广地区都算是文明开化之地，苏轼被贬至此之前，海南还不曾出过哪怕一个进士。二百五十年前，唐代宰相李德裕同样被贬至海南，一年多便因病去世。

七月二日，苏轼到达贬所昌化军，这里距汴京七千二百八十五里，堪称是当时世界的尽头。

苏轼跟儿子的新家在一片桄榔树下。桄榔是热带常见的棕榈科树种，树干髓心含可食用的淀粉，花可以制糖，果实可以用来酿酒。明代的琉球王国，给这种酒起了个洋气的名字叫"天竺酒"，还将它作为国礼送到了朝鲜半岛。不过，据说这酒的味道十分苦烈，一般人是喝不下去的。

就在桄榔林下，一天晚上，苏轼做了个让他忐忑不安的梦："夜梦嬉游童子如，父师检责惊走书。计功当坐春秋余，今乃初及桓庄初。悻然悸悟心不舒，起坐有如挂钓鱼。"小时候贪玩，本来那天该把《春秋》读完的。结果摸鱼太过，一天过去了，却只读到鲁桓公和鲁庄公在位时候的事，还在开头那里呢，进度条严重不足的苏轼，想到要被父亲苏洵责骂，一时惊起。

身在内地的人，可能对桄榔不熟悉，但与它同科的一位亲戚槟榔，恐怕就无人不知了，不过，那还得归功于它的果实。苏轼在岭南时，当地人爱嚼槟榔的风俗就给他留下了挺深的印象，为此他还写了一首《食槟榔》诗：

月照无枝林，夜栋立万础。眇眇云间扇，荫此九月暑。

上有垂房子，下绕绛刺御。风欺紫凤卵，雨暗苍龙乳。

裂包一堕地，还以皮自煮。北客初未谙，劝食俗难阻。

中虚畏泄气，始嚼或半吐。吸津得微甘，著齿随亦苦。

面目太严冷，滋味绝媚妩。诛彭勋可策，推毂勇宜贾。

瘴风作坚顽，导利时有补。药储固可尔，果录讵用许。

先生失膏粱，便腹委败鼓。日啖过一粒，肠胃为所侮。

蛰雷殷脐肾，藜藿腐亭午。书灯看膏尽，钲漏历历数。

老眼怕少睡，竟使赤眦努。渴思梅林咽，饥念黄独举。

奈何农经中，收此困羁旅。牛舌不饷人，一斛肯多与。

乃知见本偏，但可酬恶语。

这首诗开头写自己初来不知怎么吃槟榔的窘迫，之后则写槟榔入口又甜又苦的神奇味道，并称吃槟榔的目的同样是为了解瘴气之毒云云。虽然这首《食槟榔》诗创作于广东还是海南，尚有值得探讨之处，但都能证明在当时的岭南地区嚼槟榔已蔚然成风。

检诸史籍，其实早在西晋时期，岭南人就已经开始流行吃槟榔："交广人凡贵胜族客，必先呈此果。若邂逅不设，用相嫌恨。"（《南方草木状》）交州和广州当地人款待来客，一定会先把槟榔果端上来。如果缺了这项礼节，客人就会认为你是故意戏弄他不尊重他，搞不好还要跟你反目成仇。

嚼槟榔这事越到后面花样越多。宋代《桂海虞衡志》就说槟榔要混着石灰粉或者贝壳粉，以及岭南特有的植物扶留藤一起嚼，这样就能去掉它本身的涩味。有钱人家甚至会用银子打一个槟榔盒放在家里，盒子中间分三小格，一格放灰，一格放槟榔，一格放扶留藤。

到了清代，槟榔还成了广东当地男女之间的定情信物。《广东新语》称"女子既受槟榔，则终身弗贰"。出现这种风俗，大概是因为槟榔和蒌叶同嚼会更美味，像极了夫妇之间互惠互补的关系。

然而，这种被岭南人钟爱了两千年的果实，却是不折不扣的一级致癌物。今天的槟榔消费第一大省湖南，90%以上的口腔癌患者都有嚼食槟榔的习惯，部分人还将槟榔和烟草同吃，这大大增加了口腔癌的发病概率。我们只能感慨，苏轼是幸运的，他那个时候还没有烟草，而他嚼槟榔应该也没有上瘾。

在海南，或许是感觉到衰老与死亡已迫在眉睫，苏轼对长生保养之法愈加关注。九月十三日，他借来《嘉祐补注本草》翻看时，意外发现几百年来世人一直搞不清具体身份的中药"青黏"其实可能是玉竹，苏轼"喜跃之甚，登而录之"。

原来，根据《三国志》和《后汉书》这些史书中的相关记录，神医华佗生前曾经将一张名为"漆叶青黏散"的方子传授给向他求养生药物的针医樊阿，樊阿靠这药方保养，活到了一百多岁。不过可惜的是，之后青黏销声匿迹，以至于"今人无识此者"。

有了这个大发现，苏轼连忙写了一篇《辨漆叶青黏散方》寄给雷州的弟弟苏辙。海南艰苦的环境，应该是苏轼钻研这张药方的主要动力。《三国志》称久服此物"去三虫，利五脏，轻体，使人头不白"，岂不正是在烟瘴之地防范疾病的良方嘛。

客观地说，二苏兄弟的处境艰难，苏辙甚至要靠当地义民的协助才找到房子暂居。苏轼非常关心弟弟的安康，就连听闻苏辙在雷州变瘦这种情理之中的小事，他都要写诗文记下。不过，这诗写得更像是在哭自己：

> 五日一见花猪肉，十日一遇黄鸡粥。
>
> 土人顿顿食薯芋，荐以薰鼠烧蝙蝠。
>
> 旧闻蜜唧尝呕吐，稍近虾蟆缘习俗。
>
> 十年京国厌肥羜，日日蒸花压红玉。
>
> 从来此腹负将军，今者固宜安脱粟。
>
> （《闻子由瘦儋耳至难得肉食》）

自从来了海南，每五天才能吃到一次猪肉，十天才能尝到点鸡肉粥，当地原住民顿顿只是吃薯芋果腹。我问他们要肉吃，他们居然让我吃老鼠吃蛤蟆吃蝙蝠！要知道，以前我光是听说岭南有"蜜唧"这道菜的时候，就差点都吐出来！何况是这些恐怖的东西！

槟榔

虽然今天槟榔以致癌而闻名，但在古代却被视为化解岭南「瘴气」的名药，汉武帝时征南越，就曾以槟榔解军中瘴疠。由此

可见，任何东西成了瘾品都是不值得提倡的。

被苏轼这个大吃货嗤之以鼻，称为完全无法接受的"蜜唧"，指的就是用蜜喂养的刚出生的小老鼠。这种吃法在唐朝的《朝野佥载》中就有记载："岭南獠民好为蜜唧，即鼠胎未瞬、通身赤蠕者，饲之以蜜，钉之筵上，嗫嗫而行。以箸挟取，咬之，唧唧作声，故曰蜜唧。"

意思是岭南当地的土著，会给还没长毛的小耗子喂食蜂蜜，再把它们钉在宴席的桌子上，看它们慢慢蠕动的样子。然后用筷子一夹，放进口中一咬，小耗子就会在嘴里唧唧地乱叫，所以这菜得名"蜜唧"。

其实，吃老鼠本身并不是一件多么稀奇的事，汉朝时即便是皇族，也把鼠类当作美食。在对汉景帝阳陵的考古中，发现了大量陪葬的可食用动物骨骼，其中就包括今天臭名昭著的褐家鼠。景帝的儿子中山靖王刘胜，也就是刘备的那个老祖宗，考古工作人员在他的墓里也发现陪葬陶瓮内有三百多只岩松鼠、社鼠等啮齿动物的全身骨骼。只不过，在汉代以后，老鼠逐渐退出了中原地区的食材名单。

但是，生吃小老鼠这种岭南风俗实在太过恐怖，难怪苏轼始终不敢尝试这种血肉模糊的味道了。

既然原住民的生猛饮食实在难让苏学士接受，那么海南到底有什么特产，足以征服老先生的胃呢？

> 己卯冬至前二日，海蛮献蚝，剖之，得数升，肉与浆入水，与酒并煮，食之甚美，未始有也。又取其大者，炙热……每戒过子慎勿说，恐北方君子闻之，争欲为东坡所为，求谪海南，分我此美也。

元符二年（1099）冬至之前，海南原住民们给苏轼带来了一道海味，也就是我们现在烧烤摊上常见的生蚝。生蚝也叫牡蛎，没错，就是于勒叔叔撬的那个牡蛎，属软体动物门下的双壳纲，因为今天在全球范围内养殖甚多，堪称世界上第一大养殖贝类。生蚝不仅口感出色，用它熬制而成的蚝油也很鲜美。

苏轼从壳里摘出了好几升生蚝肉，跟酒混在一起煮熟后饱餐了一顿。吃干抹净之后，苏轼跟儿子苏过意味深长地说：等你小子回到北方以后，给我把嘴管好，要是被朝廷里那帮家伙知道了海南有这么好吃的东西，他们没准儿会争相犯事，找借口被贬到海南来和我抢食。

看到苏轼吃得这么开心，我都忍不住要打开外卖软件点两个来尝尝。不过实话说，有些后世的解读就比较无聊了。明朝《清暑笔谈》里评价苏轼告诫苏过的话："或谓东坡此言，以贤君子望人。"说苏轼的意思其实是，希望朝中的新党们都做君子，别再把人赶来沦落成他这般模样了。

苏轼把手上的生蚝分开处理，小的直接放在水里倒上酒煮，大的则要先做"炙热"加工。吃法跟今天的人可以说别无二致。其实，苏轼的前辈梅尧臣当年就为生蚝的美味折服，写了一首巨长的《食蚝诗》："稍稍窥其户，清襴流玉膏。人言啖小鱼，所得不偿劳。况此铁石顽，解剥烦锥刀。勠力效一割，功烈才牛毛。"

世人常说吃小鱼，吃进去的东西还抵不上花的力气，而生蚝拿铁刀撬开之后，才能得到那么一丁点的肉呢。唉，都怪这肥美的生蚝实在太好吃了，才让人做出这种得不偿失的事情！

所以说，中原士大夫们早就知道生蚝这东西好吃了，但谁叫汴京好吃的东西有成千上百样，不赶着去京城享受，谁到这岭南来，光为这一样那性价比怕是太低了！话是这么说，但是能经常吃到像生蚝这么正经的海产品，总比吃老鼠要好太多。

而海南椰林的树影，让椰子也走进了苏轼一家人的视野。不过，他们并没有把着眼点放在椰子本身的味道上，而是开始搞"文创产品"。

苏轼苏过父子将吃完的椰子壳做成了一顶"椰子冠"，连着所作之诗寄给苏辙，苏辙看到后也和诗一首。这算是另外一个版本的"三苏"共题，堪比当年那三篇《六国论》。

天教日饮欲全丝，美酒生林不待仪。

自漉疏巾邀醉客，更将空壳付冠师。

规模简古人争看，簪导轻安发不知。

更着短檐高屋帽，东坡何事不违时。

（苏轼）

玉佩犀簪暗网丝，黄冠今习野人仪。

著书岂独穷周叟，说偈还应见祖师。

棕子偶从遗物得，竹皮同使后人知。

平生冠冕非吾意，不为飞鸢趷堕时。

（苏过）

衰发秋来半是丝，幅巾缩撮强为仪。

垂空旋取海棕子，束发装成老法师。

变化密移人不悟，坏成相续我心知。

生蚝

生蚝也叫「牡蛎」，泛指双壳纲牡蛎科那些可以食用的种类，没错，就是中学课本《我的叔叔于勒》里提到的那个牡蛎，从希腊到罗马，从中国到东南亚，古时候全世界沿海地区居民都酷爱食用生蚝。中国民间认为生蚝有促进性欲、改

善皮肤等功效，因此也被戏称为男人的「加油站」，女人的「美容院」，不过实际效用未被证实。

茅檐竹屋南溟上，亦似当年廊庙时。

（苏辙）

从这三首诗里就能看出，苏辙的心态与哥哥和侄子明显不同。他的诗是从自己的衰老写起，最后又以回忆告终，怎么看都有难以掩盖的悲情。相比之下，苏轼则更懂得苦中作乐，吃生蚝怕被汴京的贵人抢食，也会和儿子一起用椰子壳做做手工。你要说他真的喜欢可能不至于，但习惯海南的生活，他可谓一日千里。期待北归的心愿只会偶尔表露罢了，比如苏轼在《五君子说》里列举的都是北方食物。

说实在的，像我这样稍微懂一点水产的都知道，海南地处南海，南海产的生蚝质量远不如它们生长在渤海、东海冷水中的同类，只是出于乐观的心态，苏轼对海南的生蚝倍加赞许，可谓知足常乐。

时间一长，苏轼又捡起了酿酒的老手艺，这次酿的是天门冬酒："庚辰岁正月十二日，天门冬酒熟，予自漉之，且漉且尝，遂以大醉。"

明代医书《本草纲目》保留了天门冬酒的制法："天门冬三十斤，去心捣碎，以水二石，煮汁二石，糯米一斗，细曲一斤，如常饮酿。酒熟，日饮三杯。"这是一种养生的药酒，应该也是苏轼为对抗海南湿热的气候想出的一招。难不成，他煮生蚝用的也是天门冬酒？那味道貌似有点特别哦。

只是，无论是天门冬酒还是生蚝、槟榔或是椰子，都不是能管饱的东西。除夕之夜，苏轼照样被饿醒，在寂静的夜里，肠胃蠕动传出的咕噜咕噜响声显得格外突兀。还好，如今是大宋，而苏轼身处的又是山高皇帝远的海南岛。若是在唐朝的长安，那严格的宵禁政策便会斩断苏轼的一切幻想，再饿也只能忍到日上三竿。

苏学士毫不犹豫地披上衣服，于深夜之中，在牛粪堆里点起了一把火："松风溜溜作春寒，伴我饥肠响夜阑。牛粪火中烧芋子，山人更吃懒残残。"（《除夕，访子野食烧芋，戏作》）

吴复古，字子野，是岭南有名的大儒，也是苏轼的故交。苏轼被贬至海南的第二年，已经90多岁高龄的吴子野专门渡海前来探访苏轼，一直羁留到了元符元年（1098）七月，才辞别苏轼返回大陆。

想象一下，大年三十，年过九旬的你，正在床上梦回年轻时代，忽然就被来串门的小朋友给叫醒了："老家伙，我饿了！"顺便一提，这个小朋友今年六十多岁，那种感觉，还真是又诡异又亲切呢。海南当地食物本就匮乏，大半夜更是无处寻觅，也不知道是两位老顽童中的哪一个找到了几块芋头，便就地取材，扔进干牛粪堆里点火烤熟。

芋头本身没有大味，苏轼和吴子野所渴望的不过是芋头在烤熟后那种软糯的口感而已。苏轼另一次提到它，是在这首名字特别长的《过子忽出新意，以山芋作玉糁羹，色香味皆奇绝，天上酥陀则不可知，人间决无此味也》诗里："香似龙涎仍酽白，味如牛乳更全清。莫将北海金齑鲙，轻比东坡玉糁羹。"

看到儿子偶然用芋头做成的玉糁羹，老父亲欣慰无比，用近乎于极端的夸张手法赞扬了孩子的创意，甚至说前半生他酷爱的金齑玉脍，都很难跟儿子的玉糁羹相比。我要是苏过，听到父亲的这般捧杀，一定会羞愧难当道："不至于，不至于。"

这么多年以来，无论苏轼走到哪里，无论他往日如何嘴臭，都会有一大群朋友突破万难不远千里来找他，也总有人会留在他身边不离不弃，或许，这正是在悲剧的人生旅途中，让他继续热爱生活的动力吧。

02

医师、农夫、吃鸡、开化

苏轼虽移居海南，但好歹还挂着别驾的虚衔，更兼文名动天下，因此昌化军使张中不敢怠慢，知道苏轼父子寄身于桄榔林里，他发动官兵修缮驿馆，很快迎苏轼入住官舍。

然而张中这么做无疑会得罪新党，为了让元祐党人多吃点苦，新党不知想了多少花招，岂容你一个小官搞破坏？湖南提举董必听说苏轼住在昌化官舍，怒不可遏，当即遣人下令将其逐出，张中也因此被罢免。

看到自己牵连了好人，苏轼心中不免愧疚。只是他现下的处境，实在也无力为张中做些什么，只好在送别时写下"恐无再见日，笑谈来生因"，寄希望于下一世了。

离开官舍的苏轼，又回到山下桄榔庵里"傲四无"去了——虽然我搞不懂为什么在海南还需要炭火过冬，难道是为了代替牛粪烧芋头？——但苏轼在书信中笑谈自己只剩下一条穷命，以此跟朋友谈天说地，这情景比起当年在黄州可是温情多了："此间食无肉，病无药，夏无缔葛，冬无炭，

独有一穷命耳。以此一有而傲四无，可乎？聊发千里一笑也。"（《晚香堂苏帖》）

不过，他略微夸张了一点，饭桌上虽然是没什么肉，但别忘了他在黄州时，可有一个重大发明："东坡羹"。

在儋州南山下，苏轼时常拿从邻居家揾来的蔓菁、萝卜、荠菜煮汤食用，能搭配的固然只有旧年陈米，可做羹汤的步骤他却从未马虎。用山泉水洗净新鲜菜叶，在刚热好的锅子里放进膏油，东坡先生，不，南山先生的口水就不自觉地流了出来。把米豆跟蔬菜一并放进锅内搅拌均匀，便可以扣上锅盖蒸煮了。至于什么醋酱花椒桂皮通通不放，力求发挥食材的本味。

这般淡而无味的正餐，放到今天估计没有任何人会觉得好吃，可苏轼却认为自己无须杀生即可饱腹，值得骄傲。商朝的伊尹和齐国的易牙，他们以高超的厨艺取悦君王，有什么能跟我比的？如果硬要我自比的话，那我一定是上古时期发明乐舞、崇尚礼乐的葛天氏部落的后人吧：

> 鄙易牙之效技，超傅说而策勋。沮彭尸之爽惑，调灶鬼之嫌嗔。
> 嗟丘嫂其自隘，陋乐羊而匪人。先生心平而气和，故虽老而体胖。
> 计余食之几何，固无患于长贫。忘口腹之为累，以不杀而成仁。
> 窃比予于谁欤？葛天氏之遗民。

（《菜羹赋》）

自黄州以来，苏轼凡遭贬谪，必定会在贬所选择田地亲自耕种以补家用。然而海南的情况跟大陆大为不同。当地多黎汉混居，黎人习惯了"不麦不稷"，并不组织从事固定农业生产。两族之间因为生活习惯的差异时常爆发冲突。苏轼一向关心民生，面对这种情况不可能无动于衷："咨尔汉黎，均是一民。鄙夷不训，夫岂其真。怨愤劫质，寻戈相因。欺谩莫诉，曲自我人。"（《和陶劝农六首》）

《琼州府志》等文献对境内的黎人多负面评价，认为他们纯粹是不能开化的野蛮民族："黎分生、熟。生黎居深山，性犷悍，不服王化。熟黎，性亦犷横，不问亲疏，一语不合，即持刀弓相问。"

但在苏轼看来，是汉人是黎人并无所谓，大家都是大宋的子民。说什么喜欢拿刀谈事情的黎人无法被教化，那是无稽之谈。只要勤劳农事，海南何愁没有肥沃土地呢？粮食丰收，自然就不用过以前朝不保夕的生活。"岂无良田，膴膴平陆。兽踪交缔，鸟喙谐穆。惊踪朝射，猛豨夜逐。芋羹薯糜，以饱耆宿。"

常年南迁的生活，让苏轼学会了以一己之力从无到有的本事。岭南百姓多迷信神巫，生病不求医问药，反而卜算吉凶，不知道耽误了多少人命。血淋淋的事实让苏轼认识到进行医疗改革刻不容缓：

> 病不饮药，但杀牛以祷，富者至杀十数牛。死者不复云，幸而不死，即归德于巫。以巫为医，以牛为药。间有饮药者，巫辄云"神怒，病不可复治"，亲戚皆为却药，禁医不得入门，人、牛皆死而后已。
>
> （《书柳子厚牛赋》）

在海南期间，他始终不忘在力所能及的范围内解决这一问题。想要百姓抛弃愚昧传统，必须要展示给他们医药的有效性。苏轼确实是一个善于发现身边资源的有心人，早在从惠州南下途中，他就注意到了一种被当地人称为"倒捻子花"的植物，它有一个大家更熟悉的名字："桃金娘"。

我本人相当喜欢看一些网络博主们辨识可食用的野菜野果的视频，桃金娘果是视频中的常客。这种灌木高可达两米，花朵为单生紫红色，在四五月份开放。苏轼注意到它，正是当年五月去往藤州时：

> 吾谪居海南，以五月出陆至藤州，自藤至儋，野花夹道，如芍药而小，红鲜可爱，朴薮丛生，土人云：倒捻子花也。至儋则已结子如马乳，烂紫可食，殊甘美。中有细核，并嚼之，瑟瑟有声。亦颇涩沁。童儿食之，或大便难。

（《苏沈良方》）

苏轼注意到桃金娘的果实甜美异常，但小孩子多吃容易引发便秘。因此，当地黎民往往会在夏秋之季，取桃金娘的叶子来治疗痢疾。

桃金娘更多的功效被苏轼开发出来。他将其嫩叶混酒烘干研磨，搓成大小药丸二百余粒，服下之后发现自己本来"小便白浊"和"大腑滑"的症状都消失了。惊讶于桃金娘的药效，苏轼立刻撰写了《海漆录》一文，将此方"贻好事君子"。除此之外，在游历琼州开元寺时，苏轼还将治眼、治齿的方法题写于墙壁上。

随着逐渐适应在海南的生活，苏轼开始关注一种往日里不怎么在乎的平凡食材，那便是鸡。

苏轼对于鸡实在是太过冷漠了，他夸过羊肉，夸过猪肉，夸过蔬菜，夸过水果，夸过千奇百怪的鱼类和水产，甚至还夸过各种各样莫名其妙的食材，但唯独没有夸过司空见惯的鸡肉，即便在某些诗文中偶有提到，那也是配角中的配角，背景中的背景，存在感堪比十八线明星。

非要提他笔下与鸡相关的诗句，最有名的恐怕就是那句"休将白发唱黄鸡"，可以说跟吃没有半毛钱的关系。至于本书开头提到的那篇《食雉》，不好意思，这雉是野鸡而不是鸡。

我横竖睡不着，在《苏诗全集》翻来翻去，只在他于惠州时写的《西新桥》一首中，找到了一句"父老喜云集，箪壶无空携。三日饮不散，杀尽西村鸡"。这是因为他在当地募资修了桥，如此形容可更为生动地表现父老乡亲们的开心。

然而在海南，鸡出现的频率却突然变高了。前面提到的那首写于绍圣四年的《闻子由瘦儋耳至难得肉食》中，他写道"五日一见花猪肉，十日一遇黄鸡粥"；而在《撷菜》一诗中则有："我与何曾同一饱，不知何苦食鸡豚？"在另外一首《和陶下潠田舍获》中，他又提到了"食菜岂不足，呼儿拆鸡栖"。

好吧，这中间正经说吃鸡的可能只有第一处，而在《撷菜》中再度化身为农家老汉的他，声称只要有新鲜蔬菜就够了，又何必要吃鸡肉和猪肉呢。最后那句更过分，因为种菜的地方不够用了，他便要求他的工具人儿子把养鸡的棚子给拆了。

虽然还没有旗帜鲜明地说他讨厌吃鸡肉，但苏轼对于鸡的无情已经跃然纸上。然而，作为一个打小就爱吃鸡肉的人，我觉得有必要为鸡打抱不平。

今天地球上有二百亿只鸡，看似平凡的它们，却拥有无数个了不起的头衔：人类成功驯化的第一种鸟类、人类社会最重要的蛋白质来源、全球人均消费量最多的肉类、地理上分布最广的鸟类、第一种进入太空的鸟类、全世界种群规模最大的脊椎动物、三叠纪以来最成功的恐龙……

红原鸡

鸡的野生祖先，并不是人们俗称『野鸡』的环颈雉，而是来自中国南部及东南亚的红原鸡，雄性红原鸡就像是瘦削但是颜色更加艳丽的大

公鸡。红原鸡和家鸡最大的区别就是，前者脚是灰色的，而后者脚是黄色的。对了，红原鸡还是国家二级保护动物，是不可以抓来吃的。

对，你没有看错，真的是恐龙。和世界上所有的鸟类一样，鸡也是恐龙的末裔。虽然营销号常说的"鸡是霸王龙进化来的"纯属扯淡，但不可否认的是，鸡的祖先的确是兽脚类的恐龙，跟那些不可一世的中生代霸主沾亲带故。

即便不提这些生物学和历史学上的辉煌成就，单说鸡肉作为食材的泛用性和接受度，那也是天下第一，国外有德国的烤鸡、美国的炸鸡、日本的照烧鸡、朝鲜的参鸡汤、印度的咖喱鸡、意大利的干酪鸡、墨西哥的鸡肉卷，国内有四川的宫保鸡丁、东北的小鸡炖蘑菇、江浙的叫花鸡、山东的黄焖鸡、重庆的辣子鸡、新疆的大盘鸡、陕西的葫芦鸡、广东的肚包鸡，还有口水鸡、棒棒鸡、白斩鸡、豉油鸡、葱油鸡、盐焗鸡、三杯鸡、茶香鸡、汽锅鸡、地锅鸡、煲鸡汤、香菇滑鸡、芙蓉鸡片、泡椒鸡爪、香辣鸡杂、红烧鸡块、左宗棠鸡、德州扒鸡、道口烧鸡、符离集烧鸡、沟帮子熏鸡……关于鸡的料理方法实在太多了，没有个几天几夜是说不完的，就这还没把养鸡的重要副产品——鸡蛋算进去。

说到今天海南的名菜，海鲜和鸡似乎也是各凭本事，占据了半壁江山。产自文昌当地的"文昌鸡"，是一个从明末传承至今的肉鸡品种，虽然个子不大，但做出来的白切鸡尤其清爽嫩滑，煲出来的鸡汤口感也是上佳。近些年来，来自海南的椰子鸡和海南鸡饭也在内地打开了市场，在各个城市的中高端商圈，几乎都能见到它们的招牌，可见不管在什么时代，是金子总会发光。

而在苏轼所在的宋代，鸡肉也是仅次于羊肉的第二大肉食，因为吃牛肉违法、吃羊肉代价高昂，而猪肉又是"富者不肯吃，贫者不解煮"，所以对于大部分普通人家而言，鸡蛋和鸡肉才是他们重要的蛋白质来源。

宋代农村几乎家家户户都养鸡，当时的鸡肉菜肴虽然不像现代这般百花齐放，但已出现了遍地开花的端倪。据《东京梦华录》记载，汴梁城内就有鸡丝签、鸡脆丝、奈香新法鸡、酒蒸鸡、汁小鸡、撺小鸡、燠小鸡、五味炙小鸡、红小鸡、脯小鸡等等众多鸡肉名吃，宋人对鸡的热爱可见一斑。

然而，为什么苏轼会对鸡如此冷漠呢？是鸡肉太过常见，还是不合他的胃口？难不成是童年时鸡让他产生了心理阴影？还是年轻时因为与鸡接触而罹患疾病？答案我们无从得知。但是我们可以找到资料证明，元符二年（1099），在儋州，苏轼终于再一次提到了吃鸡："北船不到米如珠，醉饱萧条半月无。明日东家知祀灶，只鸡斗酒定膰吾。"（《纵笔三首·其一》）

北来的粮船迟迟未到，近来米贵如珍珠，整整半个月，苏轼都不知道吃饱和喝醉是怎样的体验。好在明天是祭灶日，东家会宰一只鸡，备一斗酒，到时候沾他们的光应该可以享受一回。

这只鸡是光荣的，它做到了其他同类都未曾做到的事。在苏轼笔下，鸡肉散发出了温暖和希望，这还是破天荒的头一次，毕竟，再难过的人也要填饱肚子。

只是，能保养身体，填饱肚子，却无法改变当时海南文教远远落后于大陆的事实。苏轼看到城东学舍荒芜，不禁哀伤起来，发誓要一振海南文风。在儋州居住的三年里，苏轼身边逐渐聚集了一大批慕名而来的当地青年士子，姜唐佐就是其中的佼佼者。听闻苏轼的大名，他专程前来向苏轼求学长达半年之久。在两人临别之际，苏轼特地写一连句："沧海何曾断地脉，白袍端合破天荒。"等你将来登第高中，我再把这首诗写完送给你。姜唐佐没有辜负苏轼的期望，日后成为海南历史上的第一位举人。

在苏轼之后半个多世纪，南宋官员李光由于触怒宰相秦桧，也被贬海南。李光是记述苏轼在海南文教功绩的一个重要人证，他所作《昌化军学记》引用苏轼诗文，称在苏轼到来之时，海南的学舍几近荒废，空无一人，只有一个缺少俸禄、忍饥挨饿的先生，跟来客空谈些大道理。而苏轼之后，如今的海南学堂里，却已是"文学彬彬，不异闽浙"。如此巨大的变化，都是苏轼力挽狂澜的成果。后世人们便将苏轼在儋州的三年誉为"辟南荒之诗境"。

就在苏轼于儋州新开辟的小圃栽植渐成之际，也就是他们父子来海南的第二年，苏过撰写了一篇名为《志隐》的文章。文中虚构了一个来访客人向苏过询问，为何能安居在海南这荒僻之地，苏过则自问自答地列举了海南风土人情的各项优点以作回复：

> 天地之气，冬夏一律。物不凋瘁，生意靡息。冬絺夏葛，稻岁
> 再熟。富者寡求，贫者易足……铸山煮海，国以富强。犀象珠玉，
> 走于四方。士独免于战争，民独勉于农桑。其山川则清远而秀绝……

当苏过将它献给父亲，苏轼看完，说了一句："吾可以安于岛夷矣。"

据说，苏轼还想附带着另作一篇《广志隐》，但今时今日已经找不到这篇文章的蛛丝马迹。不知道是在近千年的历史中失传了，还是苏轼最终选择搁笔。常言道，人生不过是大起大落，平静如水跟跌宕起伏之间，苏轼几乎永远是后者。每次想要在贬谪之地认真生活，却又不得不背起行囊。

03

归途路漫漫

元符三年（1100），宋哲宗驾崩，其弟端王赵佶即位，他就是那位被后世评价为"独不能为君"的宋徽宗。

徽宗初期的政策，跟坚定地拥护新党的哲宗略有不同。看他帝王生涯的第一个年号"建中靖国"就能明白，当时皇帝希望新旧两党能互相谅解，好让动荡的国家安静下来。

这年的四月二十一日，宋徽宗以皇子诞生为名降恩，苏轼被授舒州团练副使，前往永州居住。苏辙则移居岳州。

永州，没错，就是柳宗元笔下那个"产异蛇"的湖南永州，虽然仍是南方瘴疠之地，但好歹可以回到大陆了；到了五月，新的诰命书下达，苏轼又被改移廉州（今广西合浦）。

苏轼迫不及待地给正在雷州的秦少游写了封信：唉，我现在要去廉州了，不知道咱俩这辈子还能见面吗？对了，要是廉州那地方还不错的话，我就在那里终老吧。

临行之际，苏轼写下一首《别海南黎民表》，表示自己天生其实就该是海南人，只不过碰巧出生在四川而已：

> 我本海南民，寄生西蜀州。忽然跨海去，譬如事远游。
>
> 平生生死梦，三者无劣优。知君不再见，欲去且少留。

见苏轼即将离去，海南的父老争相赠礼，但全部为苏轼所拒。曾写出《老饕赋》的他，此时却担心"受之则若饕餮然"。正如苏轼所写，此去就是永别了。

六月二十日夜晚，苏轼乘船渡海北返，起锚之后，他回头望了望正在远去的海南，换成以往，他的喜悦一定会写在脸上，可如今，一切都已经风轻云淡。在颠簸的海船上，苏轼写下了那首《六月二十日夜渡海》：

> 参横斗转欲三更，苦雨终风也解晴。
>
> 云散月明谁点缀？天容海色本澄清。
>
> 空余鲁叟乘桴意，粗识轩辕奏乐声。
>
> 九死南荒吾不恨，兹游奇绝冠平生。

——星移斗转，风歇雨静，乌云已散，明月当空，都过了这么久我才发现，天空的面貌，海水的颜色，原来一开始就是澄澈清白的啊……我这一生所见最为奇绝的风景，尽数都在这里了，就算让我就这么客死在这孤岛之上，也没什么好遗憾的。

渡海回到大陆后，苏轼在雷州见到了秦观。秦观此时被贬至衡州，还没来得及出发。这次见面，了却了两人的许多遗憾。

七月四日，苏轼终于到了目的地——廉州。廉州的治所在今天广西的合浦县，当地盛产珍珠，也是成语"合浦珠还"的发源地。不过，对于老吃货苏轼而言，海产珍珠没什么吸引力，他真正感兴趣的，是当地的水果龙眼，也就是我们常见的桂圆的原生形态。

在品尝过了龙眼之后，苦尽甘来的苏轼大笔一挥，写下了《廉州龙眼质味殊绝可敌荔枝》，可能是恢复了当年吃遍四方的英姿，他对龙眼的赞美恨不得从标题就开始：

> 龙眼与荔支，异出同父祖。端如甘与橘，未易相可否。
>
> 异哉西海滨，琪树罗玄圃。累累似桃李，一一流膏乳。
>
> 坐疑星陨空，又恐珠还浦。图经未尝说，玉食远莫数。
>
> 独使皱皮生，弄色映雕俎。蛮荒非汝辱，幸免妃子污。

苏轼的眼光还是蛮准的，他一眼就看出了龙眼这种东西跟荔枝还挺像的。事实上，根据近现代植物分类学的研究，荔枝和龙眼都属于无患子目无患子科，亲缘关系不远。要是分类学的祖师爷林奈知道了，没准要给苏轼点赞呢。

苏轼不仅盛赞了龙眼的美味，还感慨对于龙眼而言，只长在岭南这种蛮荒之地也是好事，起码不像它的亲戚荔枝，会被宫中权贵们给玷污了。

跟荔枝一样，在古代想要长途运输龙眼也很不容易，所以，早在汉代就出现了将龙眼晒干后食用的办法，而晒干后的龙眼，一般就被称作桂圆。换句话说，龙眼和桂圆，不过是同一种果实的两个形态，在水分饱满时，它是可以鲜食的水果，而在脱水加工后，它就成了用途广泛的桂圆。

桂圆以剥开干果壳后稍带水分，红透润泽者为佳，真干透的反而不好吃。小孩子常常因多吃桂圆干而流鼻血，所以大人一般用它泡水，似乎是取五行相克的意思，认为泡了水的桂圆就不具火气了。

在南方某些地方，从前春节拜年的时候要手提红糖和桂圆这两种甜味礼物，寓意来年甜甜美美。

八月十二日，与苏轼分别没多久的秦观，因"伤暑困卧"而死于藤州（今广西藤县）。据说，当日秦观正游光华亭，因口渴想要喝水，等人将水送来，他便面含微笑地看着，就此离世。

苏秦二人雷州之会，已成永诀。

消息传到苏轼耳中，他痛苦不已，不到两个月前，刚刚踏上北归之路的他们，还对未来充满了希望，现在却已阴阳两隔。因为这位爱徒及挚友离去，苏轼两天没有吃东西，他一度希望这是一个谣言，但现实总是那么不留情面，而最后，苏轼只能直面这一切。

在岭南的几年，无论他怎样乐观豁达，难以逆转的衰老都肉眼可见，更何况，现在的他还要迎接一场场生离死别，那首《廉州龙眼质味殊绝可敌荔枝》，也成了苏东坡美食地图的绝笔。从此以后，苏轼似乎对吃不再有兴致，虽然在他后来的诗文里还提过几次饮食，但在食材内容上，却再也不见更新。

分别数年，苏轼跟分别已久的两个儿子在广州重逢。十一月初一，苏轼在广州被授官朝奉郎，"外军州任便居住"，苏辙也得到了一样的宽恕。只要不回汴京，天下之大，海阔天空，任你所行。

终于可以自由踏上返回江南和中原的旅途了。离开广州后，苏轼经过

龙眼

据说因为龙眼果实呈球形，如同龙的眼睛，故而得名。不过，现实中并没有人真正见过龙的眼睛，所以这个名字是不是贴切就不得而知了。

据说明清时期地方给朝廷进贡时，「龙眼」这个名字犯了皇帝的忌讳，因此才有了「桂圆」这个名字，因为进贡到北方的龙眼多为干果，所以后来人一般称其干果为桂圆，鲜果为龙眼。

英州到达韶州，在这里，东坡先生居然吃到了别人给他做的东坡羹：

> 我昔在田间，寒疱有珍烹。常支折脚鼎，自煮花蔓菁。
>
> 中年失此味，想像如隔生。谁知南岳老，解作东坡羹。
>
> 中有芦菔根，尚含晓露清。勿语贵公子，从渠醉膻腥。
>
> （《狄韶州煮蔓菁芦菔羹》）

韶州知州狄伯通奉献的佳味让苏轼为之震撼，万万没想到在这里居然能吃到味道如此正宗的蔓菁羹。——您可千万别把这道美味告诉贵公子们，就让他们沉迷在腥膻菜品里算了。之所以苏轼称他为南岳老，是因为狄知州本是衡山人。当年神宗熙宁变法时，他还曾经做过章惇帐下的幕僚，经略南江蛮地。哦！照这样说，这位狄先生不就是苏轼当年在《缴词头奏状·沈起》里嘲讽过的那种靠军功混进朝堂的小人吗？不过，看他现在和苏轼一起吃饭的样子，应该是苏轼终于懂得，他这张嘴何时该开何时该闭上了。

这顿东坡羹，吃的难道真的是味道吗？个中滋味，怕只有苏轼自己知道。那位曾经不可一世的章惇宰相，在徽宗即位后便失了荣宠，被贬为雷州司户参军，走上了当年被流放的苏轼苏辙兄弟走过的老路。

经过半年多的跋涉，第二年五月一日，苏轼到了江宁。此时王安石已经去世十五年，两人之间比邻而居终老的约定，终于还是成了"塞上牛羊空许约"般的遗憾，而苏轼也即将迎来人生的终点。

04

曲终人也散

　　苏轼人生中最后的故事，我其实并不是很想写，按照我本来的计划，他的美食或是贬谪之旅就结束在被赦北上或者在廉州和秦观吃龙眼好了，毕竟，先生的结局有一种力透纸背的无奈与苍凉，再写一遍也只是徒增悲伤。不过思来想去，就算我不愿意面对，但为了让本书善始善终，还是有必要前往他旅途的终点。

　　得到赦免的苏轼本应即刻前往自己置有产业的常州。只是，此时他接到了弟弟苏辙的书信，苦劝他回许下（颍昌）。苏轼再三考虑后，决定北上与弟弟相会："得子由书及见教语，尤切，已决归许下矣。但须少留仪真。令儿子往宜兴，刮制变转，往还须月余，约至许下，已七月矣。"（《与之仪第十简》）

　　但是，羁旅近一年后再上运河，苏轼的身体经不起这样折腾。他又听说苏辙北归后家用窘迫，为了不给弟弟添麻烦，他还是决定先去常州："自惭一年在道路矣，不堪复入汴出陆，亦闻子由亦窘用……已决意旦夕渡江过毗陵矣。"

此时苏轼又想起了在惠州罗浮山见到的赤猿，这几年来，这只猿猴屡屡进入苏轼梦中。而且从建中靖国元年（1101）六月初到真州开始，苏轼便感觉到自己 "体中微不佳"，近两个月卧病在床。在此期间，苏轼收到来自岭南的噩耗，两年前那位漂洋过海来看他的吴子野老爷子已离开人世。虽然九十六岁高龄已经算是喜丧，但想起这位几年前的除夕夜跟自己一起在牛粪堆里烤芋头吃的老哥们儿，病中的苏轼亦忍不住悲伤叹息。

苏轼的病令人担忧是暑中瘴气入体所致。随着病情日渐恶化，连麦门冬酒都不再起作用，苏轼猜到自己挺不过这一关了。他能够托付的只有弟弟苏辙："即死，葬我嵩山下，子为我铭。"——等我死了之后，将我葬在嵩山脚下，墓志铭就由子由你来写吧。

身体并未好转，苏轼执意离开真州前往常州。途经镇江金山，在龙游寺内，他见到了一张自己的画像。据《金山志》所载，这张画像是苏轼的好友大画家李公麟的妙笔。见到画面中那个当年意气风发的人，苏轼不由悲从中来，在画上涂写了几句："心似已灰之木，身如不系之舟。问汝平生功业，黄州惠州儋州。"（《自题金山画像》）——心如死灰，身若浮荡于江湖的小舟。如果有人问我这辈子的功绩，大概都在黄州、惠州和儋州这三个地方了吧。

苏轼的一生，若以在任地方官时代论，密州、徐州和杭州才是他大展身手之所在。他何至于将此生成就归于前后被贬长达十年的这三处荒僻之所呢？这只能说明，此时已然垂垂老矣的苏轼，心中尽是酸楚和凄凉，或许他是在叹息辜负韶华，或许他已知自己大限将至，而面对现实，现在的他早已无能为力，只能表露心声，只能自嘲半生漂泊，功业尽是在被贬的路上，纵然一路上走走停停，吃过、见过、努力过、等待过，得到过、失去过、欣喜过、痛苦过，而到头来剩下的只有已然麻木的自己。可惜，后世总有强作解人者，硬要以苏轼的这句诗，来证明他对这三处贬谪地的喜爱，而苏轼的本意本不在此。

离开真州的那几天，苏轼已经病得不省人事，昏迷了好久才清醒过来。到常州后，听说苏轼所乘的船已到城外，常州的老百姓争相出门一睹这位当世名家的风采："东坡自海外归毗陵，病暑，着小冠，披半臂，坐船中。夹运河岸，千万人随观之。东坡曰'莫看杀轼否？'其为人爱慕如此。"（《邵氏见闻后录》）看到拥挤的人潮，苏轼只轻轻说了一句：这是要将我"看杀"吗？

据说，从前晋朝的美男子卫玠每次出门都引得大街小巷人群争相围观，他本身体弱多病，天天要在人潮中推挤，很快便重病身亡。是所谓"看杀卫玠"。现在的苏轼只是个流放归来的糟老头子，但凭借才名，得到了和卫玠一样的待遇。如果身体健康，以他的性格或许会作一首什么戏赠毗陵人，嘲讽一下吴地百姓昔年看杀阿卫，现在连自己也不想放过。

在常州，苏轼把自己对《论语》《易》和《书》三部典籍的注解交托给了为他积极寻觅宅院的朋友钱世雄，嘱咐他三十年内不能外传。到底苏轼是担心版权问题，还是觉得书里有什么小把柄，我们不得而知，但他这个决定无疑是正确的。因为，宋徽宗后来以重走父亲神宗的革新路为己任。在"建中靖国"的尝试失败后，他毫不犹豫地再次召回新党，奸相蔡京就是由于曾经参与神宗变法而深得徽宗的信任。

苏轼遗憾的是未能见到弟弟子由一面，他人生最后也是最大的遗憾莫过于此。两兄弟同命运，被贬了几十年，临了却不能一见："惟吾子由，

自再贬及归，不复一见而决，此痛难堪。"（《春渚纪闻》）

就在这个月，苏轼正式上表致仕，为自己近半个世纪的政治生涯画上了句号。按照宋朝的惯例，重臣死前需作一遗表，谈论朝政得失，以便皇帝日后采用。苏轼为自己写好的遗表如今不存，这很可能与他自己的意愿有关。

苏轼在给道潜的书信中，特别嘱咐他千万不要刊刻自己的《遗表》，说这"无补有害"。看来，苏轼的遗表曾在他的朋友圈中小范围流传，但考虑到多变的朝局，经历了多次文字狱的苏轼生怕自己的表章为朋友和子孙带来麻烦，所以宁可秘而不宣。

到了七月中旬，天气愈加闷热，苏轼的病也随着气温的上升而日甚一日。钱世雄为他找来了"神药"，做最后的努力，苏轼却不肯服用。七月二十六日，苏轼最后一次会见客人，客人是跟他一样活了"三万日"的僧人惟林。

想自己在岭南的丛林溪水中穿梭数年都安然无恙，现在归隐田园，正要享受如陶渊明一般的生活时，却一病不起，苏轼很不甘心，然而却无可奈何。这位绝世文人，绝笔竟是满腹牢骚。我们常以为经历了大风大浪的人，到人生的终点应该是宽容而轻松的。但这是一种神化和偏见，谁说大人物就不能有小情绪呢！

> 某岭海万里不死，而归宿田里，有不起之忧，岂非命也耶！

两天后，七月二十八日，苏轼病逝。

传奇的人物，就连死都要留下千古之谜。好似诗仙李白的死因有诸多说法一般，苏轼病逝引发了种种传言，其中一种便称他是死于自己开的药方之下，乃至后世《冷庐医话》一书还将此事列入"慎药"一条，当作典型的反面教材：

时方酷暑，公久在海外，觉舟中热不可堪，夜辄露坐，复饮冷过度，中夜暴下，至旦愈甚，食黄芪粥觉稍适。会元章约明日为筵，俄瘴毒大作，暴下不止，自是胸膈作胀，却饮食，夜不能寐……公与钱济明书云：某一夜发热不可言，齿间出血如蚯蚓者无数，迨晓乃止，困惫之甚。细察病状，专是热毒根源不浅，当用清凉药，已令用人参、茯苓、麦门冬三味煮浓汁，渴即少啜之，余药皆罢也……余按病暑饮冷暴下，不宜服黄芪，迨误服之。胸胀热壅，牙血泛溢，又不宜服人参、麦门冬。噫！此岂非为补药所误耶？

也就是说，苏轼因为晚上贪凉而引发了剧烈腹泻，吃了黄芪粥试图调养，谁知道病情愈演愈烈，吃不下饭，睡不着觉，牙龈出血也非常严重。苏轼坚持认为这是体内热毒发作，应该用清凉药，于是便拿人参、茯苓和麦门冬煮水喝。如此说来，黄芪粥可能是苏轼去世前吃过的最后一餐。

黄芪确实是调养身体的好东西。想当年在密州任职时，苏轼就有病中吃黄芪的习惯，正所谓"白发敧簪羞彩胜，黄耆煮粥荐春盘"。《冷庐医话》的作者陆以湉，是清朝道光年间的进士，后来钻研医术成为大家。在他看来，黄芪粥固然有养生的作用，但却不适合在腹泻后服用。换言之，苏轼从一开始就吃错了药。而出现胸闷和牙龈出血这种症候时，也不适合吃人参等物，这也得到了现代科学研究的证实。比如现代医学证实，在手术前后服用人参，会增加大出血的风险。

两个步骤，苏轼都没有把握好，也难怪他的病急转直下。

苏轼的墓志中提到了他死后朝野上下的反应："吴越之民相与哭于市，其君子相吊于家，讣闻四方，无贤愚，皆咨嗟出涕。"

只是，这样声势浩大追念苏轼的行动很快屈从于政治的变动。苏轼去世仅一年，宋徽宗便在蔡京的鼓动下下诏："天下碑碣榜额，系东坡书撰者，并一例除毁。"

毁掉苏轼遗迹的同时，宋徽宗传命将当年哲宗元祐年间跟从高太皇太后的旧党列为奸党，立碑诏告天下，这就是"元祐党籍碑"。司马光和苏轼，全部名列其中。

除了苏轼手书刻制的石碑匾额外，他的诗文也遭到禁毁。宋徽宗在崇宁三年（1104）和宣和六年（1124）两次下诏重申民间不得藏苏轼文集。之前我们提到的《北山酒经》，它的作者犯罪的原因正是私写苏轼诗。

这样的打击是猛烈的，但也是徒劳的。人民群众的眼睛是雪亮的，他们知道什么是美，什么是经典。宋徽宗的文化毁灭政策，消灭了苏轼留下的实物，但人们的记忆却并不会消除。

宋徽宗之子，日后南宋的开国皇帝赵构是苏轼的铁杆粉丝。他即位后，将苏轼的诗文置于身边，终日读之不倦。在他的支持下，苏轼不仅名誉得到恢复，还被追赠为太师。宋孝宗即位后，又为苏轼上谥号"文忠"。

一代名家，生前坎坷，死后也不能得到安宁。苏轼的人生是悲苦的代名词。我们常会为他的豁达而感动，但谁都知道，那只是无奈的选择罢了。如果能始终处于顺境，没有人愿意在逆境里去表现豁达。正如苏轼为他和朝云那个夭折的儿子所写的祈愿，无灾无难到公卿，不是最好吗？

我们要赞美苏轼，不单为他卓越的才华，也不单为他始终关爱民生的高贵品行，也为他那食遍四方的吃货胸襟。

　　我笔下的苏轼，他的一生已经结束了。细心的朋友或许会发现，到现在这本书里还缺了一篇苏轼重要的美食作品——《老饕赋》。老饕，这是我多次用来形容苏轼的一个词。饕，即为饕餮，神话传说中的"四大凶兽"之一，是个大胃王。老饕，则更是饕餮中的贪吃鬼了：

　　　　庖丁鼓刀，易牙烹熬。

　　　　水欲新而釜欲洁，火恶陈而薪恶劳。

　　　　九蒸暴而日燥，百上下而汤鏖。

　　　　尝项上之一脔，嚼霜前之两螯。

　　　　烂樱珠之煎蜜，滃杏酪之蒸羔。

　　　　蛤半熟而含酒，蟹微生而带糟。

　　　　盖聚物之天美，以养吾之老饕。

　　　　婉彼姬姜，颜如李桃。

弹湘妃之玉瑟，鼓帝子之云璈。

命仙人之萼绿华，舞古曲之郁轮袍。

引南海之玻黎，酌凉州之葡萄。

愿先生之耆寿，分余沥于两髦。

候红潮于玉颊，惊暖响于檀槽。

忽累珠之妙唱，抽独茧之长缲。

闵手倦而少休，疑吻燥而当膏。

倒一缸之雪乳，列百椀之琼艘。

各眼泛于秋水，咸骨醉于春醪。

美人告去已而云散，先生方兀然而禅逃。

响松风于蟹眼，浮雪花于兔毫。

先生一笑而起，渺海阔而天高。

到底什么样的食材，才能为苏轼这个自比老饕的食客所青睐？答案在文章中：猪的后颈肉、霜前的螃蟹、樱桃酱、杏仁浆糕、半熟的蛤蜊、凉州葡萄酒以及雪花茶。

这些东西放到现在，在任何一个上规模的县城超市里都可以一次性找齐。读者朋友们要是愿意的话，完全可以中午读完我这本书，晚上就全盘复刻苏轼老饕宴。

因此，对今天的我们来说，《老饕赋》的价值并不在其内容，而在于最后的一句"先生一笑而起，渺海阔而天高"。

我并不敢轻易去解读《老饕赋》的创作背景，因为这篇文章的具体创作时间颇有争议，一说在海南，一说在杭州，而这直接决定了撰文时苏轼的心境。

以我粗浅的理解，因为文章字里行间散发着"富贵"之气，我觉得创作于杭州这等风流兴盛之地的可能性大。

但若从情感上来说，我却更愿意找到证据证明《老饕赋》创作于海南，这样起码可以让苏轼的形象不显得那么悲情。看吧，即便在天涯海角，他心里还是有美好且有梦。

海阔而天高，苏轼当真有这样的心境吗？现在看来，他有时有，有时却未必有。

其实，我们也用不着把苏轼的格局想得太大。且把《老饕赋》看作是一位食客酒足饭饱之后说的满足话，那一切就合理多了。你就想象自己现在刚吃完一顿松茸、鲟鱼、海胆、帝王蟹、蓝鳍金枪鱼组成的不限量自助餐，面前都是罕见的珍馐美味，一扫而空后，估计每个人都会产生一种人生不过如此的畅快感。

人与人，或许身份、学问和见识上有天壤之别，可饱腹带来的幸福感却是相仿的。我一直不觉得"人类的悲喜并不相通"是放之四海而皆准的道理，我们以美食线索寻访苏轼后半生的人生，见到了诸多始终跟苏轼休戚与共的好友。比如道潜，比如黄庭坚，比如秦少游，他们的悲喜又怎会不相通？即便王安石与司马光，从某些方面看，他们也有共同的目标，只是所走的道路不同而已。

但正是这不同的道路，让苏轼和他的这群朋友，一生屡屡近于万劫不复。这本书中所梳理的大多数美食，都不在权力中心汴京，而在大宋东南方的半壁江山内。

懂得接受厄运，努力过好眼下的生活，这才是苏轼让后世人感到亲切的地方。

末了，再说一些想说的话。

可能有不少读者都知道，这本书的源头，是不过六千字的纪录片解说词。动笔前我还担忧，苏轼与饮食有关的内容，到底能不能凑齐十万字。但在我两年来"三天摸鱼，两天爆肝"的不懈查阅与敲打之下，字数已逾十六万。

在创作过程中，我越往下写，越发觉当初写解说词时自己的浅薄与无知：原来《猪肉颂》并非苏轼本人所写，原来松江鲈鱼不是四鳃鲈，原来《自题金山画像》不是苏轼的辞世之作……

网络上关于苏轼与饮食的相关内容纰漏多如牛毛，能够用以参考的书籍、论文又十分稀少，我从零开始，通读《苏轼全集》和《苏轼年表》，才不至于被人带跑。

由于此前鲜有人系统梳理苏轼的饮食诗文，我不得不从第一手资料开始查找，顺便借工作之便，走访了一些在苏轼后半生中扮演了重要角色的城市与地点，在这过程中，我或许是和近千年前的东坡先生实现了"神交"，真正地体会到了先生的一部分情感和心思，以及他的"伟大"与"渺小"，与此同时，我也用事实推翻了不少广为人知的常识和观点，原本以为轻松的游戏之作，竟然有了一点点所谓的"学术价值"，这是我始料未及的。

要感谢我的朋友首阳大君、赵雅卡、雾岛和幻想浅绿，他们在我写作的过程中提供了一系列的便利和帮助，以及协助我查资料的刘想，为我纠错的翻译家冬初阳先生，还有将我的交稿日期顺延了一年多的出版社编辑同志们，如果没有你们，我怕是无法完成这本小书。

最后，就用当初那首颇受欢迎的《在下东坡，一个吃货》的歌词作为结束吧。

在下号东坡

古往今来第一号的吃货

文辞有名可我今天并不很想说

大宋国民美食家是我是我就是我

我真的不懂当一个老饕能有什么错

年少成名名动汴京

进入仕途遭到排挤难上手

又摊上乌台诗案差点儿断送小命所有

从此遭受贬谪一路向着南方走

被赶出朝堂

我就去厨房

每个人都一样平生只为口忙

就算流落远方

那又怎样

黄州自古来就是一个鱼米之乡

这里鱼在长江

山有笋香

猪肉物美价廉跟泥土没什么两样

贪慕功名酬饷

真是荒唐

有这闲工夫不如做个自在员外郎

东坡鱼 东坡豆腐 东坡肉

我全部很拿手

大江东去风流人物有太多

吃货只有我这一个已足够

东坡酥 东坡肘子 东坡粥

专利都是我有

欲寄相思千点离愁楚江流

天涯流落匆匆相逢易白首

你以为黄州团练副使已经到头

没想到后来又被调去岭南出仕惠州

已年近六旬千里迢迢没有掉头

因为在岭南啖荔枝三百颗不够

惠州地处南疆

流通不畅

买回来脊骨做羊蝎子是我原创

风起炎海清凉

一碗羹汤

别问好不好

有道此心安处是吾乡

被贬又怎样

我能吃遍四方

雪沫浮午盏

蒿笋试春盘

人间如有至味正是清欢

被赶出朝堂

我就去厨房

每个人都一样平生只为口忙

就算流落远方

那又怎样

在海南有生蚝吃压根儿就不会悲伤

东坡鱼 东坡豆腐 东坡肉

我全部很拿手

大江东去风流人物有太多

吃货只有我这一个已足够

东坡酥 东坡肘子 东坡粥

专利都是我有

欲寄相思千点离愁楚江流

天涯流落匆匆相逢易白首

东坡鱼 东坡豆腐 东坡肉

我全部很拿手

你问我平生功业有几何

黄州 惠州还有儋州

东坡酥 东坡肘子 东坡粥

专利都是我有

欲寄相思千点离愁楚江流

天涯流落匆匆相逢易白首